苏州大学校史丛书

总主编 王卓君 朱秀林

# 东吴大学简史

王国平 著

苏州大学出版社

**图书在版编目(CIP)数据**

东吴大学简史/王国平著.—苏州：苏州大学出版社，2009.7
（苏州大学校史丛书/王卓君，朱秀林主编）
ISBN 978-7-81137-302-8

Ⅰ.东… Ⅱ.王… Ⅲ.东吴大学一校史 Ⅳ.G649.285.33

中国版本图书馆CIP数据核字(2009)第122193号

**东吴大学简史**
王国平 著
责任编辑 施 放

苏州大学出版社出版发行
（地址：苏州市干将东路200号 邮编：215021）
丹阳市教育印刷厂印装
（地址：丹阳市西门外 邮编：212300）

开本787 mm×1 092 mm 1/16 印张15 插页4 字数342千
2009年7月第1版 2009年7月第1次印刷
ISBN 978-7-81137-302-8 定价：28.00元

苏州大学版图书若有印装错误，本社负责调换
苏州大学出版社营销部 电话：0512-67258835
苏州大学出版社网址 http://www.sudapress.com

# 苏州大学校史丛书编审委员会

# 总　　序

苏州大学的历史，追溯最早源头，自东吴大学创办至今，已经一百多年了。

历史的偶然性往往使人们惊异不已。近代中国第一所西制大学不是诞生在浸润着欧风美雨的上海等沿海大都市，而是诞生在有着深厚的古老历史文化传统的姑苏。对历史偶然性的惊异又总会激发人们对历史必然性的思索。正因为苏州有着上千年崇文重教传统，才会在近代新的历史条件下宽容地接受了一所异质的教会大学。正因为苏州有着发达的科举文化，当甲午战争失败给社会以空前刺痛之时，才会有一群科举士子毅然转向西学以救亡图存，为大学的兴办创造了难得的生源与际遇。正因为苏州不是沿海大都市，在近代社会转型之际，它更少都市的商业喧嚣，以厚重的文化素养使现代大学茁壮成长……

鸟瞰苏州大学的百年历程，名校汇聚，群贤毕至，千帆竞发，如同百川归流，激荡成壮阔的历史长河。1952 年院系调整，苏南文化教育学院、东吴大学文理学院及江南大学数理系合并组建苏南师范学院，不久更名为江苏师范学院。1982 年，江苏师范学院改为苏州大学。苏州蚕桑专科学校、苏州丝绸工学院、苏州医学院又先后于 1995 年、1997 年、2000 年并入苏州大学。星移物换，万象更新，今日之苏州大学正跨越世纪，攀上历史的高峰，前面是更为辉煌的未来。

这套丛书将向您展开苏州大学一百多年的历史长卷。我们希望，她所承载的历史文化积淀，以及附丽其上的历史记忆、历史评论等等，能让您开卷有益。

# Preface

The history of Soochow University today can be traced back to the establishment of the former Soochow University (1900—1952), one of the earliest universities in the country over a hundred years ago.

Amazingly, the first modern Western university in China wasn't born into the coastal metropolis like Shanghai which had been westernized much earlier, but coincidentally in the ancient city of Suzhou which enjoyed great cultural profundity and historical tradition. This amazing coincidence certainly inspired people to reflect its inevitability. It was Suzhou's traditional homage to culture and education that nurtured an open field to a mission university from the West. It was also its developed Imperial Civil Service culture that enabled a group of Suzhou elite scholars to determinedly turn to Western learning for the survival and revival of the nation after the humiliating Sino-Japanese war in 1894. Furthermore, it was the non-coastal metropolis location that made Suzhou less commercialized during the social transformational period and favored, with its rich cultural attainments, by education pioneers. All these helped to create rare opportunities for an institution of higher learning and its maturity.

The centennial history of Soochow University has witnessed mergence of well-known institutions, assembly of the virtuous, and prosperity of attainments, and continuation flows of historical development. During the national reformation of colleges in 1952, Southern Jiangsu Teachers' College, very soon as Jiangsu Teachers' College was formed on the mergence of the School of Liberal Arts and Science of the former Soochow University, Southern Jiangsu College of Culture and Education and the Department of Science of Jiangnan University. Soochow University was renamed in 1982, and in 1995, 1997 and 2000 respectively, Suzhou College of Sericulture, Suzhou Institute of Silk Textile Technology and Suzhou Medical College were merged into Soochow University. With great changes, Soochow University in the 21st century is renewing itself with each passing day for the peak of its historical glory and bright future.

The book series are opening a demonstrative display of the centennial history of Soochow University. It is sincerely hoped that the accumulation of culture, to which historical memories and comments attached will provide readers a beneficial review of the University.

Wang Zhuo-jun　Zhu Xiu-lin

# 目　　录

# 第一章　东吴大学的筹建



## 第一节　历史变局

### 一、晚清民族危机

中国是世界著名的文明古国，自先秦诸子百家争鸣以还，逐步形成了以儒学为核心的历史悠久的思想文化传统，古代中国文明曾使世界为之折腰。自古以来，中国又是一个统一多民族国家，也曾多次向世界展现大国和强国的泱泱风采。秦代的统一、汉唐的雄风、直至郑和下西洋的航海壮举，都向世界诉说过帝国的辉煌。1644 年，清军入关，清政府建立起全国的统治。在此后的百余年间，清王朝荡平边氛，奠定了幅员辽阔、多民族、大一统的大清帝国，开创了举世瞩目的康雍乾盛世。

从古代地缘政治来看，中国无疑是亚洲，特别是东亚的中心。中国是“中央王国”，四裔则为藩属和“蛮夷之邦”。封闭在山海之间和传统思想之中的中华帝国，没有多大的兴趣去关注遥远的西方世界，那个先是缓慢、然后又加速发展变化的西方世界。

穿鼻海战

几乎与康雍乾盛世同时，西方世界发生了翻天覆地的变化。1640 年的英国资产阶级革命开启了一个崭新的历史纪元。在此后的百余年间，美国独立，法国大革命，还有席卷西方的如火如荼的工业革命等等，造就了比中华帝国更为强盛的西方世界。进入 19 世纪后，世界资本主义蓬勃发展，中华帝国则已从盛世的巅峰急速滑落，远远落伍了。

1840 年的鸦片战争是中国与西方强国的第一次综合国力的较量，封锁珠江口的英国远征军的实力便足以展现西方强国的军事优势。当时，英国远征军有“军舰16艘，载炮540门，武装轮船4艘，运兵舰1艘，运输舰27艘，各兵种陆军4 000人”，海军官兵约3 000人。随着战争进展，英军不断增兵，战舰达25艘，其他船只60余艘，总兵力2万余人。①

魏　源

鸦片战争的失败迫使清政府与英国订立城下之盟，赔款、割让香港、开放上海等五口通商。《南京条约》以及随后与法国、美国等列强订立的不平等条约改变了中国的命运，主权独立、领土完整的中国开始套上半殖民地的枷锁。神州陆沉，有识之士冲决传统思想的罗网，把学习西方、强国御敌的命题提上了近代中国的议事日程。

著名思想家魏源（1794—1857）受林则徐嘱托，据《四洲志》等中外文献编成《海国图志》。魏源大声疾呼：“师夷长技以制夷。”然而，清朝统治者似乎并没有被震醒。在他们看来，《南京条约》就是“万年和约”，天下从此太平了。军队依旧积弱不振，吏治照样腐败，整个官僚机器所赖以建立的科举制度和教育体系没有丝毫改变。

冯桂芬

接着便是第二次鸦片战争的失败，再一次的丧权辱国。除赔款以外，外国传教士可以到全国各地传教，外国公使进驻北京也成为现实，而这些都是清政府最不能接受的。

这一次，思想界作出了更为深刻的反应，冯桂芬等提出了“中体西用”思想。冯桂芬（1809—1874），江苏吴县人。在1861年撰成的重要著作《校邠庐抗议》中，冯桂芬明确主张“采西学”，“制洋器”，提出：“如以中国之伦常名教为原本，辅以诸国富强之术，不更善之善哉?”关于制洋器，冯桂芬认为：“能造、能修、能用，则我之利器也。不能造、不能修、不能用，则仍人之利器也。”一定要能自制洋器，将列强的利器转化为中国的利器。②“这个指导思想，不仅成为兴办洋务的纲领，也成为后来流行一时的所谓‘中学为体，西学为用’理论的

① 参见马士著，张汇文等译：《中华帝国对外关系史》，上海书店出版社2000年9月版，第296页；姜涛、卞修跃著：《中国近代通史》（第二卷），江苏人民出版社2007年1月版，第102页。

② 冯桂芬：《校邠庐抗议》卷下，光绪丁酉聚丰坊校刻本，第74页。

滥觞。”①

这一次，清政府受到更强烈的震撼。朝廷重臣李鸿章对时局作了这样的描述：“东南海疆万余里，各国通商传教，来往自如，麕集京师及各省腹地，阳托和好之名，阴怀吞噬之计。一国生事，诸国构煽，实为数千年来未有之变局。轮船电报之速，瞬息千里；军器机事之精，工力百倍。炮弹所到，无坚不摧；水陆关隘，不足限制。又为数千年来未有之强敌。”②作为封建统治者，清政府首先想到的是效仿西方的“坚船利炮”，遂有 19 世纪 60 年代“自强”运动之发轫。

1862 年，李鸿章任用英国人马格里在松江创办上海洋炮局（军械所，手工工厂）。1863 年底，淮军攻占苏州，时任江苏巡抚的李鸿章将上海洋炮局迁至苏州，改称苏州洋炮局，购入一些西式机器设备，为淮军制造武器弹药。苏州洋炮局又买下“阿思本舰队”从英国携带之修造枪炮的机器（蒸汽锅炉、车床等），提高了生产能力。苏州洋炮局是中国最早使用机器的军事工业。古老的中国大地出现了一线现代工业文明的曙光。近代军事工业诞生了，军事工业又拉动了民用工业，翻译人才、近代工业技术人才，成为实实在在的社会需求。社会对人才的渴求开始呼唤近代教育的产生。但是，一直到 20 世纪初年，就教育而言，中国仍然维持着以科举制度为核心的教育和官吏考选体系。

## 二、传统教育体系的弊端

科举制度自隋唐产生至晚清咸同年间，已经存在 1 200 余年了。开皇十八年（公元 598 年），隋文帝下诏以“志行修谨”、“清平干济”两科荐举士人，废除魏晋以来的九品中正制。大业二年（公元 606 年），隋炀帝“置明经、进士二科”，以“试策”取士，开科举制度的先河。唐代继续实行科举取士，科举制度进一步完善。至明清，科举制度臻于极盛。明代以前，学校是输送科举考生的途径之一。从明代开始，只有进入府州县学并取得科举生员的资格，才能在科举的台阶上攀升。学校和科举更紧密地结合，成为科举的必由之路。八股文则成为科举考试的主要内容。

科举制度在历史上曾经起过进步作用，但它的弊端也与生俱来。中国传统教育唯科举考试马首是瞻，教学内容主要是儒家经典及历朝律法等。自明代出现“八股”考试后，直到晚清，学校着重教学生仿作空疏僵化的八股文，以应付科举考试。当中华民族直面亡国灭种危机之时，科举制度遭到志士仁人的猛烈抨击。维新人物康有为说：“今日之患，在吾民智不开，故虽多而不可用，而民智不开之故，皆以八股试士为之……故辽、台之割，不割于朝廷而割于八股；二万万之款，不赔于朝廷而赔于八股；胶州、旅、大、威海、广州湾之割，不割于朝廷而割于八股。”光绪皇帝也曾感慨地说：“西人皆为有用之学，而吾中国皆为无用之学。”③

---

① 李侃等编：《中国近代史》，中华书局 1994 年版，第 127 页。

② 李鸿章：《筹议海防折》，《李文忠公奏稿》卷二十四，第 10 页。

③ 《康南海自编年谱》，《晚清名儒年谱》，第 17 册，北京图书馆出版社 2006 年影印本，第 185 页。

苏州文庙

### 三、从同文馆发轫的中国近代教育

1862年1月,清政府设立对外交涉的中央机构总理衙门。同年8月,总理衙门附设同文馆。这是第一所中国官方创办的外语学校。美国传教士丁韪良(Martin, William Alexander Parsons,字冠西,1827—1916)受聘为总教习。同文馆最初设英文、法文、俄文三馆,招收14岁左右的八旗子弟入馆,培养翻译人员和外交官员。

丁韪良及其中国学生

值得提及的是,从19世纪60年代起,清政府中央和地方所办外语(兼习西学)学堂还有:上海广方言馆,1863年设,招收上海及附近地区14岁以下文童,培养翻译与洋务人才。广州同文馆,1863年设,招收广州驻防八旗子弟。此外还有新疆俄文馆、台湾西学馆、珲春俄文书院、湖北自强学堂、湖南湘乡精舍等。所办军事技术学堂有:福建船政学堂(求是堂艺局),江南制造局附设操炮学堂、工艺学堂,广东实学馆,以及福州电气学塾(电报学堂)、天津电报学堂、上海电报学堂、天津医学堂(北洋医学堂)、山海关铁路学堂、南京陆军学堂附设铁路学堂、湖北矿务局工程学堂、南京矿务学堂等。所办近代军官学校有:天津水师学堂、广东水陆师学堂、江南水师学堂、天津武备学堂、直隶武备学堂、湖北武备学堂等。

应该指出,这些学堂因招生规模的局限而远远不能适应当时经济社会的发展与需求,同文馆就很能说明问题。同文馆开办之时,一共只有10名学生。“1867年同文馆扩大组织以后,入学旗人增加了一倍,原来的章程仅有30人——同时,又自请求入科学馆者160人中，额外取了27人。1872年，学生人数大略无异。1879年，增至100。1888年，加至125人。”①一直到同文馆并入京师大学堂，学生人数为120人。又如上海广方言馆，招生额定仅40人。以北京、上海对外交涉与通商贸易之繁忙，这些近代学校培养的学生实在是太少了。

容闳

除了创办新式学堂外，由于洋务运动的需要，清政府还多次向欧美派遣留学生。1854年，容闳从耶鲁大学毕业。回国后，由李善兰推荐，认识了曾国藩，容闳派遣中国学生出洋留学建议为曾国藩所赏识。1871年，曾国藩、李鸿章率先奏请选派幼童去美国留学，从1872年起选派幼童四批共120人赴美，“赴泰西各国书院学习军政、船政、步算、制造诸书”。② 由于顽固派要求，1881年，总理衙门又奏准将这些学生撤回。这些学生在美7至9年，只有少数人进入大学，多数还在中小学学习。从中国走向现代化的进程来看，由容闳倡议并促成的幼童留学，“冲破了几千年来中国封建教育的格局，掀开了中国留学教育之第一页，促进了国内新式教育的发展”。③

幼童留学

近代教育发生伊始，就遭到守旧势力的极力抵制。1866年12月至1867年1月，有

① 毕乃德：《同文馆考》，《中华教育界》，第23卷，第2期(1935)，第13页。
② 曾国藩：《拟选子弟出洋学艺折》，李瀚章编：《曾文正公全集·奏稿》，光绪丙子传忠书局版。
③ 安宇、周棉主编：《留学生与中外文化交流》，南京大学出版社2000年12月版，第41页。

鉴于“洋人制造机器、火器等件，以及行船、行军，无一不自天文、算学中来”，恭亲王奕䜣等两次奏请招收举人、贡生及科举正途出身之五品以下京外各官，以及翰林与五品以下由进士出身之京外各官，入同文馆学习天文算学。此举竟引发一场轩然大波。顽固守旧分子如大学士倭仁等认为，科举正途人员“读孔孟之书，学尧舜之道，明体达用，规模宏远”，“何必令其习为技巧，专用制造轮船、洋枪之理”。① 若以“夷人为师”，“正气为之不伸，邪氛因而弥炽，数年之后，不尽驱中国之众咸归于夷不止”。②结果，“因浮言四起，正途投考者寥寥”③。幼童留美时间原定 15 年，因顽固派的破坏，不得不提前分三期全部撤回，也未能按预定计划完成学业。

应该指出，在科举制度废除之前，这些新式教育与旧的教育和选官制度存在根本的矛盾，想从科举讨前程的读书人不会轻易放弃科举而习西学。但同时也不能排除一些重大历史事件的刺激会触发重大的社会变动，造成对旧的教育体系的突破。1894 年爆发的甲午战争和中国战败于“蕞尔岛国”日本的耻辱，以及此后日益深重的民族危机，推动维新思潮澎湃向前。1898 年“百日新政”期间，按照维新派的建议，光绪皇帝下诏废除八股，“改试策论”。维新派的改革目标是“不惟八股当废，即科举亦当废”。但考虑到“数百万”秀才、举人的既得利益和“登进之路”，维新派在新政中没有提出废除科举制度，而以策论代替八股，作为向废除科举的过渡。

京师大学堂

与改革科举制度相应，新政在教育方面也有所革新。新政伊始，朝廷决定创办京师大学堂。不久，光绪皇帝又命总理衙门参用西方学制制定大学堂章程。京师以外，各省各地所有书院一律改为兼习中学西学之学校。省会之大书院改为高等学，郡城之书院改为中等学，州县之书院改为小学。由于慈禧太后发动政变，维新新政如昙花一现，宣告失

① 张盛藻奏，《筹办夷务始末》（同治朝）卷四十七，第 15 页，民国十九年故宫博物院影印本。
② 倭仁奏，《筹办夷务始末》（同治朝）卷四十六，第 25 页，民国十九年故宫博物院影印本。
③ 恭亲王奏，《筹办夷务始末》（同治朝）卷四十九，第 30 页，民国十九年故宫博物院影印本。

败,中国的近代教育又遭一次挫折,但近代教育观念却已广泛传播。中国近代教育开始在新旧思想的冲突中蹒跚前行。

同一时期,外国来华传教士们则看好在中国举办教育事业的前景,正如潘慎文所说:"随着铁路、电报、矿业、机械等引进,为满足新形势的发展,中国青年学习西方自然科学和数学成为必然。政府正在开办教学西方自然科学和数学的学校来满足这种需求。教会应该抓住这个机遇,用基督教影响那些将要领导这个国家的下一代人。"①

基督教在中国所举办的教育事业,在上述历史背景中发轫、发展,给近代中国的教育事业增添了一份特殊的遗产。

## 第二节 监理会梯航而来

### 一、监理会来华传教

监理会是美国基督教新教的重要差会之一。母会原称"The Missionary Society of the Methodist Episcopal Church",属卫斯理宗,1819年成立,本部设在纽约。1844年,该教会分裂为南北两部分。北方随即成立美以美会(Methodist Episcopal Mission)。1846年,南方成立监理会(Methodist Episcopal Church, South或Methodist Episcopal Mission, South),本部设在田纳西州纳什维尔。②

田纳西州档案图书馆

监理会成立伊始,就特别注重举办教育事业与医疗卫生事业以推动教会事业发展,并对到中国传教有浓厚的兴趣。对监理会来说,这个时候到中国传教,正赶上百年不遇的良机——清政府刚刚开始松动对基督教在中国传教的禁令。

从康熙末年开始到鸦片战争,清政府严令禁止天主教和基督教在中国的一切活动。③

① Minutes of the China Mission of Annual Conference of M. E. Church, South. 1891.

② 美国卫斯理宗到中国传教的教会除美以美会、监理会以外,还有美普会。美普会(Methodist Protestant Mission),母会原称 Board of Foreign Missions of the Protestant Church。1880年前成立,本部在堪萨斯州堪萨斯城。1939年,美国美以美会、监理会及美普会合并为一个教会。1941年,原三会在华差会亦合并为中华基督教卫理公会,简称卫理公会(Methodist Church Mission),设华东、华中、华南各年议会。不久组成"中国中央议会"。到1949年,该会有牧区452个,牧师487人,传道214人,女传道239人,信徒102 693人。(黄光域:《近代来华新教差会综录》,《近代史资料》总82号)

③ 从广义上讲,基督教包括天主教、新教和东正教三大教派。在这个意义上说,早在唐贞观年间,基督教就已传入中国。从狭义上讲,基督教又特指新教(又称耶稣教),本书在狭义上使用基督教一词。

鸦片战争结束,列强迫使清政府订立第一批不平等条约,美法两国则尤其关注传教特权。1844年的中美《望厦条约》第17款规定:“合众国民人在五港口贸易,或久居,或暂住,均准其租赁民房,或租地自行建楼并设立医馆、礼拜堂及殡葬之处。”同年的《黄埔条约》第22款也规定,法国人“一体可以建造礼拜堂、医人院、周济院、学房、坟地各项”,“倘有中国人将法兰西礼拜堂、坟地触犯毁坏,地方官照例严拘重惩”。这两个条约在清政府禁教政策的坚壁上凿开了豁口。由此,外国传教士们可以堂而皇之地走进五个通商口岸,在那里居住并建立礼拜堂,再也不用担心被拘捕和驱逐。

蓝柏

1847年,监理会决定委派南卡罗来纳州的戴乐(Taylor, Charles)到中国传教。不久,又委派秦右(Jenkins, Benjamin)与戴乐同行。1848年4月24日,戴乐夫妇与秦右夫妇一行四人乘坐开往上海的Cleone号轮船,从波士顿出发①,8月12日抵达香港。9月20日,戴乐夫妇抵沪。秦右夫妇因病滞留香港,次年5月到上海。② 此后至1860年,又有一些传教士陆续到达上海。他们是:耿惠廉(Cunnyngham, W. G. E.)、唐雅各(Belton, J. S.)、雷大卫(Kelly, D. C.)、蓝柏(Lambuth, J. W., 1829—1892)夫妇、林乐知(Allen, Young John, 1836—1907)和华美基伍德(Wood, Marquis Lafayette)。

1858年《天津条约》订立之前,传教士还不被允许离开通商口岸到内地活动。监理会传教士来华后,上海便成为他们活动的主要地区,这些活动又给监理会在苏州的传教事业打下了基础。1849年下半年,戴乐与秦右在郑家木桥(今福建南路口)动工建立教堂,1850年初落成,命名为福音堂。不久以后,耿惠廉又在城内虹桥南首建造了化善堂。监理会在其初传阶段也举办了印刷出版事业。蓝柏来华时带来了印刷机器,设立了华美书馆。华美书馆使用铅字印刷,主要印刷宗教宣传品和传教士们自己的作品。

第二次鸦片战争迫使清政府与列强订立了1858年的《天津条约》和1860年的《北京条约》,根据这些条约中的相应条款,传教士可以到中国内地各处传教,内地中国人可以信教传教。1868年,以美国卸任驻华公使蒲安臣(Burlingame, Anson, 1820—1870)为首的中国使团在访美时与美国政府签订了中美《续增条约》(亦称《蒲安臣条约》)。条约第七款规定:“嗣后中国人欲入美国大小官学,习各等文艺,须照相待最优国之人民一体优待。美国人欲入中国大小官学,习各等文艺,亦照相待最优国之人民一体优待。美国人

① A. W. Wilson, Missions of the Methodist Episcopal Church, South, p. 82. Nashville, Tenn. 1884.

② W. R. Lambuth, The History, Policy, and Outlook of the Foreign Missionary Works of the M. E. Church, South, Missionary Issues of the Twentieth Century, Nashville, Tenn.

可以在中国按照指准地方设立学堂,中国人亦可在美国一体照办。"①美国人由此取得了在中国开办学堂的条约权利。

蒲安臣(中)与使团成员

由于美国南北战争的影响,一直到1875年,监理会才继续向中国派遣传教士。到19世纪末,监理会在包括上海在内的苏南地区的教会事业已经形成相当的规模。在此期间到苏沪一带的传教士主要有:潘慎文(Parker, Alvibn Pierson,1820—1924),1875年来华;蓝华德(Lambuth, Walter R.,1854—1921),1877年返华;孙乐文(Anderson, David Laurence,1850—1911)与柏乐文(Park, William Hector,1858—1927),1882年来华;文乃史(文蕴彬, Nance, Walter Buckner,1868—1956),1896年来华;还有海淑德(Haygood, Laura Askew,1845—1900)、衡特立(Hendry, J. L.)、韩明德(Hearn, T. A.)、项烈(Henry, Robert)、薛伯赉(Shipley, J. A. G.)等。此外,以会督身份代表监理会总部视察中、日等国的传教情况的有慕文(Marvin, E. M.)和惠会督(Wilson, Alpheus. W.)。

海淑德

① 王铁崖编:《中外旧约章汇编》,三联书店1957年版,第263页。

景海女校

这一时期监理会的传教事业非常发达。1882 年,已拥有 3 个教区 11 个牧区。1886 年,美国监理会总会派惠会督到沪,出席了 11 月间在昆山路林乐知住宅举行的第一届年议会。在年议会上,惠会督阐述了"母会对中国传教区的浓厚兴趣,及这片工场对传教事业的重要意义"①。实际上,上海和苏南的传教事业构成了监理会在华传教事业的主体,并成为监理会向日本和朝鲜开展传教活动的基础。

上海昆山路林乐知住宅

## 二、监理会在苏州

基督教各宗派在苏州城区的开教始于 1859 年英国伦敦会传教士杨格非的活动,在苏州城乡的开教则发端于 1858 年美国圣公会传教士惠主教(Williams, Chamming Moors)、李瑾(Liggins, J.)和华人会吏黄光彩的活动。由于 1860 年 6 月至 1863 年 12 月太平军占领苏州,基督教在苏州开教后未能进入传播和发展阶段。严格说来,基督教各派在苏州真正立足和开展正常的教务活动,是从 1870 年监理会的传教活动开始的。②

监理会在上海开教后,陆续发展了刘竹松(监理会传教士的汉语教师,1851 年受洗,为监理会最早的中国信徒)等一批教徒。

蓝柏渴望向苏州扩展教务,劝说李子义与殷勤山两家到苏州居住。李子义原籍江苏

① Minutes of the China Mission of Annual Conference of M. E. Church, South. 1886.
② 参见王国平:《基督教在苏州的开教与初传》,《苏州大学学报》,1996 年第 4 期。

南汇县，到苏州后，在钟楼（即文星阁）附近落户，制作和出售纽扣，人称"纽扣李"。李子义的长子李伯莲是苏州第一个接受监理会洗礼的孩童，于1867年出生于苏州，因而"亦称为吴县人"①。蓝柏到苏州时就住在李家。殷勤山本为苏州人氏，1853年在上海入教。1870年，蓝柏携同曹子实至苏州，租借殷家在葑门十全街的房屋，设立布道所等，由此开创了监理会在苏州的传教事业。踵接而至的是美国南长老会、美国北长老会、美国南浸会。上述四个教派是基督教在苏州的主要教派，从19世纪70年代到19世纪末，基督教在苏州也仅此四个教派。它们的主要教务活动是建立布道所和教堂，创办诊疗所、医院和学校。

李子义及全家照

至1879年，监理会已在苏州陆续设立了四处布道所。一所在十全街石皮弄，一所在护龙街，一所在凤凰街，另一所在濂溪坊，均在天赐庄附近。由于教务的进展，1881年，经潘慎文、蓝华德等人努力，监理会在"天赐庄之折桂桥弄口谋得地基，建成设有四百人座位的耶稣堂"②。1890年，监理会传教士韩明德及项烈也来到苏州。翌年，他们俩与华人牧师陈楹卿创立了宫巷乐群社会堂。1892年，监理会又在养育巷建立了救世堂。

① 《李公伯莲传略》，《老少年》，民国二十一年十月。
② 杨镜秋：《卫理公会传教士占据天赐庄八十年史话》（未刊稿）。

最早的教堂

监理会是最先在苏州创建诊疗所和医院的差会。蓝华德是最早在苏州举办教会医疗卫生事业的传教士。蓝华德是蓝柏的儿子,出生于上海,回美国后又于1877年返华。同年,蓝华德在天赐庄租赁了三间民房办诊所,命名“中西医院”。1880年,蓝华德回美国研究医学和医院建筑。1882年11月,蓝华德携其妹夫柏乐文同返苏州,着手筹建医院。1883年初,柏乐文获得教会和苏州地方人士捐款1万美金,即以1 000美金在天赐庄购得民田7亩,破土建院,半年竣工。该院为庄园式建筑,取名“苏州博习医院”(英文名 Soochow Hospital)①,1883年11月8日正式开张。

博习医院

① 1884年,迁入天赐庄的存养书院也改名为博习书院。显然,这些都是为了以纪念美国捐款人 Buffington 先生。

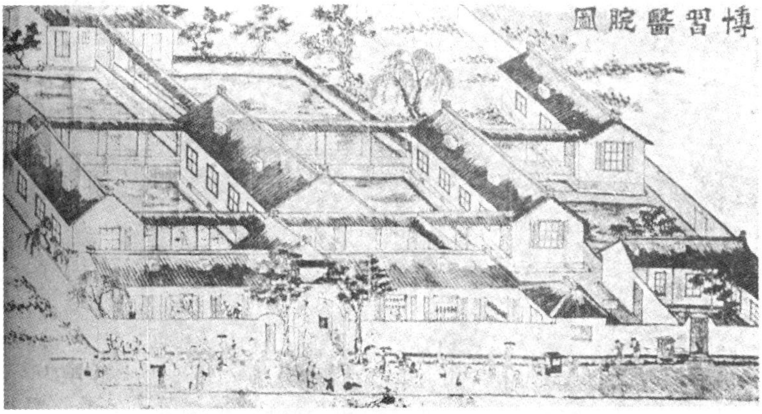


博习医院平面图

博习医院是监理会的得意之作。《中华监理公会年议会五十周年纪念刊》称:当时,外国各教会"在华设立之施诊所颇多,正式医院则仅设于沿海四埠耳。自上海至北京二千余里之内地,迄无一正式医院",博习医院之创设,"实为嚆矢"。

柏乐文

医院创办时,院务由柏乐文、蓝华德主持。1884年,柏乐文回美国继续医科学业。1885年,蓝华德又随其父蓝柏去日本传教,院务改由曹子实主持。1886年,柏乐文完成学业返回苏州,担任博习医院第一任院长。

苏州博习医院的医疗技术在某些方面处于当时全国医院的前沿。蓝华德与柏乐文"来华前,先至纽约、爱丁堡及伦敦诸大医学院考察,故到华后所介绍之医学方法,皆为当时最新颖者"①。柏乐文自述:他的工作非常"得益于可卡因、白喉抗霉素,以及X光机的发明与引进"②。就后者而言,德国物理学家威廉·伦琴于1895年11月8日发现X射线,时隔不久,上海《点石斋画报》"宝镜新奇"一文中就描述了博习医院展示X光机的情景。"伦琴发现X光的次年,博习医院已经开始使用这种世界最先进的医疗器械,其引进速度之快着实令人惊讶。"③博习医院引进X光机的确切时间,学术界存在不同说法。据笔者考证,可以确认,博习医院1897年有了简易X光机,1903年又购买了可供诊病的X光机全套设备,并掌握了利用X光机诊病的技术且实际运用于临床。④

博习医院创办伊始,就十分重视医学人才的培养。据柏乐文1909年撰文介绍,1883

① 周承恩:《本公会之医药事业》,《中华监理公会年议会五十周年纪念刊》,民国二十四年十月,第42页。
② W. H. Park, Memoirs of Dr. W. H. Park of Soochow, P. 36.
③ 刘善龄:《西洋风——西洋发明在中国》,上海古籍出版社1999年版,第273页。
④ 王国平:《从苏州博习医院看教会医院的作用与影响》,《史林》,2004年第3期。

年,柏乐文与蓝华德即开办"博习医学堂"。1887 年,与博习医院毗邻的妇孺医院成立,柏乐文与妇孺医院的斐医生合作,共同教授学生,虽是男女同堂授课,却"男女分坐,中隔帷幕,进出分道"①。由于规模扩大,博习医学堂更名为"博习高等医学堂"。自 1883 年至 1909 年,博习医院共招收培养七届学生共 30 余人。② 毕业的学生有的留在博习医院任医生、教员,有的到上海、常熟、无锡、北京、天津、武昌等地行医,有的(如成颂文)还远赴美国深造,后回东吴大学任教。博习医院育才兴学,培养西医人才,对西医在苏州、苏南地区及我国东南沿海地区发展产生了深远影响。

博习医院学生

除博习医院外,1887 年,监理会的斐医生(Phillips, Mildred M.)在博习医院以东建立了妇孺医院。该院在医务和医护教育方面均与博习医院协作。

金振声

最早在苏州办学的仍是美国监理会。从 1871 年至 1900 年,监理会在苏州创办了不少学校。其中有 1871 年创办的十全街主日学校(石皮弄),后发展为存养书院,再改名为博习书院;有 1895 年由孙乐文在宫巷创办的宫巷书院;此外,监理会还创办了长春学堂。1889 年,美国监理会的女布道会派金振声(Atkinson, Virginia M.)到苏州办学。金振声先在申衙前(今景德路)毕氏住宅办小学,除招收男童外,还增设刺绣科以招收年长失学女子。1893 年,该校迁长春巷,定名长春学堂,分为男女两部,开设中文、英文、《圣经》阅读三门课程。

① 《中华监理公会年议会五十周年纪念刊》,民国二十四年十月,第 43 页。
② W. H. Park, Soochow Medical School, The China Medical Journal, Vol. 18, 1909, No. 5.

长春学堂

监理会在苏州的医疗和教育事业在苏州民众中所造成的影响，特别是博习书院和宫巷书院的创办及其成功的教学活动，孕育着教会教育的生机，为东吴大学在苏州的诞生准备了条件。

## 第三节 东吴大学的前身学校

### 一、博习书院

博习书院是监理会最早在苏州创办的书院。它的前身是曹子实在苏州所办主日学校和在此基础上形成的存养书院。

曹子实

曹子实是浙江秀水人，孤儿，11 岁时在上海得到传教士蓝柏一家的照顾。1859 年，蓝柏夫人健康不佳，回美国休假，带他同行。在美国，曹子实接受了一位会督的施洗，得到密西西比州马歇尔牧师(Rev. C. K. Marshall)的帮助，并取名马歇尔(Charley Marshall)。蓝柏夫人回上海离开美国时，把曹子实留给雷大卫医生照顾。1861 年美国南北战争爆发，雷大卫医生成为南部联邦军队的军医，曹子实是他忠实的伙伴和助手，并由此几乎学会了如同当时普通医生所懂得的一样多的“医术”。这番经历可能使曹子实成为唯一参加了美国南北战争的中国人。战后，在雷大卫医生母亲的帮助下,曹子实靠打工入美国学校读了四年书。1869 年,在美国生活了十年的曹子实在一艘轮船上做工以抵船票,从纽约返回上海。

1871 年,曹子实在苏州传教布道,并给四邻普通病人治病,还教一个驼背男孩和一个小女孩读书识字。他开始筹办十全街主日学校,由于学生不多,从外地招来一些男孩,主日学校便成了一所寄宿学校。曹子实为这所学校倾注了全部精力。他的有关美国以及他本人往返美国航程中的传奇经历,在这些寒门子弟心里烙下了深刻的印象。李伯莲是主日学校学生之一。据李伯莲说,曹子实待人严格、公正和慈善。1874 年,杭州美国长老会推荐史子嘉到苏州。史子嘉成为监理会的教友,并在主日学校任教。

史子嘉

1875 年 11 月 1 日,监理会传教士潘慎文来华抵沪,第二年即到苏州协助曹子实办学。

1878 年,美国肯塔基州科文郡的 Buffington 先生向监理会捐款 2 000 美元;后来又增加 4 000 多美元,其中一半是 Buffington 先生的儿子 G. N. Buffington 所捐。① 同年,监理会在天赐庄购地,兴建住宅和校舍。

1879 年,曹子实调往上海,十全街主日学校由潘慎文主持。不久,学校迁入天赐庄,命名存养书院(亦名存养书塾),主日学校的 18 名学生亦随校迁入天赐庄。

1884 年,存养书院改名为博习书院,以纪念捐款办校的 Buffington 先生。② 从 1879 年至 1896 年的近 20 年间,除 1889—1891 年 3 月潘慎文返美期间由衡特立主持院务外,存养书院和博习书院一直由潘慎文管理和经营。他的太太是他的好帮手。1883 年,潘慎文夫人还创办了苏州第一所女子学校。

存养书院和博习书院的教学活动都打着潘慎文个人风格的烙印。

潘慎文(A. P. Parker)

潘慎文才华横溢,边教边学,不到 6 个月就过了汉语语言关,能运用自如地与人交谈和祈祷,“几乎无人可以达到他那样的汉语水平”。

---

① Minutes of the China Mission Annual Conference of the M. E. Church, South. 1886.

② 据注①引书,很可能从 1878 年起,书院英文名称即已为 Buffington Institute。

只要发现他所想讲授的课程的教科书,他就着手翻译成中文。① 例如,1892 年,潘慎文翻译了 Loomis 的《三角学》。该书于 1893 年由中国教育协会赞助出版发行。1894 年,潘慎文将斯蒂尔(Steele)的《物理学》翻成中文,并拟在翌年出版。② "除了翻译大量其他书籍之外,他还翻译了从代数到微积分全套数学教材。"③ 这些教科书引起了广泛的注意,并使潘慎文成为中国基督教教育界的一流人物。

潘慎文夫妇没有孩子,生活俭朴,所能节省下来的薪金全部用来置办教学器材。潘慎文并亲自动手制作讲授自然哲学、化学和机械等课程所需要的大量教具。他通过自制的电报设备与别处联系,自己发电,用电灯照明。他在屋顶小阁安装了一面来自伦敦的钟,又制成另外三个钟面,以便东南西北四个方向观看。

潘慎文夫人

博习书院"有一片面积很大的建筑来开展书院工作。房子能容纳 75 名住校生和 25 名走读生,里面有宿舍、教室、教堂、图书馆、实验室和实验场所。实验室和实验场所配备了价值 3 000 多美元的仪器、工具和机器……还有一个天文台,里面配有一流的赤道仪望远镜(4.5 英寸的物镜和 5 英尺长的焦距)"。博习书院还"改良了一架螺旋切割车床(18 英寸 ×52 英寸)、3 马力的水手牌发动机。发动机用来转动机床和启动发电,为实验室里的电灯、电池等供电"。潘慎文希望:"这个实验场所最终将建成一家具有规模的工业学校,教学尽可能多的理论知识,提供熟悉工具构造、发动机模型及各种化学、物理仪器等实践机会,帮助学生学到谋生的技能。"④在潘慎文的影响下,博习书院的很多学生成为制作铁器、木器的能工巧匠。

潘慎文重视基础教育,曾针对当时出现的偏向发表意见:"中国教育改革的一项主要危险已经出现,这就是努力想获得西方教育的结果,却不愿费力去学习那些已经确立并在我们的知识中广泛使用的原理;他们想获得'法',却不愿去钻研'理'。"博习书院倡导学生全面发展,要求学生学习规定的全部课程,而不是只学一门英语,或只学一些实用课程而忽视基本原理的学习。

博习书院有自己独特的教学计划。1891 年,潘慎文在报告中说:"在过去的 10 年中,我一直在努力使我们的学生在目前的情况下尽可能得到完全的教育。经过几次试验与变革,现已明确形成。"

---

① Missionary Issues of the Twentith Century, Published by Order of the Executive Committee. Nashville, Tenn. P. 374.

② Minutes of the China Mission Annual Conference of the M. E. Church, South. 1892、1894.

③ Golden Jubilee, China Conference Methodist Episcopal Mission, South. 1886—1936, P. 60.

④ Minutes of the China Mission Annual Conference of the M. E. Church, South. 1891、1888.

这一教学计划覆盖11年。第一年至第五年为预备课程(preparatory course),包括《三字经》、《百家姓》、《教义问答》、《论语》、《本国地理》、《圣经故事》、《算术》、《大学》、《中庸》、《地理学》、《文言概说》、《基督的生活》、《孟子》、《自然科学初阶》等。第六年至第十一年为书院课程(college course),包括《散文范例》、《神学要义》、《世界史》、《春秋》、《写作》、《几何》、《自然哲学》、《流体力学》、《三角》、《测量》、《自然史》、《电》、《生理学》、《生物学》、《自然史》、《自然神学》、《礼记》、《化学》、《无机化学与有机化学》、《易经》、《解析几何》、《天文学》、《伦理学》、《古代文学》、《微积分》、《政治学》等。

博习书院继承了存养书院的传统,这些课程概用中文讲授,以便学生领会与掌握。后任东吴大学校长的文乃史曾予以高度评价。他认为:"这样,博习书院就使中国贫苦学生使用他们自己的语言,公正平等地接受到当时美国的初等和中等教育。"①

博习书院(早期)

1887年,为满足社会对英语人才培养的需要和扩大招生规模,博习书院又增设英语科。潘慎文在当年的报告中说:"本年5月1日,书院开办了英语科。20名学生入学,每月学费1.5美元,住宿的学生每月另交1.5美元宿费和50美分房租。英语班的学生不像我预期的那么多。据调查似乎有很多人想学英语,然而,显而易见,愿意花足够的时间、劳动和金钱去学习英语的人却不那么多。今年早些时候,一些说英语的中国人在本城开办了三四所学校教英语,除一所外其他都关闭了。我相信,这未关闭的一所也只有6个或8个学生。再说,即使学生再少,英语教学也是教会教育的一个重要部分,必须进行,以与教会的其他传教工作相联系。我决定,允许已经学完或即将学完规定的中文课程的在校生免费学习英语。我认为,这是最好的计划,也和其他一些差会的学校相一致,这些学校近来增设了英语课程。"②

博习书院非常重视宗教教育。潘慎文认为,开办博习书院这样的教会学校"不仅是

① 文乃史著,王国平、杨木武译:《东吴大学》,珠海出版社1999年8月版,第9页。东吴大学开办之初则未能这样做。

② Minutes of the China Mission Annual Conference of the M. E. Church, South. 1887.

为人们提供西式教育,更重要的是为教会培养本地的牧师、教师、医务人员等”。而寄宿学校又更有利于学生的宗教教育。“它能使学生经常地处于基督教影响之下,而远离异教家庭的负面影响。”①除一般的宗教课程外,所有学生都要参加主日礼拜和周三晚上的宗教仪式活动。此外,书院还对一些“品学兼优”并愿意从事教会工作的学生进行特别的培训。博习书院的宗教色彩非常强烈,据衡特立 1890 年报告,约 43% 的学生是教会成员。1896 年,博习书院还组织了“基督教青年会”。

曾在博习书院执教的有:潘慎文夫妇、衡特立、裴先生(Brown,O. E.)、韩明德夫妇(Leitch,L.)、盖韩伯(Gray,H. L.)、文乃史以及三位华人教师,师资力量雄厚。1896 年,潘慎文被调往上海出任中西书院监院,由韩明德继任博习书院监院。1896 年 3 月,文乃史来华,至博习书院襄理校政。1898 年,文乃史主持博习书院校政,直到 1899 年 2 月博习书院并入上海中西书院。

韩明德

衡特立

博习书院的生源情况一直较好。从 1886 年至 1898 年,博习书院每年学生注册情况如下:

| 1886 | 1887 | 1888 | 1889 | 1890 | 1891 | 1892 | 1893 | 1894 | 1895 | 1896 | 1897 | 1898 |
|---|---|---|---|---|---|---|---|---|---|---|---|---|
| 36 | 72 | 75 | 76 | 74 | 75 | 94 | 101 | 106 | 122 | 121 | 139 | 124 |

(本表资料来源:Minutes of the China Mission Annual Conference of the M. E. Church ,South)

博习书院为社会输送了各种各样的人才。潘慎文在 1887 年的报告中说:“4 个学生

① A. P. Parker, Buffington Seminary, Soochow. Chinese Recorder, Vol. 17, 1886. P. 437.

在苏州的主日学校教书，一些人成为博习医院的助手。两个学生成为清政府电报局的雇员。其中一个成为能干的报务员，并在福州电报局取得一个好职位。”1888 年 10 月，惠会督的夫人在从苏州寄往美国的信中说，从博习书院出去的学生中，“两位毕业生在我们的教会中服务；另外两位已获得许可担任布道员；有两位正在博习书院教数学，其中一人还主管一所主日学校；有五位在我们的学校教书；两位在官府学校教书；另有一位在博习医院柏乐文那里当药剂师，他也是主日学校可信赖的教师。”①

李伯莲

博习书院的知名学生有：李伯莲（1887 年毕业），东吴大学创办时任提调（学监）。史拜言，后任东吴大学数学教授。沈觉初，后任东吴大学历史学教授。李仲覃，李伯莲的兄弟，“最有能力的布道者和年议会最有影响力的成员。由于一位来访会督的推荐，伦道夫—梅肯学院授予他神学博士学位——他或许是第一个被授予这种荣誉的华人牧师”②。谢洪赉（1892 年毕业），曾在中西书院任教，后辞去中西书院的工作，全身心投入中国基督教青年会全国委员会的编辑工作。谢洪赉一生著述数十种，成为清末民初中国教育界最著名的基督徒著作家。

谢洪赉（中）

博习书院作为东吴大学的前身之一，对东吴大学的创办至少有三个方面的贡献：其

① Mrs. A. W. Wilson, Letters From the Orient to Her Daughters at Home, Publishing House of the Methodist Episcopal Church, South. Nashville, Tenn. 1890.

② 文乃史著，王国平、杨木武译：《东吴大学》，珠海出版社 1999 年 8 月版，第 11 页。

一，博习书院在办学中基础理论与实验操作并重；重视基础教育，又以理科见长，对东吴大学的办学不无影响。其二，为东吴大学培养了一批师资，这在东吴大学早期师资短缺，特别是华籍教师短缺的情形下尤为可贵。其三，在办学条件方面对东吴大学早期不无助益。博习书院迁并上海中西书院时，其设备仪器留给宫巷书院，并随之转入东吴大学。东吴大学也正是在博习书院校址的基础上开办的，而且在很长一段时间内仍使用原博习书院的校舍和建筑。



### 二、中西书院

中西书院是监理会在上海创办的著名书院，它的创办人是监理会在中国的重要代表人物林乐知。林乐知于 1836 年出生在美国乔治亚州伯克郡，1858 年毕业于埃默里大学（Emory University）。1859 年 12 月，林乐知全家三口从纽约出发来华，1860 年 6 月抵达上海。美国南北战争期间，监理会在中国的活动一度失去来自美国的经费支持而陷于困境，林乐知不得不自谋生计。林乐知写道："我们有四年之久，收不到差会一块钱，也接不到亲友的一封信。"林乐知起先不得不靠典卖教会财产维持生活，后来又曾经商，向中国人采购煤炭、粮食、棉花等商品，转售给租界里的外国人。林乐知还当过保险行的经纪人和领事馆的通译等，生活颇为拮据。①

林乐知

19 世纪 60 年代，中国洋务运动开始后，清政府开办了同文馆。"同文馆计划的聪明之处及其极大成功，可能启迪了林乐知创办一所现代大学的理想，这所大学将聚集具有相当知识、对东西方思想都有基本理解的教师，以培养广大的年轻学者参与未来的世界文化。"为了实现这一大学梦想，林乐知创办中西书院，作为未来大学的基础。

1881 年冬，林乐知住在上海法租界八仙桥。他在八仙桥购置土地，建立了"中西学堂第一分院"，时人称为林公馆或林华书院。1882 年，林乐知又在虹口吴淞路建立中西学堂第二分院。四五年后，林乐知再用他在"西国劝捐"所得款项在第二分院之侧昆山路廉价购入原属大买办徐润的地产 35 亩。新校舍建成后，两个书院一并迁入，正式命名为中西书院（Anglo-Chinese School）。

① Warren Candler，Y. J. Allen，The Man Who seeded China. P. 82、P. 106. 转引自顾长声：《从马礼逊到司徒雷登》，上海人民出版社 1985 年 8 月版，第 265 页。

中西书院

林乐知创办中西书院，花了很大的心血。他特地辞去广方言馆教习职，还停止出版《万国公报》，专注于中西书院，并以沪上名士沈毓桂为助手，管理校务。至1896年，监理会任命博习书院监院潘慎文为中西书院院长。潘慎文出掌书院后，书院比以前更重视自然科学各门课程的教学和实验，实验设备不断增加，办学条件日益完善，书院又有了较大的发展。1899年春，根据监理会的决定，苏州博习书院迁沪并入中西书院。

林乐知的目标是想以中西书院为基础，进而建成“英华大学堂”。中西书院课程设置分为三个阶段：初级教育2年、中级教育4年、高级教育2年，即2－4－2三级教育体制。学生在修完中级教育课程毕业后，可以继续在院深造2年，学习高级教育课程内容。课程设置具体如下：初级教育课程及课程内容有认字写字、浅介辞句、讲解浅书、习学琴韵、练习文法、翻译字句、习学西语等。中级教育课程及课程内容有数学启蒙、各国地理、翻译选编、查考文法、代数学、翻译书信、天文、勾股法则、平三角、弧三角、化学、重学、微分、积分、讲解性理、翻译诸书、习学琴韵、习学西语等。高级教育课程为航海测量、万国公法、全体功用、翻书作文、地学、金石类考、翻译作文、习学琴韵、习学西语等。虽然林乐知强调中学西学并重，实际上学生们于“中国传统学识知之甚少，也无兴趣更多地掌握。对于西学亦只关心英语”①。西学，特别是英语是中西书院教学内容的主导部分。

曾在中西书院任教的中外教师有：林乐知、刘乐义（Loehr, G. R.）、林美丽、梅文纤（Muse Anna, J.）、罗文耀（Royall, W. W.）、明乐信（Mingledorff, C. G.）、潘慎文、葛赉恩、谢洪赉等。

中西书院虽然是一所教会学校，宗教氛围却相对宽松。《中西书院课程规条》要求：“每逢礼拜日放学，诸生中有情愿进堂听讲《圣经》固属有益，总以各随自便，毋稍勉强也。”林乐

① 文乃史著，王国平、杨木武译：《东吴大学》，珠海出版社1999年8月版，第15页。

知也说："除神道学校的纯洁和质朴外，学校中几乎没有可产生影响的更宗教性的内容。"①

中西书院教师

中西书院中西并重的办学思想和宽松的宗教氛围使之易为中国士绅阶层所接受，因而特别受到士绅阶层的欢迎。办学的第二年，学生达到 330 人，还有 100 多人因校舍有限而未能入学。比中西书院早开办两年的圣约翰书院同在沪上，办学的第二年，学生仅增至 71 人，到 1895 年增至 127 人，1895 年才增至 159 人。中西书院在当时的上海更受社会的欢迎，还曾得到李鸿章等显宦巨贾的解囊相助。

顾维钧

中西书院的学生多为宦富家庭子弟，毕业生分布在海关、电报、邮政、商界、政界及宗教界等，培养了不少如顾维钧、尹致昊（Yun Chi-ho）、梁桂三（J. S. Ryang）等社会知名人士。

顾维钧于 1888 年 1 月出生在江苏嘉定，1899 年考入上海中西书院预科，1901 年考入圣约翰书院。1904 年自费赴美国留学。1905 年后考入哥伦比亚大学，毕业后又作为研究生继续攻读，1909 年获硕士学位，1912 年获法学博士学位后回国，任大总统英文秘书。后曾任外交部参事、驻外公使、中国出席华盛顿会议全权代表。1922 年至 1927 年间，顾维钧曾任北京政府外交总长、财政总长、代理国务总理等职。曾代表中国政府与苏联政府签订《解决悬案大纲协议》。南京国民政府成立后，又曾任外交部长等职，曾出任出席联合国国际组织

① 贝内特：《在华的传教士新闻家》。转引自阮仁泽、高振农主编：《上海宗教史》，上海人民出版社 1992 年 7 月版，第 930 页。

会议中国首席代表、中国驻美大使、中国驻联合国代表团团长、海牙国际法庭法官。

尹致昊和梁桂三是中西书院的两个朝鲜学生，在书院受洗为监理会教徒，后来都曾到美国范德比尔特大学（Vanderbilt University）深造。尹致昊回到朝鲜以后，引领他的父亲和他同样信仰基督教，并与他父亲一起邀请监理会会督访问朝鲜。1895年，监理会开始在朝鲜传教。他是朝鲜基督教青年会的发起人之一，还创办了监理会在开城的实业学校。因为拒绝日本驻朝鲜公使的要求，不愿为统治朝鲜的日本当局“服务”，他被作为政治犯而囚禁。梁桂三在范德比尔特大学取得神学学士学位后回到朝鲜。1930年，朝鲜本土监理会组成，梁桂三被选为首任会督。1935年，梁桂三作为朝鲜监理会的代表，参加了监理会在上海举行的庆祝活动（五十周年纪念大会）。

尹致昊

林乐知办学的目的在于“让富有和聪明的中国人先得到上帝之道，再由他们去广泛地宣传福音”，这样，传教士们就“可以少花人力物力而在中国人当中无止境地发挥力量和影响”。[①] 而中西书院的很多学生不是他心目中的那种年轻人。从总体上说，中西书院的实际情形并不符合林乐知创建大学的初衷。对林乐知来说，他可以感到欣慰的只是中西书院在中国非教徒的上层社会中扩大的影响。

梁桂三

“这样，如同一个在任何可望的将来都不会实现的梦，‘大学’渐渐淡去。甚至‘书院’这个名称也被证明是顶太大的帽子。虽然它挂着这个名称，并得到教会教师前后十二年多不断的服务，直到开始重新组建一所大学——‘东吴大学’。”[②]在某种意义上说，正是因为上海中西书院没有直接发展成为监理会在中国所要开办的“大学”，才使苏州的宫巷书院成为“大学”的直接前身，才有了后来的东吴大学。

### 三、宫巷书院

1896年，孙乐文在宫巷创办了一所书院，即宫巷书院，亦称宫巷中西书院。

孙乐文，1850年2月4日出生于美国南卡罗纳州的萨默尔维尔（Summerville），曾在

① 顾长声：《传教士与近代中国》，上海人民出版社1981年版，第228页。
② 文乃史著，王国平、杨木武译：《东吴大学》，珠海出版社1999年8月版，第15页。

孙乐文(较年轻一张)

罗伯特·李将军(Robert E. Lee)管理下的华盛顿大学(后为华盛顿和李大学)就学。早年,孙乐文曾在《亚特兰大宪法日报》报社当簿记员。这是一家由他父亲和另外一些著名的乔治亚人创办的有影响的报纸。后来,他放弃了这一职位和可以期望的世俗荣华,投身于巡回传教并参加了监理会北乔治亚年议会,并很快升任达洛尼加(Dahlonega)教区长老。①

1882年,孙乐文受命携妻来华,先至南翔,一年后至苏州。此后12年中的大部分时间,孙乐文一直担任教区长老。1889年,孙乐文曾为"适应潮流起见,在常熟创办算术馆",聘李伯莲为主任,所教学生中"竟有三人得拔贡,于是琴川学界甚器重教会之事业,而始与之交住也"。② 孙乐文后又负责宫巷堂。宫巷堂位于苏州城中玄妙观前,由监理会传教士韩明德、项烈与华人牧师陈楹卿于1891年创办。正是在这里,1895年,一个偶然的机会,促成孙乐文创办了宫巷书院。

张之洞

1894年7月,甲午中日战争爆发,清军在黄海和朝鲜战场失利。1895年2月,北洋海军全军覆灭。3月,辽东前线清军全面溃败。1895年4月,清政府被迫与日本议订《马关条约》。这一奇耻大辱令朝野上下群情激愤。5月,维新志士康有为等在北京发动了著名的"公车上书",力主拒绝和议,要求变法图强。署理两江总督张之洞也上疏力阻和议,要求变通陈法,除弊图强,洗雪耻辱。张之洞主张学习西方的科学技术,在南京仿德国军制,编练江南自强军,采东西规制,设立了武备、农工商、铁路、方言、军医等新式学堂。

甲午战争的耻辱和张之洞的主张在当时苏州的一些爱国知识分子中产生了巨大的影响。

1895年某日,宫巷堂里正演唱一首圣歌,孙乐文夫人弹奏风琴伴奏。路过的行人顺便进去观看。到孙乐文布道的时候,他惊喜地看到,6位身着丝绸长衫的年轻学者进入教堂,悄然在后排落座。这是以前在苏州,或许在任何地方从未发生的事情!当其他会众散走之后,他们留了下来。孙乐文邀请他们到办公室并请他们用茶。他们中的一位稍事踌躇后,清了清嗓子说:"孙乐文先生,我们是来请你帮忙的。"孙乐文得知,他们想学习英语。"我们读了总督(按指当时署理两江总督的张之洞)的文章,现在懂得了为什么这个

① In Memoriam, Minutes of the China Mission of Annual Conference of M. E. Church, South. 1911.

② 《李公伯莲传略》,《老少年》,民国二十一年十月。

奇耻大辱落到我们身上。我们过去过于自负,不向别的国家学习。而日本向西方学习致强,跻身于当代世界列强。张之洞说:'对中国来说,除此无路可走,那就是:学习!!'在我们看来,由于要学的东西很多,开始的最好方法是学习你们的语言,这样我们才能读你们的书。"孙乐文欣然允诺。①

1895年11月18日,孙乐文着手"开办了一所试验性学校,招生人数控制在25人。这些学生有备而来,他们学习热情好学、刻苦努力"。这使孙乐文确信,"在苏州创办一所英文学校是正确的"。学生们参加汉语早祷,在主日学校里组成一个班,读中英文对照的福音书。1896年中国春节时,宫巷书院正式开办。

宫巷书院的创办适应了教学双方的需要。

就学生而言,25人中的大多数已经是通过科举考试的秀才,他们深谙儒家学说。以"四书"里的一句名言命题,他们可以写出一篇书法优雅、文言完美无缺的文章,这篇文章体现了这句箴言所在的章节的论题的微言大义,而非单纯的直接的引用。但他们不懂数学、自然科学、地理或除了他们本国以外的其他国家的历史。他们渴求"西学"。

就监理会而言,孙乐文相信,基督教会从来没有面临的这样一个机遇来了。"我们将应谦恭的年轻学者们所请,将我们最好的东西传授给他们,这正是基督教幻想家以前所一直梦寐以求的日子,只是那时时机不成熟。"②

宫巷教堂

这种奇特的结合不能不说是中国当时特殊国情的特殊产物。对中国的爱国知识分子来说,要图强只有学西学,而西方基督教教会在中国的教育事业是传播西学为数不多的重要渠道之一。

孙乐文在1898年的报告中详细介绍了宫巷书院办学的情况:"我开始着手筹备这项工作,并招收了50名学生。第一年学生人数变化不定,有学生中途退学,也有学生学期中间入校。但第二年学生人数就稳定多了。书院已开办三年,现在大多数学生入学已不是为了学几句简单的商务英语句子,而是渴望接受真正的教育。"③

1898年是宫巷书院发展势头最好的一年。"秋季学期开学后,维新运动正处高潮,许多新生申请入学,我们书院成为苏州最受欢迎的学校之一。官衙里有人抱怨,宫巷书院从科举考试那里夺走了年轻人,抱怨为了那点滴的英语知识,学生们放弃了他们对备受

① 文乃史著,王国平、杨木武译:《东吴大学》,珠海出版社1999年8月版,第5页。
② 文乃史著,王国平、杨木武译:《东吴大学》,珠海出版社1999年8月版,第5页。
③ Minutes of the China Mission of Annual Conference of M. E. Church, South. 1898.

推崇的'文章'的爱好。"这一年,"春季学期……招到了 90 名学生,秋季学期则招收了 109 名学生"①。

维新运动的失败使"西学"学校受到重创。如孙乐文所说:"我们的成功并未持续太久。我们书院,犹如康有为的改革,发展太快——在中国发展太快会有危险。政变来临时,改革被中断,阴影笼罩着我们学校。大家都惊慌失措,没有任何安全感。绝大部分规模较小的英文学校很快关闭了,老师们都到那些维新期间并不有名的学校去了。我们的学生坚持了一段时间。但随着'八股文'恢复,古老的科举制度仍然成为选士的标准,许多学生开始对'新学'失去兴趣,学期结束前就开始退学。"孙乐文在 1899 年报告中说:"2 月学期结束典礼,书院照例邀请长洲、元和、吴县的县令,三位地方官有的说忙,有的称病,一个也没来。而惠会督和李提摩太出席了学期结束典礼。""夏季,刚毅造访苏州,给我们造成很大破坏。许多指望光绪皇帝不久能重新'自己作主'、想继续在书院学习的士人,因为刚毅的到来而失望,在秋季学期,他们没有回到我们书院。"②这一年,宫巷书院只有 55 名学生。

宫巷书院历年注册学生人数:

| 年份 | 1895 | 1896 | 1897 | 1898 | 1899 | 1901 |
|---|---|---|---|---|---|---|
| 注册学生数 | 25 | 50 | 68 | 109 | 55 | 64 |

(本表资料来源:Minutes of the China Mission Annual Conference of the M. E. Church ,South)

宫巷书院最初有 6 名教师:其中 3 名美国教师,即孙乐文、孙乐文夫人和他们的女儿孙令仪(Anderson, Ida.),主要教授英语。还有李伯莲、李仲覃兄弟等 3 位中国教师,教授数学与中国古代经籍。1899 年 11 月,书院又增加了 3 名美国教师:薛伯赉(Shipley, J. A. G.)和葛赉恩夫妇。

孙令仪

葛赉恩夫人

① Minutes of the China Mission of Annual Conference of M. E. Church, South. 1899.

② 刚毅,满洲镶蓝旗人。1888 年曾任江苏巡抚,1894 年为军机大臣。1898 年慈禧太后发动政变时,力主废黜光绪皇帝,罢维新新政。是清政府中顽固守旧派重要人物。

尽管局势一度对教会不利,但宫巷书院的发展趋势仍使孙乐文充满信心,他认为"我们不必为目前的时局而气馁,因为我们相信这种不利的状况不会持续太久,新的变化即将来临。随着时局的变化,更多的学生将返回学校"。监理会领导层与惠会督决定集中力量办好宫巷书院。"惠会督决定关闭博习书院,其财产、设备等移交给宫巷中西书院。"①

宫巷书院,而非博习书院和中西书院,成为东吴大学的直接前身,其主要原因有这样几点:其一,宫巷书院起点高,发展势头好。从1895年创办的最初的25人班开始,宫巷书院的学生就具有科举的背景和较高的文化起点。历年入学人数也很可观。其二,经费自给。宫巷书院教师的薪水和日常开支均从所收学费中支付。宫巷书院还得到苏州人士设立的两项各为期十年的奖学金、一项为期五年的奖学金。还有更多的人想在书院设立这样的奖学金。其三,建立了与上层社会的联系。据孙乐文1900年报告:"宫巷书院有许多强有力的朋友,这些人不但是学生的家人,还有不少别的士绅,这些人是苏州城里有影响的人物。我们得到他们的赞成和鼓励。从我们所遇到的这一广泛而有影响的阶层来看,他们渴望政府和政策的变化。希望政府彻底改革,清除旧的弊端和腐败,使中国赶上时代,在前进中立于世界民族之林。"

正如孙乐文1900年报告所说:"从许多来自苏州的调查来看,我们在苏州的许多朋友完全信任我们,并仍期待我们建立一所我们所许诺的'大学'。"世纪之交,在苏州创办一所大学的条件成熟了,东吴大学呼之即出。

## 第四节　东吴大学的诞生

时至19世纪末,中国近代社会对近代教育的呼唤越来越迫切了。与此同时,教会所办教育事业也产生着向高等教育发展的要求。就监理会而言,它已经办了三所像样的书院,这些书院已经培养了大批学生,这些学生已经受到相当于当时美国的初等和中等教育,这样的中等教育又为高等教育打下了基础。监理会已经积累了足够的办学经验,现在,已经可以考虑办一所他们梦想中的大学了。

### 一、决策

1899年冬,监理会已在酝酿创办东吴大学。10月19日至24日,监理会在苏州第一教堂举行了第十四届年议会。差会的蓝华德总干事和监理会掌管东方传教事务的惠会督都参加了在中国的传教会议。参加会议的还有潘慎文、步惠廉(Burke, W. B.)、文乃史、白约瑟等。会议提议调整现有学校,"制定一个教会教育事业未来发展的计划,包括在苏州的一所大学、在其他传教中心的中学和所需要的小学。所有现有学校应合作以实现这一体系。宫巷书院须迁至博习书院在天赐庄的校舍,大家认为,那里能添置足够的

---

① Minutes of the China Mission of Annual Conference of M. E. Church, South. 1898,1899.

土地以满足校园的需要"①。"而宫巷适居城心,房屋栉比,寸土抵兼金,于是虑迁学堂于博习书院。书院以外多旷地,将设法买之。"②这所酝酿中的大学就是后来的东吴大学。

在上述筹备工作的基础上,1900 年 5 月 13 日,美国监理会的一些重要成员,包括纳什维尔的哈蒙德(Hammond,J. D.),埃特金(Atkins,James),柯克兰(Kirkland ,James H.),蓝华德,马里兰的惠会督,以及密西西比的盖会督,在田纳西州首府纳什维尔集会,决定在"中华帝国"的江苏省建立一所大学,英文校名为 Central University of China ,即林乐知所说的"在华之中央大学"。③

蓝华德

从后来事情进展的情况看,这次会议之后并没有立即向田纳西州政府申请注册立案,注册立案之事一直延宕到一年以后,这显然主要是受了中国爆发的义和团运动的影响。当时,苏州一带"各国侨民均退至上海"④。中国与苏州的时局推迟了东吴大学在美国的立案。

## 二、东吴大学董事会的建立

1900 年 11 月,监理会在上海举行年议会,在惠会督的指导下,年议会制定了《东吴大学校董会章程》。这一章程为东吴大学董事会的建立、东吴大学校长的选举乃至日后东吴大学的注册、开办和运作奠定了基础。该章程规定,由美国监理会差会选举东吴大学董事会,董事会接受委托照管在中国的学校工作,特别是拟议在苏州设立的大学。

据《东吴大学校董会章程》,东吴大学第一届校董会拟由惠会督、林乐知、孙乐文、潘慎文、柏乐文、步惠廉、文乃史、葛赉恩及盖会督、哈蒙德、埃特金、柯克兰组成,负责中国传教的会督也将是校董会的当然董事。

《东吴大学校董会章程》责成差会书记盖会督、A. J. Larmar、惠会督、James O. Branch、John W. McLean 等五人,根据 1900 年 5 月田纳西州纳什维尔会议通过的决定,尽快在田纳西州取得法人执照。

据章程细则第一款,董事会由 13 位经差会选举产生的董事组成,其中 7 人须为居住在中国的传教士,另外 5 人须在美国本土居住;负责中国传教的会督则为当然董事。如居住中国的董事出现缺额,由校董会任命增补;如居住美国的董事出现缺额,则由差会直接任命增补。

章程细则第二款规定,董事会选举主席 1 人;副主席 2 人,其中 1 人居住中国,1 人居

① 文乃史著,王国平、杨木武译:《东吴大学》,珠海出版社 1999 年 8 月版,第 19 页。
② 《东吴大学堂记》,《雁来红》。
③ 参见王国平:《东吴大学在美国田纳西州的注册文件》,《苏州大学学报》,1999 年第 2 期。
④ 黎德培:《柏乐文太太小传》,《中华基督教卫理公会华东年议会记录》,第 49 页,中国第二历史档案馆藏档。

住美国；书记1人；司库1人。

**CONSTITUTION**
**OF THE BOARD OF TRUSTEES FOR**
**THE SOOCHOW UNIVERSITY**

(Adopted Dec. 15, 1900,
under the direction of Bishop A. W. Wilson).

"Resolved: 1. That this Board of Missions elect a Board of Trustees, to whom shall be committed the care and oversight of our whole school work in China, and especially of the proposed university in Soochow.

2. That Bishop A. W. Wilson, Young J. Allen, D. L. Anderson, A. P. Parker, W. H. Park, W. B. Burke, W. B. Nance, and J. W. Cline shall constitute the said Board of Trustees, together with Bishop C. B. Galloway, J. D. Hammond, J. Atkins, and J. H. Kirkland, who shall act in conjunction with the Board in the field in advancing the interests of our educational work in China. That the bishop having charge of the China Mission shall be ex-officio a member of the Board of Trustees.

3. That the Secretaries of this Board of Missions be, and they are hereby instructed to secure, as soon as possible, a charter under the laws of the State of Tennessee, incorporating the institution in Soochow and conferring upon the above-named Trustees all the power usually held by Boards of Trustees of our home colleges.

C. B. Galloway, Chairman
A. J. Larmar
A. W. Wilson
James O. Branch
John W. McLean

Acting under the authority of the above resolution, adopted by the Board of Missions at Nashvile, Tenn., May 12th, 1900, this Constitution has been framed.

**Article I. Membership.**

This Board shall consist of twelve members, elected by the Board of Missions, seven of whom shall be members of the China Mission resident in China, and five resident in the United States, the bishop in charge being ex-officio a member. When vacancies occur among the members residing in China they shall be filled by the Board of Missions on the nomination of the Board of Trustees. When vacancies occur among the members resident in the United States they shall be filled directly by the Board of Missions.

**校董会章程**

章程细则第三款规定董事会的下述权利：

(1) 在苏州建立一所名为东吴大学的大学，这所大学包括三个系科：一为文学系，目的在于“为中国的年轻人提供按西方标准的全面彻底的大学教育”①。二为神学系，目的在于培养传教工作的完全合格的学生。三为医学系，目的在于指导和培养学生的医学和外科的理论与实践能力。此外，董事会还可以设立诸如法学、工程学等可能被认为适宜的其他系科。

(2) 继续开办上海的中西书院并指导它的办学方针，使之与董事会所由建立的总目标一致。

(3) 掌管差会在这里的所有学校，并建立被认为适宜的其他小学或更高年级的学校。

(4) 从总体上协调差会的所有学校，使之成为一个有机整体，使我们的教育工作更有效地进行。

(5) 主管选举校长、教务长、各学院教授会成员，所有此类选举均须经由投票。

(6) 为董事会的管理制定细则。

章程细则第四款为财产、财务等方面的规定。差会为教育工作已购置的，以及此后

---

① 王国平：《东吴大学的创办》，《苏州大学学报》，2000年第2期。

因需要而购置的所有财产、土地、建筑物等,无论来自中国人或其他人的捐献,无论是学费或奖学金收入,均由校董会控管。校董会须经差会批准,仅为发展教会教育工作而使用这笔财产和资金。

章程细则第五款为章程修改的规定。

本章程可以在校董会例会上修订,须有出席人数的三分之二多数投票通过,建议修正案须提前三个月通知校董会所有成员,须经差会批准。

按照这一章程,差会为在中国的教育工作而选举和组织了东吴大学校董会。孙乐文被校董会选为东吴大学第一任校长。



### 三、东吴大学的开办

在校董会指导下,开办东吴大学的准备工作加紧进行。最重要的工作之一是为宫巷书院搬迁天赐庄作土地和校舍的准备。在这方面,苏沪一带的中国民众作了最大的贡献。

孙乐文

据孙乐文当时的报告,除暂时占用原博习书院的建筑外,为购买土地和盖房架屋,中国人捐款18 093.72美元。甚至就在北方义和团运动开始之际,捐款仍源源而来。最大的一笔个人捐款额是6 100美元,还有一笔2 000美元的、一笔1 500美元的,三笔1 000美元的……这些捐款不只来自苏州,还有南浔、常熟和上海。大量捐款是通过柏乐文的努力而来,正要赴美的柏乐文热情地为学校工作。林乐知也努力在上海获得捐款。

苏州当地的华人牧师陈楹卿则在取得土地及与官员打交道等方面发挥了无可比拟的作用。孙乐文说:“我们一买到土地,就立即砌了围墙。迄今为止,所有购置土地砌立围墙的钱全部来自中国人的捐款。”

另据文乃史说:“中国友人的捐助用于购置和围起与博习书院毗邻的土地,以及迁走几百处墓穴……取得一块上面有坟墓的土地是很麻烦的。但这个坟墩密布地方,没有碰到什么困难,就成了东吴大学校园的中心地带。这应感谢当局和‘仁慈堂’(它得到民众高度的尊重)。”①当然,更少不得驻节苏州的江苏巡抚鹿传麟的支持。在鹿巡抚的支持下,监理会才“能够为新校购置7－8英亩的土地,虽然其中包括迁走一所佛寺和大量的坟墓”②。又据《东吴大学实录》载:当时,“于苏州就天赐庄博习书院旧舍之后广购基地约得五十六亩”③。

① 文乃史著,王国平、杨木武译:《东吴大学》,珠海出版社1999年8月版,第20页。

② Minutes of the China Mission of Annual Conference of M. E. Church, South. 1900. 另据《东吴大学实录》:“于苏州就天赐庄博习书院旧舍之后广购基地约得五十六亩”。苏州大学档案馆藏档,3永150。

③ 《东吴大学缘起》,《东吴大学实录》,苏州大学档案馆藏档,3永150。

监理会加农(Cannon)会督在所著《监理会的历史》中这样说:"苏州被选为东吴大学系统的中心,是由于它的较好的气候、作为中国教育中心的地位、能够购置足够的价格合理的土地,以及那些捐赠了25 000美元支持这一计划的中国士绅的鼎力相助。"①

陈楹卿

清政府江苏与苏州地方当局也给了东吴大学的开办以大力的支持。林乐知曾说,当时他和柏乐文受教会的委托,"经理筹捐购地诸事,余欲免生枝节,商请美国总领事古纳(John Goodnow,1858—1907)君介绍,函恳江督及苏抚军协助,即蒙传谕元和县令从速助成,于是孙君乐文柏君乐文陈君楹卿等,始得克期将建造大学堂基地购成,皆受贤督抚之赐也"②。时任两江总督的刘坤一与江苏巡抚鹿传麟对创办东吴大学的支持至关重要。

《东吴大学堂记》载1900年"正月,孙先生以买地故,函请美领事古纳来苏"。古纳到苏州后,进谒江苏巡抚鹿传麟,"告以买地事,而鹿抚亦表同情"。鹿传麟当即派遣元和县令协商买地之办法。"未几,诸地悉买,而围地之工兴矣。"③

刘坤一

东吴大学之中文名称,则与刘坤一有关。刘坤一曾于光绪二十五年十一月十四日(公元1899年12月16日)给美国驻沪总领事古纳复信。信中说:"蒙寄书三种六本,拜谢。承示贵国进士林乐知拟在苏垣设立书院,为敝处教育人才。与在江宁设立之汇文书院,后先济美。东吴士子从此皆是公门桃李矣。苏垣为抚军驻节之所,鹿滋轩中丞以翰苑起家,于中外名儒莫不加礼。适馆授粲,自能宾主交欢也。"④林乐知说:东吴大学"若以其地称之,则苏州大学堂。所以称为东吴者,因刘制军函中,有造就东吴人才字样,故题斯名也"⑤。关于东吴大学的校名,自然还有别的说法,如云:"东吴固三国孙氏之所据者,吾校遂亦以东吴名于世。"⑥

---

① 转引自 Lacy, W. N., A Hundred Years of China Methodism, New York, 1948, P. 147.

② 林乐知:《监理会创立大学堂之历史》,《万国公报》,1907年4月,第19卷,第3号。

③ 《东吴大学堂记》,《雁来红》。

④ 刘坤一:《复美领事古纳》,《刘忠诚公(坤一)遗集·书牍》,卷十三,第29页,宣统元年己酉九月本。

⑤ 林乐知:《监理会创立大学堂之历史》,《万国公报》,1907年4月,第19卷,第3号。

或许可以这样说,林乐知是第一个,而且早在东吴大学创办之初就提出"苏州大学"校名的人。或许还可以说,"苏州大学"校名和"东吴大学"校名具有同样悠久的历史。

⑥ 《二十五年来之东吴》,《回渊》。

天赐庄

其他准备工作还有:选举成立新的教授会,文乃史和白约瑟调为东吴书院教授;苏州的书院在其进一步发展前将被称为"东吴书院"①;课程开设的准备,尽可能快地引入大学课程;在适当的时候设立神学、医学和法学等专业。

1901 年新年伊始,全国政治局势已经缓和。义和团运动失败了,它对中国政局和基督教在中国的活动与政策还是产生了重大的影响。就外国教会而言,它们不得不对其在华活动与政策进行反思,寻求在中国传教的更合适的方式。就中国政局而言, 1901 年 1 月,慈禧太后在西安宣布实行新政。2 月,清政府发布上谕,向列强表示要"量中华之物力,结与国之欢心"。1901 年以后,19 世纪下半叶不断发生的"教案"渐趋平息。

东吴大学发轫处

① 东吴大学开办之初,在中西书院并入之前,又被称为东吴书院:The Tung Wu College。按文乃史的说法,"宫巷书院,作为'东吴书院',在天赐庄的博习书院的场地重新开办"。

监理会决定春节后开学。博习书院的校舍修葺一新,教学用具及设备也由宫巷搬运过来,为新学期做好了准备。“1901 年 3 月 8 日,星期五,书院从宫巷迁出,我们在苏州的教育工作进入了一个新纪元。”①——东吴大学正式开办。

早期校门

**四、东吴大学在田纳西州注册**

1901 年 3 月中旬,东吴大学开办的第一个工作周,惠会督从上海登舟来苏州,参加了东吴大学的开学活动和工作。他于3 月 16 日上午回到上海,旋即离华返美。惠会督返美后不久,1901 年 4 月,出席了监理会在新奥尔良举行的大会。

在这次大会上,由于惠会督等人的宣传,尽管“中华帝国”对美国人来说是一个非常陌生和遥远的国度,东吴大学还是成为一个热门话题。监理会大力宣传发动,以支持东吴大学的开办。从中国返回美国的林乐知、李嘉麟(李德,Reid, C. F.)、惠会督等都发表了演讲。

惠会督在演讲中说:“教育是中国人头脑中最主要的想法,它的支配力无所不在。中国人认为,没有教育就一事无成。给教育所打的印记,将会给中国人的家庭生活、社会生活和民众生活烙上同样的印记。如果你将中国的教育变成基督教的教育,它就会影响从皇帝到最底层的苦力的所有中国人。这就是它的意义所在。”在谈到计划建筑的漂亮的东吴大学主楼时,惠会督说:“我们想使中国人产生强烈的印象并使他们了解,我们将要为他们所做的正如我们在美国为年轻人所做的一样好。”林乐知则说:“在东吴大学,我们所希望的不仅仅是一所学校,我们所希望的是一个典范、是学校的一个榜样。”②参与东吴

---

① Minutes of the China Mission of Annual Conference of M. E. Church, South. 1901.

② Missionary Issues of the Minutes of the Twentieth Century. Papers and Address of the Central Missionary Conference of the Methodist Episcopal Church, South. Nashville, Tenn. 1901.

大学创办决策的盖会督也发表了激情洋溢的演说。

新奥尔良会议后，1901 年 6 月 13 日，美国监理会以惠会督、哈蒙德、艾特金、柯克兰、蓝华德等 5 人的名义，向田纳西州政府申请注册立案。注册文件（田纳西州法人章程）的主要内容如下：

（1）1900 年 5 月 13 日，监理会在田纳西州纳什维尔举行年会。纳什维尔的 J. D. 哈蒙德、J. 艾特金、J. H. 柯克兰、蓝华德，马里兰的惠会督，密西西比的盖会督，以及他们的同仁和继任人，代表监理会的所有成员，决定并申请在中国的江苏省创办大学，名为“在华之中央大学”（Central University of China）。

（2）这所大学及其附属之学院，在监理会主持下，按照监理会所批准和认可的传教规范经营。

（3）作为一所有权授予学位的大学，“扶持文学和科学事业；建立一所图书馆；扶持一个历史学会；组建并扶持各种实业协会；促进绘画、音乐及其他美术；配合工贸商会；或履行其他类似性质的职责”。

（4）“本法人团体的上述股东及其同仁和继任者，在具备必需的资格后组成一个董事会。”“董事会出于法人利益之考量，如需增加董事，经由监理会差会同意，有权增选董事，人数最多可至 33 名。首届董事有权选举下届董事；新任董事应与创始董事一样成为法人团体的股东……所有官员的任期可由章程细则决定，但不得超过 3 年。在继任官员经适当程序选举产生并通过资格认证之前，现职官员的任期继续有效。”

（5）本法人团体如违反本章程之任何条款，州政府皆可立即解散之。

1901 年 6 月 24 日，这一注册文件由田纳西州州务卿最后签署生效。①

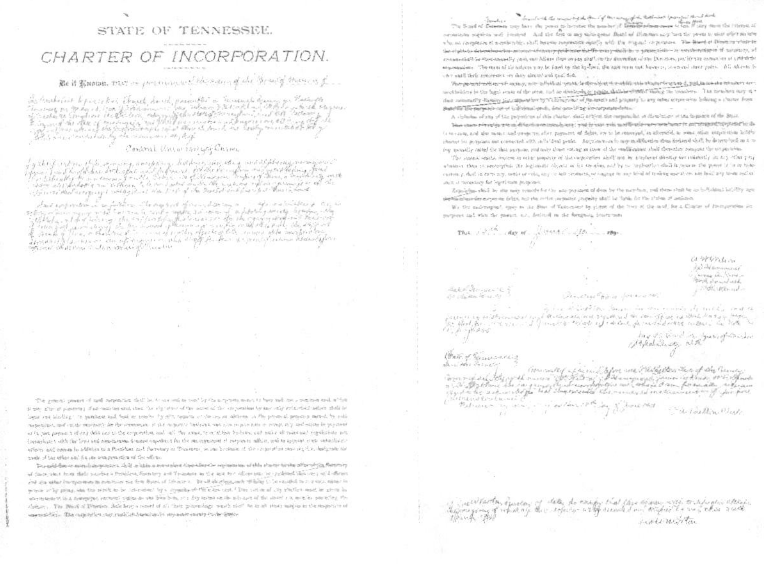
STATE OF TENNESSEE.

CHARTER OF INCORPORATION.

注册文件

① 东吴大学完成注册是在开办之后。沪江大学也如此。

东吴大学创办人之一林乐知谈到东吴大学注册时说:“建造大学堂之时在西国得有照会,原名在华之中央大学堂(加一中央字者以备他年分设东南西北各院也),但在中国则称为东吴大学堂,若以其地称之,则苏州大学堂。所以称为东吴者,因刘制军函中,有造就东吴人才字样,故题斯名也。”

根据林乐知的这篇文章,“Central University of China”直译为中文应为“中华中央大学”。东吴大学的这个英文校名,反映了美国监理会想在中国建立以苏州的东吴大学为中心,在中国其他地区建立各类学校的宏伟设想。这个英文校名与中文校名“东吴大学”缺少意义上的关联,很少使用。

尽管东吴大学于1901年注册时英文校名为Central University of China,事实上,Soochow University这一英文校名在1908年之前早已在很多场合使用。1907年10月5日,东吴大学校董会又以孙乐文、惠会督、步惠廉、潘慎文、文乃史、李多玛、柏乐文、葛赉恩、韩明德、哈蒙德、蓝华德等11人的名义,“为修正法人章程,向州政府提出申请,将上述法人团体的名称由‘在华之中央大学’更改为‘东吴大学’。1908年6月28日,变更校名的申请仍由田纳西州州务卿签署生效。①

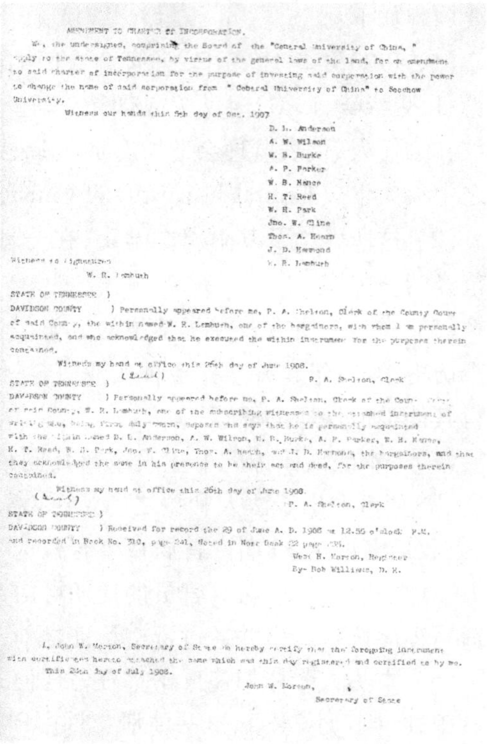

AMENDMENT TO CHARTER OF INCORPORATION.

We, the undersigned, comprising the Board of the "Central University of China," apply to the State of Tennessee, by virtue of the general laws of the land, for an amendment to said charter of incorporation for the purpose of investing said corporation with the power to change the name of said corporation from "Central University of China" to Soochow University.

Witness our hands this 5th day of Oct. 1907

D. L. Anderson
A. W. Wilson
W. B. Burke
A. P. Parker
W. B. Nance
H. T. Reed
W. H. Park
Jno. W. Cline
Thos. A. Hearn
J. D. Hammond
W. R. Lambuth

Witness to signatures
W. R. Lambuth

STATE OF TENNESSEE )
DAVIDSON COUNTY ) Personally appeared before me, P. A. Shelton, Clerk of the County Court of said County, the within named W. R. Lambuth, one of the bargainors, with whom I am personally acquainted, and who acknowledged that he executed the within instrument for the purposes therein contained.

Witness my hand at office this 26th day of June 1908.
(Seal) P. A. Shelton, Clerk

STATE OF TENNESSEE )
DAVIDSON COUNTY ) Personally appeared before me, P. A. Shelton, Clerk of the County [illegible] of said County, W. R. Lambuth, one of the subscribing witnesses to the attached instrument of writing [illegible], being first duly sworn, deposes and says that he is personally acquainted with the within named D. L. Anderson, A. W. Wilson, W. B. Burke, A. P. Parker, W. B. Nance, H. T. Reed, W. H. Park, Jno. W. Cline, Thos. A. Hearn, and J. D. Hammond, the bargainors, and that they acknowledged the same in his presence to be their act and deed, for the purposes therein contained.

Witness my hand at office this 26th day of June 1908.
(Seal) P. A. Shelton, Clerk

STATE OF TENNESSEE )
DAVIDSON COUNTY ) Received for record the 29 of June A. D. 1908 at 12.55 o'clock P.M. and recorded in Book No. 310, page 241, Noted in Note Book 22 page [illegible].

West H. Morton, Register
By- Bob Williams, D. R.

I, John W. Morton, Secretary of State do hereby certify that the foregoing instrument with certificates hereto attached the same which was this day registered and certified to by me.
This 24th day of July 1908.

John W. Morton,
Secretary of State

更名文件

惠会督

东吴大学的创办,是监理会在华传教事业发展的产物,是晚清中国民族危机催生的结果,是苏州地方官员与民众认同和培植的结果,也是东吴大学创办人心血倾注的结晶。东吴大学的主要创办人包括惠会督、林乐知、孙乐文和蓝华德。其中,惠会督起着最为关键的领导作用。从创办东吴大学的酝酿和决策,到东吴大学的开办和注册,几乎全为惠会督所主持和经办。

惠会督,美国马里兰州人。主管监理会东方传教事务期间,多次来中国视察传教事务。1899年11月,惠会督参加了在中国的传教会议,正是这次会议提议调整现有学校,创办东吴大学。1900年5月,惠

① 参见王国平:《东吴大学在美国田纳西州的注册文件》,《苏州大学学报》,1999年第2期。

会督出席了监理会在田纳西州纳什维尔的会议。会议正式决定创办东吴大学。1900 年底,惠会督指导监理会在上海举行的年议会制定了《东吴大学校董会章程》,并成为第一届董事会董事。这次会议选举了东吴大学校长。1901 年 3 月中旬,东吴大学开办后的第一个工作周,惠会督从上海登舟来苏州,参加了东吴大学的开学活动和工作。3 月 16 日,惠会督从苏州回到上海,旋即离华返美。① 东吴大学的注册也正是在惠会督这次返美之后,以惠会督等人的名义申请完成的。此后,惠会督又在监理会新奥尔良大会上演讲,为东吴大学大力发动捐款,以支持东吴大学的开办。



① 《潘慎文日记》,耶鲁大学神学院图书馆藏档。

# 第二章　东吴大学的早期发展

## 第一节　孙乐文时期：发展基础的奠定

### 一、经费筹措与校舍建设

由于东吴大学是监理会在中国创办的第一所大学，因此孙乐文校长的所有工作几乎都是开创性的。经费筹措与校舍建设或许是当时最迫在眉睫的事。

东吴大学开办初期的办学经费，主要来源于捐款和学费，见于记载的有：

1901 年 4 月，在新奥尔良举行的一次盛大的传教大会上，监理会为东吴大学募得第一笔较大的捐款共 50 000 多美元。

文乃史在所著书中这样描绘：1901 年 4 月，“二十世纪运动”在路易斯安那州新奥尔良举行的盛大的传教大会上推向高潮。盖会督就近期在中国的发展所提供的空前机遇发表了雄辩的演说。

盖会督

盖会督说，着手实施东吴大学计划，是抓住这一机遇的首要步骤。演说激起与会者巨大的热情。盖会督又从口袋里拿出最近收到的一张 10 000 美元的捐款支票，大声问道：“谁愿挑战这张捐款支票？”会上立即有人回答：“我！”这时，其他人也纷纷认捐。那个晚上，东吴大学获得 50 000 多美元的捐款。① 其中，有 500 美元是浙江南浔的张丕春(音译)所捐，他是柏乐文医生的一位病人，柏乐文带他到美国，到一位专家那里就诊。他的近乎失明的眼睛恢复到接近正常的视力，这笔钱算是他的谢礼。另据《东吴六志》，华人(包括南浔、上海、苏州、常熟、无锡等地绅士)捐款共约银币 16 000 元。②《二十五年之东吴》在谈到此事时说：“二十世纪幕始启之岁，偖大学府，因岿然出于姑苏台畔，草创基金，半为盖、惠两监督在美所经募，半由柏

① 文乃史著，王国平、杨木武译：《东吴大学》，珠海出版社 1999 年 8 月版，第 21 页。

② 徐允修：《东吴六志》，第 10 页。

博士乐文集自平江、黄浦、蓉湖、琴川,以及苕溪之缙绅先生辈。"①

1901 年 5 月,在监理会举行的年会上,监理会又筹集 100 000 美元,以迅速启动和推进东吴大学的工作。

另据孙乐文校长报告,1903 年,收到江苏巡抚恩寿捐款 3 000 元。1904 年,收到学费 8 212 墨西哥元,足以抵充办学的开支。

东吴大学是在原博习书院校址开办的,而且在很长一段时间内仍使用原博习书院的校舍和建筑。为了适应开办大学的需要,校方的一项重大决定就是建筑一所大楼(主楼)。这所大楼由英国建筑师设计,1901 年 12 月 12 日,林堂工程承包合同签约,年底破土动工。② 建筑工程进展缓慢,到 1904 年 10 月,"学校主楼即将竣工"③。

林　堂

孙乐文感到非常高兴和自豪。他说:"我怀疑在整个中国是否还有另一幢这样漂亮的大学建筑,恐怕没有能比这更适合我们工作的大楼了。我们现在有了通风、明亮、宽敞的教室。还有图书室、实验室和必需的办公室。会议厅很漂亮,赢得所有参观者的赞美——大约可以有 500 人在内舒适就座。由于教育部书记哈蒙德和差会书记蓝华德的努力,会议厅全部配置美国运来的最新式样的家具。最近,我们又从美国的一家气灯厂得到足够的乙炔气灯为整个主楼照明,还有一台电动机和水泵来供水。所有这些还没有安装,我们期待年末都能正常运作。"使孙乐文感到高兴的还有,盖会督到苏州访问,并视察了主楼,在会议厅作了首次布道。东吴大学的创办曾得到盖会督的真诚的鼎力扶持。④

---

① 《二十五年来之东吴》,《回渊》。

② The Soochow University Opened in 1901, Nashville, Tenn. Board of Missions of the Methodist Episcopal Church, South. 1906.

③ Minutes of the China Mission of Annual Conference of M. E. Church , South. 1904. 1907 年林乐知去世,主楼命名为林堂。

④ Minutes of the China Mission of Annual Conference of M. E. Church , South. 1904.

由于校舍不足，学校仍在使用博习书院的旧屋，把它作为宿舍，但很不适合需要。1903 年，孙乐文已在努力筹措经费再盖一座新楼。虽然实际上还没有募到很多钱，但苏州的一些重要人物已允诺帮助东吴。有几个人同意为学校在苏州游说。1908 年，孙乐文另在弗吉尼亚州 Norfolk 募得一笔捐款，用于建造东吴大学的其他住宅。[①] 1907 年，新的学生宿舍楼落成，可供 218 个学生住宿。[②] 到 1908 年底，计划中的所有学生宿舍已全部落成。

水　塔

1903 年，1 幢教师住宅竣工。此后，孙乐文不断募捐建造教师住宅。1908 年，又有 3 幢雅致的教师住宅投入使用，加上前已建成的 3 幢共有 6 幢教师住宅，2 幢供中国教师居住，4 幢供美国教师使用。

此外，1906 年，在校园内成功地开凿了一口自流井。井水清澈，供水充足。1907 年，“柏乐文医师在苏曾举行五十大庆，中西嘉宾盈堂，其乐无比，医科学生并为集款建筑纪念水塔于东吴大学，以示感恩。”[③]这一水塔可以协助供水。校园内有了充足的清洁水源。[④]

林　堂

① In Memoriam, Minutes of the China Mission of Annual Conference of M. E. Church, South. 1911.
② Soochow University, Soochow, China, Catalogue, 1919. Methodist Publishing House, Shanghai, China.
③ 黎德培：《柏乐文太太小传》，《中华基督教卫理公会华东年议会记录》，第 49 页，中国第二历史档案馆藏档。
④ Minutes of the China Mission of Annual Conference of M. E. Church , South. 1907.

1908—1910 年在美国访问期间，孙乐文还从弗吉尼亚州林企堡(Lynchburg)考特街区教堂募得捐款约 20 000 美元左右。这笔捐款准备用来建筑一座大楼。

孙乐文的辛劳使东吴大学校园初见规模。“林堂早于 1905 年就投入使用，规模宏大的第一幢教学大楼(后来的孙堂)已在建造之中。数十幢住宅和宿舍楼遍布校园内外，食堂、厨房和职工住所均配备齐全，校园遍植花草树木，一切都显示这里将逐渐发展为一个整齐美丽的校园。”①

东吴操场和葑门城楼

## 二、师资与教学

1. 师资

孙乐文特别重视师资，他说：“我们必须做更多更好的工作，但这需要人和钱——特别是人。我们现在急需受过完全教育的人才以补充师资。这种真正的人才比学校设备更可贵。这种人才以很少的设备所取得的成就，要比那种徒有大量经费开支的庸才所能做的更多。”②

东吴大学开办时，只有孙乐文、文乃史、白约瑟等 6 名教师。由于师资缺乏，最初几年间，美籍教师不能不重温他们在美国大学所学的文科课程和理科课程，他们中的任何一位都能教授几门课程，并在情况需要的时候视为当然地任课讲授。1903 年，东吴大学共有教师 14 人，其中美籍 7 人：孙乐文(校长、史学教习)、柏乐文(医学院院长)、文乃史(英文及神学教习)、祁天锡(Gee, N. Gist)(格致教习)、司马德(Smart, R. D.)(算学教习)、孙明甫(Anderson, R. S.)(英文教习)和罗格思(Lucas, B. D.)(兵操教习)；华人教师 7 人：黄慕庵(汉文教习)、徐允修(汉文教习)、张秉生(汉文教习)、方佩纲(汉文教习)、李伯莲(提调)、奚伯绶(格致帮教)(汉文帮教)和周克家(汉文帮教)。

① 文乃史著，王国平、杨木武译：《东吴大学》，珠海出版社 1999 年 8 月版，第 29 页。

② Minutes of the China Mission of Annual Conference of M. E. Church, South. 1909.

1903 年教职员合影

2. 癸卯学制与科举制度的废除

东吴大学创办之时，正是清末新政开始之际，清政府迫于国内外的压力，开始在全国推行新政。为改革教育，清政府谕令各省书院一律改为大学堂，各府、直隶州书院一律改为中学堂，各州、县书院一律改为小学堂。1904 年 1 月 13 日，由张百熙、张之洞等人拟定的《奏定学堂章程》奏准颁行。该章程是中国近代第一个实际推行的系统学制。① 章程规定，初等教育含初等小学 5 年、高等小学 4 年；中等教育即中学 5 年；高等教育含高等学堂或大学预备科 3 年、分科大学堂 3 至 4 年。由于癸卯学制的施行，旧式教育改革为新式教育，科举制度已无存在之基础。1905 年 9 月，袁世凯、张之洞奏请停止科举制度获准。清政府谕令从 1906 年起，所有乡试及各省岁考一律停止，废除了延续 1 300 年之久的科举制度。

废除科举

孙乐文校长等注意到了中国教育的变化，他在 1905 年报告中说："近来中国政府教育体制有所改变，废除了科举制度，直接从学校选拔人才，这将对中国所有学校，不论官办学堂还是教会学校，产生深远的影响。我们相信，新的教育体制会让政府逐

① 时为农历癸卯年十一月二十六日，故称癸卯学制。

步重视中国现有教会学校正在进行的工作,同意授予教会学校毕业生与官办学堂毕业生同等学位……如果我们想取得有影响的地位,我们必须彻底地准备做第一流的工作。”①

基督教教育界注意到:“到历史悠久的以儒学经典为基础的科举制度被废除时(1905年),一种新的观念广泛传播:青年人的教育是政府的责任,学校应该分为初等、中等和高等,如同在西方国家和日本那样。虽然在这方面已有一些实验,但在东吴大学和其他教会大学的早期岁月里,仍然按他们的创办人所熟悉的学制办学。”②

按1900年校董会章程,东吴大学应包括三个系科:一为文学系,二为神学系,三为医学系。此外,还可以设立诸如法学、工程学等可能被认为适宜的其他系科。在孙乐文领导下,东吴大学开设了比较完整的文理科学士学位课程;和博习医院合作开办了东吴大学医学院,宗教神学成为大学教育的重要组成部分。

3. 文科

东吴大学的前身学校都很重视中国的传统文化的教学。潘慎文在博习书院“规定课程中国经史外,有万国史记、格致算学、圣道书等,皆用译本教授,并无英文课也”。1895年,潘慎文继林乐知长中西书院,“嗣后重订课程,中西并重”。至1906年,葛赉恩继潘慎文之任,“更将课程一是厘订,特注重中文,以矫时俗轻中重西之弊”③。

东吴大学开办不久,孙乐文去拜访上海圣约翰大学的校长卜舫济(Pott, Francis Lister Hawks)。归途中,孙乐文向文乃史陈述了他所考虑的一些原则,谈到教学和语言问题。孙乐文有两条原则。其一,“目前和未来几年,在中国,现代教育只能用现代语言,当然,对我们来说,意味着用英语。但首先关心的应该是增加能够确定专门名词和编写汉语教科书的人员。英语最终将成为第二语言,如同法语或德语在美国大学一样”。其二,“学生必须掌握他们本国的语言,并跟上时代发展,以便在向中国千百万人传播世界进步和文化中发挥传媒作用”。④

卜舫济

孙乐文重视中国的传统文化,并多次强调学习中国传统文化。他在1902年的报告中说:“所有学生都要学习中文和英文,而且中英文学习的时间分配均匀。我们强调学生们应该要掌握好其母语,不光要会读,能知晓一定的文学常识,而且能在写作中运用自如。学校教授英文,不是为了英文而教英文,尽管英文本身具有实用价值,教英文是让他们利用英文这个媒介去学习西学。”他在1904年的报告中又说:“我们一如既往地强调开展全面的中文教学。因为,作为一个中国人决不应该忽视其本国的历史和文明,而那些仅仅想学一些英文的

① Minutes of the China Mission of Annual Conference of M. E. Church, South. 1905.

② 文乃史著,王国平、杨木武译:《东吴大学》,珠海出版社1999年8月版,第27页。从1918年至1923年,东吴大学开始遵循当时政府决定的大学学制。

③ 《东吴大学缘起》,《东吴大学实录》,苏州大学档案馆藏档,3永150。

④ 文乃史著,王国平、杨木武译:《东吴大学》,珠海出版社1999年8月版,第24页。

人很快就离开了。我们的奋斗目标是,获得中文预科证书的学生,其水平达到秀才等级(中国科举制度的文学学士),而获得大学毕业文凭的学生,其水平达到举人等级(中国科举制度的文学硕士)。今年令我们深受鼓舞的是,本校6名预科班学生参加科举考试,其中3人考中秀才。"①

孙乐文对中国传统文化的重视在东吴大学产生了重要和深远的影响。20多年后,《学灯》刊文指出:"苏州东吴大学系美国基督教监理公会所设立,迄今二十五年。孙乐文博士首长是校。博士固美人,尝谓世界各国欲谋自强,须从本国学术上着手,未见有放弃本国学术而其国得有强盛之日者。故博士初创是校,即注重中国学术。常熟黄摩西、余杭章太炎、无锡嵇绍周先后被聘,教授国学。章君不久即因事去职,黄、嵇两君辛苦多年,成就后进不少"。② 杨永清后来将孙乐文重视中国传统文化教育的特色总结为"保存国粹教育",他说:"先生设学首重国文,尝谓中国学生首取祖国固有之国粹发挥之,光大之,不应专习西方,置国本于不顾。"③ 这种教育特色就保证了东吴大学的学生在学习西学的同时对中学亦有相当的了解和掌握。

在强调学习中国语言文学的同时,为了能够在"西学"的分支学科使用英语教学,英语教学成为极为重要的任务。孙乐文在1903年的报告中说:"我们强调汉语和中国文学的学习,但所有涉及西学课程,我们均用英语教授。我们不断努力改进英语教学方法,以便学生在最短时间内掌握这门语言。近半年,"古安系列"(Gouin)语言教学法的主要代表、来自伦敦的霍德华·斯旺(Howard Swann)先生在本校协助英语教学,学生在他指导下获益良多。"④ 孙乐文校长的儿子孙明甫没有读完大学就来到苏州,他对古安体系很有兴趣。根据这个体系,教师要就所要教学的语句,边说边表演,通过体势使这些句子的意思变得明白,但不得用任何其他语言的字词。孙明甫发展了大量"系列"例句,他在学生面前一边用英语说这些句子,一边表演。然后,学生跟着他重复这些句子。有人将孙明甫的教学成果汇编成极好的更规范的教材,这些教材后来被广泛采用。

1903年发表于《雁来红》的《东吴大学堂记》称:"方学堂之在宫巷也,一切课程皆不完备",至1902年"正月,一切课程稍加修订,而大学之课程定矣。而大学课程之于英文者,悉照太乃需大书院。太乃需大书院者,美国南省最大之书院。国文则研究国史以及一切中国政治学术为本。"⑤

东吴大学的文科教学看来一开始就比较成功。1907年2月,东吴大学的第一个毕业生(沈伯甫,1916年去世——笔者注)获得了文学士学位证书。孙乐文在1908年的报告中说:"去年2月举行的毕业典礼对我们而言是一次盛会——东吴大学的首位毕业生获得学位。大批官员和士绅出席毕业典礼,他们对学校活动以及日常工作颇感兴趣,这也让我们甚为欣慰。他们开始认识到教会学校在培养人才方面的能力,这在非教会学校中

---

① Minutes of the China Mission of Annual Conference of M. E. Church, South. 1904.
② 《东吴添聘国学教授》,《学灯》,1925年1月12日。
③ 徐允修:《东吴六志》,第17页。
④ Minutes of the China Mission of Annual Conference of M. E. Church, South. 1903.
⑤ 《东吴大学堂记》,《雁来红》。按:太乃需大书院即田纳西州立大学。

是无法做到的。我们首位获得学士学位的毕业生，是一位栋梁之材，现已留校任教和我们一起努力工作。” 江苏巡抚因病未能出席这次毕业典礼，但他派一位官员代表他与会，并口授一篇讲话以向学生宣读。美国驻沪总领事田贝（Denby, Charles）出席毕业典礼并发表了演讲，他的演讲词引起关注，并在中国和美国的许多报纸上刊载。第二年2月，又有3名学生（陶甸夏、陈海澄、裘昌运）修完大学课程毕业，被授予文学士学位。其中一人被选派出国深造。在清政府举行的选派学生出国留学的考试中，全国各地约3 000人提出了申请，东吴大学的这名学生无论在中文和英文方面都名列前茅。

毕业典礼 1910 年

1910年，在由省学政督办的省级考试中，东吴大学学生“因其中文考试中的优异表现而受到该大臣当众褒扬，该大臣对来自教会学校的学生能有如此出色的中文水平大为惊叹”。东吴学生在北京举行的官方考试中连续两年表现出色，“举国上下皆知，东吴大学培养的学生不但熟习中文，在西学科目上也不输于任何人”①。

4. 理科

1908年，东吴大学“花了大约1 200墨西哥元添置了很多化学仪器和物理设备”。这些仪器和设备对化学和物理教学研究提供了很大帮助。孙乐文希望能够尽快为具备相应资质的学生开设机械、热学、光学和电学等方面的高级课程，并为纯应用科学研究提供理论依据，从而为创立工程学专业奠定良好基础。②

祁天锡

东吴大学生物学教学的开创者是祁天锡教授。祁天锡毕业于范德比尔特大学，在他取得生物学硕士学

① Minutes of the China Mission of Annual Conference of M. E. Church, South. 1910.

② Minutes of the China Mission of Annual Conference of M. E. Church, South. 1908.

位的十年以前，范德比尔特大学还没有这一系科，主持“自然历史与地理”课程的是一位旧时代的绅士和多才多艺的学者。在“自然历史”课中，塞福德(safford)博士讲授了植物学和动物学纲要，但是，没有提及作为如同化学或物理那样的实验科学的生物学。实验阶段生物学科学的姗姗来迟，使祁天锡更重视与专注于生物学。

当时，东吴大学的美籍教师不多，在情况需要的时候，每个人或多或少都得教授几门课程，在大多数教师看来，这是很自然的。但祁天锡是一个例外，他想使人家理解，他是一位生物学家，是来教生物的。他可以帮助教化学或物理，直到这两个科目有合适的人选，但不肯承担任何其他科目，并坚决地恳求予以谅解。祁天锡的态度虽然有时使校方不快，但最终却是一件好事：东吴大学很早就能在生物学方面领先，并能选派基础扎实的学生到国外继续进行研究生阶段的学习，他们从国外回国后教授生物学，并主管私立和公立大学的生物学系。更多未能出国的人则在中学，或作为大学的助教，取得了优秀的成绩。

5. 医学

在19世纪80年代，博习医院的医生们已培训了一批人员作助手。其中包括陈明涛和杨维翰。博习医院还和相邻的玛丽·布莱克妇孺医院合作办学，培养了24名得力的医务人员，其中7名是女性。这些工作都为医学教育积累了经验。

1903年，教务长柏乐文筹建东吴大学医学院。教员由上述两家医院的人员及东吴大学的理科教师组成，包括柏乐文、斐恒、斐美德、卜明慧(Polk, M.)、罗格思等美籍教师5人，还有华人提调成颂文。入学的学生都是东吴大学的预科生。据孙乐文报告，1905年，“有3名学生注册于医学院。由于年会所造成的任命的混乱和不确定，该系组织得不如我们所希望的那么好”。孙乐文希望，有关方面能采取一些步骤，在更好的基础上建立医学院。①

玛丽·布莱克妇孺医院

① Minutes of the China Mission of Annual Conference of M. E. Church, South. 1905.

1909 年 5 月 26 日，医学院举行毕业典礼。三名学生毕业，获得医学学士学位。其中两人在博习医院工作，另一人自己在苏州开业。在毕业典礼上，前美国驻沪总领事佑尼干（Jernigan，Thomas R.）发表了极好的演说。①

医科学生合影

6. 神学

尽管校方迫切希望建立神学系，但立志攻读神学，将来去布道的学生寥寥无几，神学系的建立便成了问题。

在东吴大学学习神学的学生不多，江长川是其中的佼佼者。1909 年，江长川从中西书院毕业后到东吴大学就读。东吴大学非常重视，由孙乐文校长、李仲覃牧师、文乃史和戈璧（Campbell，Clyde）等人组成了一个神学教师群体，单独给江长川讲授神学课程。三年后，江长川被授予东吴大学神学学士学位。此后，江长川在监理会年议会上迅速地上升为领导人物。他在上海慕尔堂做了几年牧师。卫斯理宗在华三个教派监理会、美以美会与美普会合并的“联合会议”就是在慕尔堂召开的。此后，在卫理公会召开“中央议会”时，经秘密投票，江长川被选为会督。

江长川

李仲覃

1910 至 1911 年，美国长老会在南京开办了一所神学院。这所神学院能在神学教学上提供更充分的教学设施，这就形成了一个更大范围内联合办学的基础。东吴大学便不再开设神学本科课程，转而开设两年制神学预科课程。

① 另据文乃史书：一位是沈嘉平，他与孟杰博士互相配合，在湖州总医院工作；一位是陈蓉孙，在上海海关担任检疫官员；另一位是富绍卿，在博习医院任外科助理医师。

尽管神学系没有建立，东吴大学对《圣经》教学则越来越重视。1903 年 11 月校长报告称："现在每个学生每周上三节《圣经》课，而不是以前的两节课。"1904 年 10 月报告称："学校非常强调对《圣经》的学习。学生从入学伊始直至完成大学学业，均要学习《圣经》。在每年的课程设置中，学校每周都会安排三节《圣经》诵读课。学生对于学习《圣经》没有提出任何反对意见。许多学生对《圣经》熟悉程度让很多美国大学生都自愧不如。《圣经》学习，自然而然，对学生的生活产生重大影响——不断完善他们的性格，明显改善他们的行为。"

东吴大学也已建立基督教青年会机构，拥有众多会员，并定期举行活动。①

### 三、学生

东吴大学开办之初，由于办学条件以及清朝末年社会环境的局限，办学规模并不大。

据孙乐文校长报告，东吴大学历年入学人数如下表②，学生绝大多数来自苏州和周边城市，有些人来自其他省份。

| 时间 | 1901 | 1902 | 1903 | 1904 | 1905 | 1906 | 1907 | 1908 | 1909 | 1910 |
|---|---|---|---|---|---|---|---|---|---|---|
| 人数 | 64 | 103 | 115 | 118 | 120 | 156 | 233 | ? | 203 | 309 |

孙乐文长校时期东吴大学毕业生如下：

| 时间 | 1907 | 1908 | 1909 | 1910 | 1911 |
|---|---|---|---|---|---|
| 毕业生 | 沈伯甫 | 陶甸夏、陈海澄、裘昌运 | 吴献书、杨惠卿、奚伯绶 | 赵紫宸 | 郁荣光、吴颐伯 |

东吴大学开办之初，孙乐文在学校和学生道德培养及管理方面有其独特的思路和方法。

孙乐文注重对学生进行道德上的培养和教育，这也就是他所坚持的基督教教育的宗旨。"我们的教育必须是基督教的，同时采取教学和示范两种教育方式，使我们的学生有充分的机会去了解基督教信仰在整个生活：个人、社会、国家、世界关系中的要旨与意义。"孙乐文认为，首先要把学生培养成社会的有用人才，为社会，为国家做出贡献，同时还应该在道德上使学生养成基督教式的"完全之人格"。③ 东吴大学的校训"Unto A Full Grown Man"④(为社会造就完美人格)一直高悬校门的上方。

在学校和学生管理方面，孙乐文没有制定多少规章制度，但学校仍然井然有序，几乎没有任何纪律方面的问题。孙乐文说："在纪律方面，我们没有遇到什么麻烦，我们相信，将来这方面的问题会更少。虽然我们强调学生要品德高尚，言行礼貌，令行禁止，但我们努力将每一位学生看作品格高尚之人，很少依靠规章制度对他们进行管理。我们的经验

---

① Minutes of the China Mission of Annual Conference of M. E. Church, South. 1903,1904.

② Minutes of the China Mission of Annual Conference of M. E. Church, South. 学生人数含中学学生。

③ 徐允修：《东吴六志》，第 17 页。

④ 以弗所人书，4:13，改译《圣经》。

告诉我们,中国学生像美国学生一样很快就适应了这样的管理制度体系。"①

校训:"Unto A Full Grown Man"

据文乃史说,孙乐文的管理经验是他在宫巷书院五年间,特别是青年时代在弗吉尼亚州华盛顿学院(Washington College)罗伯特·E. 李(Robert E. Lee)的领导下取得的。在那里,"每个学生都被期望成为绅士"。汉语中的"君子"可能是"绅士"近乎准确的同义词,孙乐文对宫巷书院和东吴大学的学生以"君子"相要求,他相信,中国的年轻人会和美国南方的青年人一样对"绅士"和"君子"的要求作出良好的反应。

东吴大学开办之后,学生社团就开始建立起来并不断发展。

东吴大学开办之初,曾打算开设培养学生辩才的课程。1906 年,东吴大学在学校建立了两个互不统属的辩论团体,一名"竞智会",一名"丽泽会"。

两个辩论团体各自吸收成员,"皆以养成利辩之才为宗旨。星期一日,两会各集一室,或演说,或辩论,练习以求进步。逾月则定期会辩,两会各出其善言者三人,选题互驳,胜者以为荣"②。这一活动成为以后东吴大学与圣约翰大学学生辩论对抗赛的先声。1913 年,圣约翰大学校长卜舫济博士到苏州参加东吴大学学位授予典礼,他认为,对准备成为公众生活中领导人物的年轻学生来说,辩论中才智的抗衡可能是一种比体育比赛更有价值的竞赛。于是,安排了两校间的"竞辩",当绿满江南、万华如海时,辩论会轮流在

---

① 参见 Minutes of the China Mission of Annual Conference of M. E. Church, South. 1901.

② 《辩论会》,《东吴月报》,第 2 期,1906 年 7 月。

东吴大学和圣约翰大学举行。

竞智会

丽泽会

每次辩论时，东吴大学即以竞智、丽泽两会精锐充任辩论代表。1914 年，辩论在东吴大学举行，辩题为“中国今日借外债利害孰甚？”正方圣约翰力主有利，反方东吴历数其害。东吴代表为潘慎明、徐景韩、邵桐轩。评判员为范源濂、侯葆三、谢洪赉。结果东吴胜出。1915 年，辩论于圣约翰举行。辩题为“欧战结果三协约或德奥胜于中国孰为有利？”东吴代表为高践四、徐景韩、邵桐轩，主协约国胜于中国有利。公证员为王宠惠、杨心一、贾季英。结果，东吴再次胜出。1918 年，辩题为“道德问题与生计问题于今日中国孰为尤要？”东吴代表为陈调夫、陆季清、王怀仁，主道德问题于今日中国为尤要。裁判员为黄炎培等。结果东吴再一次击败圣约翰。1922 年，辩题为“中国在大会是否失败？”东吴代表为李竞渊、张师竹、沈体兰，否认中国在大会是失败。评判员张一麐、赵厚生、沈慕曾等认为东吴大学代表所陈述之理由较圣约翰为充分，判东吴胜出。东吴与圣

赢得与圣约翰辩论赛锦旗

约翰两校的辩论共举行 7 次,东吴大学赢得其中 4 次。①

东吴大学还将这种辩论活动推广到附属中学。多年来,特别是在 20 世纪 20 年代,这些辩论按时举行,在课外活动中占有很高的地位,增进了学生的团队精神和辩论口才。



### 四、孙乐文纪念活动

1908 年的大部分时间,孙乐文不在东吴大学。惠会督和蓝华德希望孙乐文访问美国,以期激起平信徒宗教运动(Laymen's Missionary Movement)对监理会在苏州的教育工作的兴趣。一直到 1910 年夏,孙乐文校长才从美国返回苏州。在美访问期间,孙乐文募得弗吉尼亚州林企堡考特街区教堂捐款约 20 000 美元左右。这笔捐款用来建筑一座大楼。

1911 年 3 月 16 日,孙乐文校长因肺炎去世。

作为东吴大学第一任校长,孙乐文为东吴大学的发展奠定了基础,赢得了他在东吴校史上应有的地位。孙乐文也给后人留下了一笔思想遗产。他始终坚持教会学校应视教育工作为首要,传教工作为次要,强调教会教育在中国社会和教育变革中的关键作用。

孙乐文还强调:"即将在中国建立的新教育体制必须是属于中国的体制,'新学'必须要经过'本土化'改造,而不应仍旧保持其舶来品的'异国情调'。"②

与当时在中国的大多数西方传教士的观点相反,他重视并主张华人在东吴大学及其他在华教会学校的领导作用。在他看来,东吴大学,是苏州人、中国人的大学,"外人不过为其经始,将来必须贵国人接办"。他还进一步主张:"非但以后教育,将归华人接办,即教会事业,亦当归华人经理。"③

孙 堂

① 《二十五年来之东吴》,《回渊》。

② 参见 Minutes of the China Mission of Annual Conference of M. E. Church, South. 1910.

③ 嵇长康:《东吴大学校监校孙公传》,《东方杂志》,民国二年四月一日发行,第 9 卷,第 10 号。

孙公纪念碑

1912年11月16日，由弗吉尼亚州林企堡考特街区教堂捐建的大楼被命名为“孙堂”（Anderson Hall），举行了献堂仪式。同日，孙乐文校长纪念碑于东吴校园揭幕，这座花岗岩纪念碑由中国学生和朋友们捐款700多美元树立。江苏都督程德全和其他官员出席了揭幕仪式，美国传教士、上海尚贤堂院长李佳白（Reid, Gilbert）博士发表了演讲。当塞西尔·安德生（Anderson, Cecil）小姐拉开布幔为她父亲的纪念碑揭幕时，乐队奏起了“乔治亚进行曲”。乐队领队可能已经听说孙乐文是乔治亚州人，他的家人自然会喜欢乔治亚的进行曲。多年来，3月16日便赋有礼仪的特征以纪念这位首任校长。此后，3月16日被称为校长节（President Day），后来，又被命名为“校节”①（University Day），并且扩大到用以纪念其他在东吴大学的教育事业中作出突出贡献的人们。在某种程度上，这一天还成了“返校日”，虽然这个名称未被正式使用。

## 第二节　葛赉恩时期：“东吴系统”建成

### 一、葛赉恩出任东吴大学校长

1. 葛赉恩出任东吴大学校长

葛赉恩

1911年春孙乐文因病去世后，校董会认为中西书院监院葛赉恩是校长的唯一最佳人选，选举葛赉恩为东吴大学校长，文乃史为副校长。校董会同时认为，当时也正是将中西书院并入东吴大学的最佳时机。

葛赉恩博士（1868—1955）出生于美国北卡罗莱纳州的门罗市（Mouroe），早年大部分时间生活在阿肯色州，他父亲是该州小石城的一名牧师。葛赉恩曾在亨得里克斯（Hendrix）学院就读，不久又转入范德比尔特大学神学院攻读神学。1897年，他决定来华传教。多年来，他一直在上海中西书院和苏州博习书院任教。1905年葛赉恩接任中西书院监院后，他的母校阿肯色州的亨德里克学院为此授予他

① 见《校历》，《东吴校刊》，中华民国二十三年，苏州大学档案馆藏档，3永21。

荣誉神学博士学位。①

葛赉恩的教育理念与林乐知、孙乐文一脉相承。首先,他注重教育对于传教事业的作用。辛亥革命、清政府垮台、民国诞生等一系列事件使他认识到中国将要发生社会、政治、教育等方面的深刻变革。他认为在这种急剧变化的中国社会背景下,传教士的活动不应是破坏,而是尽力帮助保存所有的好东西,向更好的方面努力。"我们在华教会教育对于这个新的国家制度,丝毫没有敌意……我们渴望在任何可能的方面加以合作。"②

其次,他坚信传教士的基本角色应是一个教育者而不是宣教士。葛赉恩相信在华的教会教育更能够将福音传输到人们的心灵深处。通过基督教教育,福音能够更加容易地将人们带入一个更新更大的生命空间中去——从个人到社会,再到整个民族。

再次,他认为基督教教育在中国文化复兴运动中所起的有力影响,主要反映在为复兴的中国社会培养出建立在个人思想和精神自由基础上的文明人。

2. 中西书院并入东吴大学

在东吴大学的最初十年里,上海的中西书院和在苏州的东吴大学并行发展。中西书院在上海昆山路拥有很大一片场地,资金状况良好,同时在上海已有很大的影响力,为人们所熟知。1905 年以前,中西书院的监院是潘慎文。1905 年,潘慎文辞去中西书院监院职务,葛赉恩接任监院。

将中西书院并入东吴大学是教会 1900 年就已制订的计划之一。1901 年,潘慎文曾说:"现在尝试将我们的教育工作在一个组织规范的董事会领导下进行合并、发展,是差会早就想办的事,并为此作出过多次的努力。但由于各种困难的阻碍,这些努力都没得到什么有效的结果。"③ 同年,东吴大学在美国田纳西州政府申请注册时所用的英文校名"Central University of China",即已表明监理会一开始的创办意图就是将东吴大学作为它以后在华所办的一切教育机构的中心,而早先在上海创办的中西书院迟早要并入苏州的东吴大学。将中西书院并入东吴大学也是孙乐文一直所努力的目标之一。但是,由于东吴大学的规模一直未能壮大,而中西书院的规模和影响仍然超过东吴大学,所以始终没能实现这个目标。

葛赉恩出任东吴大学校长后,上海中西书院的学生并入了东吴大学相应的班级。合并前,中西书院共有 17 位教授,学生达到 229 人,东吴大学则拥有 18 名教授,183 名学生。④ 书院的合并极大地增强了东吴大学的师资力量与办学规模,中西书院的财务盈余也缓解了东吴大学的财务困难。两校合并后组建东吴大学文理科,东吴大学由此步入一个新的历史进程。

---

① 文乃史著,王国平、杨木武译:《东吴大学》,珠海出版社 1999 年 8 月版,第 29 页。

② "Students and the world - wide Expansion of Christianity." Address Delivered Before the Seventh International Convention of the Student Volunteer Movement for Foreign Missions. Kansas city, Mo. December 31, 1913 to January 4, 1914 (New York Student Volunteer Movement for Foreign Mission, 1914. 5. 29, 转引自 Xiaoguang Xu, A Southern Methodist Mission to China: Soochow University, 1901—1939, PP. 96—97.

③ The Methodist Review of Missions 21(1900 ~ 1901):231, 转引自 Xiaoguang Xu, A Southern Methodist Mission to China: Soochow University, 1901—1939, P. 98.

④ 转引自 Xiaoguang Xu, A Southern Methodist Mission to China: Soochow University, 1901—1939, PP. 97—98.

在葛赉恩任校长的十年里，东吴大学不断发展。这些发展主要反映在三个方面：教学设施日趋完善；系科建设、教学、科研等飞速发展；东吴大学体系形成。

## 二、教学基础设施

中西书院的并入加强了东吴大学的人力物力。在接下来的两年中，差会虽没有提供资金，但同意东吴大学以上海昆山路上的地产抵押贷款，并可在空地上建造店铺、公寓房等出租。这就为学校提供了相当丰富而又稳定的校产收入，到 1930 年，平均每年盈利达 10 000 美元。①

校园面积也不断扩大。1917 年，东吴大学在学校附近购买了一块地皮，原打算在此建设中学，后因资金不足而改为操场，因而增加了体育活动的场所。1919 年，在校园附近又购买了 3 亩土地，并重新建筑了校园的围墙，将新增加的土地围入校园。

东吴大学校园还增添了多座建筑。1912 年夏，建造多年的孙堂终于竣工落成。孙堂是一座规模宏大的教学大楼，为学校提供了足够的办公、教学、阅读、自修等空间，图书馆也于 1913 年夏从林堂搬到孙堂，面积是原先的两倍。林堂让出给中学使用。至 1924 年，“图书馆扩大了，现在孙堂的第二层楼全部成了图书馆。中文书籍正在根据现代的图书目录体系装订、编类，更有助于查找使用。令人鼓舞的是师生对图书馆的利用率大大提高了。”②

图书馆

1919 年的美国卫斯理教会传教一百周年庆祝活动，为东吴大学提供了一个良好的机遇，这意味着差会将在资金、人员等方面加大对在华教育事业的投入。东吴大学此时正专注于理科的建设和发展，建筑一幢理科大楼已迫在眉捷。1920 年，美国阿肯色州小石

① 文乃史著，王国平、杨木武译：《东吴大学》，珠海出版社 1999 年 8 月版，第 93 页。
② Minutes of the China Mission of Annual Conference of M. E. Church, South. 1925.

城第一监理会教堂向东吴大学捐赠65 000美金，用于建筑一幢理科大楼。这是东吴大学自开办来所接受的最大的一笔捐款。用此捐赠所建的理科大楼被命名为“葛堂”，以纪念葛赉恩校长的父亲，他一直是小石城教会忠实的教友。

1923年夏天，科学馆（葛堂）竣工。“门分户别，都为科学教室、实验室以及演讲厅等，举凡光线、声浪、构造，乃至听众席次之位置，罔不与科学原理相吻合。”①“葛堂给生物、化学、数学和物理等四科使用。”12月，“向驻华骆氏医务基金委员会，请求为葛堂补助设备与经费，当即收到捐款28 000元……即用此款购买了器具”。“也许，在中国没有一所大学像东吴大学有这样完善的理科教学设施。”②

1924年11月，举行葛堂正式落成典礼。“中外人士之参观者，咸谓如此设备，非但中国各大学所仅有，即美国最著名之大学中亦少见。”③“葛堂”的建成为后来东吴理学院各系科的发展及其所取得的巨大成就创造了良好的条件。

葛堂全景

为促进东吴体育事业的发展，给学生提供一个良好的活动场所，学校在资金困难的情况下，于1920年自行设计建筑了一个半封闭式的体育馆，这样就保证了在任何天气条件下体育课程的正常进行。

1911年，照明有了很大的改善。1913年，“宿舍、食堂、厨房、图书馆、文学会楼、办公室、礼拜堂、自习室、接待室、走廊还有其他一些教室都安装了电灯”。最初，电是由苏州电厂供给的，后来，这座苏州电厂抵押给日本人。1919年五四运动爆发，东吴大学学生反对使用日本人的电。校方通过上海进口商购买电机，在校园内建永久性发电房。1920年，电房建成使用。④ 在第一次世界大战刚刚结束的年代里，这是一件很不容易的事。

---

① 《二十五年来之东吴》，《回渊》。
② Minutes of the China Mission of Annual Conference of M. E. Church, South. 1924, 1925.
③ 《东吴大学之进行状况》，《申报》，1926年1月25日。
④ 《东吴年刊》，1922年，第18页。

### 三、专业与系科建设

东吴大学文理科组成后，随着师资力量的不断加强，课程设置日趋合理和规范，系科专业逐渐明晰。到20世纪20年代初期，东吴大学已基本形成包括文理科（苏州）和法科（上海）的综合性大学格局。

1. 文科

从1911年起，校长葛赉恩亲自开设了经济学和政治课程。1912年，兰金（Rankin, C. W.）博士到校任教。他原是一名律师，来到东吴大学后接替了葛赉恩的政治学教学任务，一直到1915年被派到上海主持第二中学。

白约瑟先生是书院合并后从中西书院随葛赉恩一起加入东吴大学的教师之一。他1899年来到中国，对文学有独特的爱好。在文乃史笔下，他是"一个很有趣的人物，既节俭又经济，既神秘又规矩，同时又酷爱优秀的文学作品"①。他在其后的近二十年中对东吴大学外语系起了重要作用，在教授英语的同时还担任东吴大学财务监管人。他喜欢随身携带一本日记，将发生的一切记在日记中。白约瑟于1929年返回美国。后来，他整理日记并编写了一本《东吴大学回顾1899—1929》。该书记载了东吴大学早期发展的主要历程。

白约瑟

1919年，东吴大学与金陵神学院共同拟定了一套神学教学方案，东吴大学学生在金陵神学院修完神学高级课程后，将获得东吴大学神学学士学位。"在去金陵神学院之前，学生们可以在本校学习神学预科课程。"如此开设课程的目的在于吸引大学生，校方认为"这也是迄今为止本校制定的最好的一项计划"②。

2. 理科

东吴大学理科专业发展尤为迅速，数年内形成生物、化学、物理三个专业，并取得了令人瞩目的成就。《申报》1926年1月25日载文称："苏州东吴大学为华东八大学之一，生物理化等科尤为八大学之特点。"③戴苏曾这样评述："中国基督教大学的高等教育值得注意的现象之一，在于它们很早就一直强调自然科学……这些自然科学系科一开始往往很简单，通常只有一个传教士任自然科教师，但随后就能在规模和专业水平上稳步发展。到1949年，它们已拥有能和西方那些规范的学校相媲美的学科和设施，并且在受到世界科学和出版界所承认的中国科学家群体中占有领导地位。令东吴大学十分欣慰的

① 文乃史著，王国平、杨木武译：《东吴大学》，珠海出版社1999年8月版，第94页。
② Minutes of the China Mission of Annual Conference of M. E. Church, South. 1919.
③ 《东吴大学之进行状况》，《申报》，1926年1月25日。

是，她为此作出了不可磨灭的贡献。”①

特别引人注目的是，从1915年或1916年开始，东吴大学理科启动了研究生教育。东吴大学校长葛赉恩为1918年春季学期招生作宣传而撰写的《东吴大学校说略》［刊载于民国七年（1918年）七月印行的《东吴季报》］称：“大学毕业后专习理科二年得给以硕士学位。”②1919年发行的《东吴大学实录》又比较详细地作了说明：“本科毕业后再读二年加给硕士文凭，所读之课至少须有主课一、辅课三，各课成绩须有八十分方为合格，又须著有毕业论［文］以发明主课之学理。至认习之课须由该委办商定。”③实际上，东吴大学已从1917年春季学期开始给毕业生颁发硕士学位。1917年2月10日出版的东吴大学学报《东吴》所刊《纪事》载：“硕士学位自本学期始，校务部议定给发硕士学位。刻下陈君调父、徐君景韩已择定理化科之专习。陈君专究钢铁及铜类合金。徐君研究水门汀之制造。异日当为我校理科之翘楚也。”④从现有史料看，东吴大学是中国最早授予研究生学位的大学之一，是现存大学中最早授予研究生学位的大学。⑤

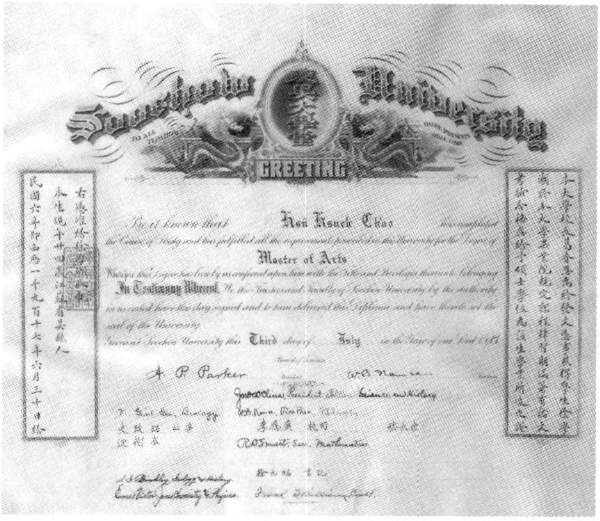
GREETING
Master of Arts
In Testimony Whereof
Third July
A. P. Parker

徐景韩硕士文凭

祁天锡和研究生

理科专业的发展是和祁天锡、龚士（Jones, E. V.）的贡献分不开的。

祁天锡于1876年出生于美国南卡罗莱纳州（South Carolina）的尤宁（Union），毕业于范德比尔特大学生物学专业，1901年东吴大学开办时到校任教，时年25岁。东吴大学开办伊始，祁天锡就开设了生物、物理、化学以及地质学课程。1904年，学校开设大学课程，理科各科仍只有祁天锡一人任教。由于祁天锡的专业是生物学，他在生物学课程上花费的精力最大。1907年，米切尔（W. A. Mitchell）由上海南洋公学来东吴大学，分担了物理

---

① 文乃史著，王国平、杨木武译：《东吴大学》，珠海出版社1999年8月版，第44页。

② 葛赉恩：《东吴大学校说略》，《东吴季报》，第1卷，第3期，民国七年七月一日出版。

③ 《东吴大学实录》，苏州大学档案馆藏档，3永150。

④ 《东吴》，第3卷，第1号，第55页，民国六年二月十号出版。

⑤ 参见王国平：《中国最早的研究生教育——东吴大学早期研究生教育》，《江海学刊》，2007年第1期。

和化学两门课程的教学,使祁天锡得以集中精力于生物学的教学与研究。1912 年,东吴大学设立生物学系,祁天锡被聘为主任。① 1913 年,祁天锡设置并教授生物学、动物学和植物学课程。

祁天锡

祁天锡的研究成果及学科建设成就主要集中在以下几方面:

其一,淡水生物研究。祁天锡发现华东地区有着大量丰富多样的动植物群体,苏州作为运河与江南河网交汇处,是淡水生物研究的理想地点。祁天锡"自一九一五年起,渐专力于淡水海绵动物之研究。一九一七至一九三六年间,发表论文计有四十五篇,散见于中,美,法,英等四国之著名刊物。世界各国之治斯学者,无不受其裨益,视为珍贵之作。"他的"这些阶段性地发表的研究成果,是中国淡水海绵状物研究的一流成果。"②此外,祁天锡在藻类研究方面也有相当的建树。

龚　士

其二,农作物研究。长江中下游丰富的粮食作物也同样吸引了祁天锡的注意。对于苏州地区农作物的分类、生产及耕作,特别是中国品种丰富的豆类作物方面,祁天锡作了广泛深入的研究,取得了非凡的成就,并以此指导硕士研究生。他的学生施季言的毕业论文即为有关豆类的研究。此外,由于当时国内缺少完整、实用的植物名录,1913 年,祁天锡编写了《江苏植物名录》,"发表《江苏植物名录》于西文杂志,名 *The National Review, Shanghai*,后经修改,附刊于《普通植物学读本》之末"③。

其三,鸟类研究。祁天锡在江阴的慕小姐(Lady Maffat)和沈文蔚(Andrew Aliso)两位牧师的协助下,共同编著出版了《华东鸟类指南》。

其四,实验室建设。至 1913 年,祁天锡在生物学领域已有 14 年的研究,"已建立起了当时中国最先进、最完善的生物实验室"④。1919 年,戴荪(Dyson Joseph W.)来东吴大学任教,又继续拓展这一领域的研究工作,并与美国农业部及其他机构合作,使东吴大学

① 王志稼:《悼祁天锡博士》,The Tung-Wu Magazine, Special Biology Number, Soochow University, June 1938.

② 王志稼:《悼祁天锡博士》,The Tung-Wu Magazine, Special Biology Number, Soochow University, June 1938.

③ 王志稼:《悼祁天锡博士》,The Tung-Wu Magazine, Special Biology Number, Soochow University, June 1938.

④ 龚士致科克兰信函,1916 年 7 月 25 日,龚士文档,转引自 Xiaoguang Xu, A Southern Methodist Mission to China: Soochow University, 1901—1939.

的生物实验室得到了这些机构大量的先进设备援助。

生物组织学实验

此外,祁天锡"自一九〇九至一九一五数年中,编有英文教科书数种,均由商务印书馆出版,如《益智读本》,《格致读本》(四卷),《生物学初恍》,《普通植物学教本》等数书。出版后,有再版多至三十余次者,足见各书内容之精,效用之广矣。在一九一七年,尝为商务印书馆英文学生杂志编撰《自然与科学》(Nature and Science)之文章,学生争相传诵,风行一时。关于科学教育之著作,有《科学教授法之我见》(Some Thoughts on Methods in Science Instruction)一文,初载于美国 School Science and Mathematics, Vol. 24, PP958—967,随后,译成中文,经伊文思书馆将中英文二稿,合刊单行本发行。文中所述各点,皆为先生教授科学二十余年之经验谈,足为一般科学教师之轨范"①。

祁天锡非常支持东吴大学的研究生教育计划。他认为:"扩大东吴大学的这个计划是值得的,有益于这些人将来的工作。"②1917 年,师从祁天锡的几个学生毕业并继续研究生教育。③ 1919 年,祁天锡的两位研究生毕业,被授予硕士学位。一位是施季言,他的毕业论文是有关豆类的研究。他不仅是东吴大学的第一个生物学研究生,也是全国第一个生物学硕士。他对当地的粮食作物作了系统集中的研究,并于 1919 年在美国的《美国水稻杂志》上发表了研究成果。在当时曾引起包括美国科学家、农业部专家在内的广泛关注。另一个硕士胡经甫,他在昆虫学方面的研究对中国昆虫学作出了杰出的贡献。胡经甫从东吴大学毕业后,到美国康奈尔大学留学,师从昆虫学家 James G. Needham,获得博士学位。1920 年起担任东吴大学生物系主任,1926 年转到燕京大学任生物系系主任。

① 王志稼:《悼祁天锡博士》,The Tung-Wu Magazine, Special Biology Number, Soochow University, June 1938.

② William J. Haas, China Voyager: Gist Gee's Life in Science, M. E. Sharpe, An East Gate Book, Armok, New York. P. 120.

③ William J. Haas, China Voyager: Gist Gee's Life in Science, M. E. Sharpe, An East Gate Book, Armok, New York. P. 137.

施季言

胡经甫

由于祁天锡等人的努力，东吴大学生物系在中国教育界占据着相当重要的地位。根据戴荪的回忆，东吴大学毕业生在各校担任生物系主任或副手的情况（1920 年）如下：①

| 姓　名 | 所在学校 | 姓　名 | 所在学校 |
|---|---|---|---|
| 陈纳逊 | 金陵大学 | 朱会洽 | 金陵女子文理学院 |
| 郑思竟 | 沪江大学、东吴大学 | 陈子英 | 厦门大学 |
| 胡经甫 | 圣约翰大学、东吴大学、燕京大学 | 陈新国 | 沪江大学、之江大学 |
| 朱云鼎 | 圣约翰大学 | 陶锦藻 | 金陵女子文理学院 |
| 冯季棠 | 南开大学 | 徐荫祺 | 燕京大学、东吴大学 |
| 张和岑 | 东吴大学 | | |

陈纳逊

张和岑

① 文乃史著，王国平、杨木武译：《东吴大学》，珠海出版社 1999 年 8 月版，第 54 页。

龚士出生于美国密苏里州的 Bronough，于莫里什维尔学院（Morrisville College）获得文学学士学位。1909 年获范德比尔特大学数学硕士学位，1912 年获化学博士学位，1913 年到东吴大学任教。龚士的到来加强了理科的教学研究力量。理科教学析为两部分：生物学与物理学、化学。祁天锡教授生物学，龚士教授物理学和化学。

在物理和化学教学方面，龚士作出了巨大的贡献。当时，既没有规范的教课书，又没有标准的实验器材，龚士依靠自己对于教育的热情、不畏艰难的毅力和渊博的学识，一步步将东吴大学理、化两科发展到全国一流的水平。1916 年 7 月，他在给母校范德比尔特大学名誉校长柯克兰博士的信中，表述了自己在建设理、化两系方面所采取的步骤以及他对所从事的事业的热情："首先，花费大量的时间和精力，在这种艰难的条件下，依靠当地所能利用的一切材料逐步建立起理化实验室；其次，通过引进有很高学术和教学水平的教师及引进实验教学方式，提高东吴大学初、中等理化的教学质量；最后，在高等理化方面，重点放在提高学术研究水平上。这样就形成了一套完善的发展思路，即从发展实验开始，依靠实验教学这种国外流行的新的教学方式，结合有素质的师资队伍保证和提高初、中级的理化教学，在高级阶级，则重点发展提高学术水平。"①与此同时，龚士还积极寻求外界如洛氏基金社（the Rockefeller Medical Board in China）以及他的母校范德比尔特大学的支持。正是他切合实际而又领先该领域一般水平的教学思想与实践，使得东吴大学理科迅速步入全国高校的前列。

物理实验室

① Earnest V. Jones to James H. Kirkland, July 25, 1916. E. V. Jones Papers, Special Collections, Jean and Alexander Heard Library, Vanderbuilt University, Nashville, Tennessee. 转引自 Xiaoguang Xu, A Southern Methodist Mission to China: Soochow University, 1901—1939, P. 106.

化学实验室

除了物理与化学的本科教学，龚士还投入大量精力和时间开设了化学研究生的课程。1917 年获得化学硕士学位的徐景韩、陈调甫即为龚士所精心指导，徐景韩、陈调甫"是迄今为止能够确定的全中国最早的化学硕士"①。

徐景韩

陈调甫

徐景韩一生贡献于东吴大学，是东吴大学主要教授之一，长期担任化学系主任一职，后担任东吴大学教务长。陈调甫从东吴大学获得硕士学位后，于 1918 年与范旭东等人在天津创办永利制碱公司。不久，赴美入伊利诺大学研究院进修，并加入美国化学会。

① 文乃史著，王国平、杨木武译：《东吴大学》，珠海出版社 1999 年 8 月版，第 44 页。

1919 年底，陈调甫“携设计图纸回国。翌年，碱厂开始建设”。[1] 抗战爆发后，天津陷落，他又在南京浦口开设了一个更好的工厂并扩展到生产其他产品，是当时著名的化工企业家。

龚士于 1922 年离开东吴大学。在他任教的九年间(1913—1922)，东吴大学理科特别是化学学科从起步到成熟，并迅速提升到全国的领先地位，在学术界有很高的声誉。在东吴大学的九年时间也是龚士人生最快乐时光。他回忆说：我们夫妇“自 1913 年秋季学期开始都在东吴大学任教，在那儿我们度过了九年时间(1913—1922)。这是我们最愉快的日子”[2]。

戴 荪

此外，在龚士博士的指导下，理学院学生成立了科学会。“从学生提交的论文来看，科学会激发了学生们兴趣，从事一些颇有价值的研究工作。有些论文发表在上海的英文期刊上，获得了好评。”[3]

根据戴荪的不完全统计，在东吴大学早期，理科专业取得硕士学位的学生有：分析化学：陈调甫、徐作和、潘履洁。生物学中植物学：施季言、王志稼、沈毓凤；昆虫学：胡经甫、陶心怡、季琮池、胡梦五；寄生虫学：吴光；脊椎动物学：郑思；细胞学：刘承钊。这些东吴早期的硕士后来大多成为国内一流的专家、学者，享有很高的声誉。

3. 法科

东吴法科的创办是葛赉恩校长任上的一项重大成就。

上海中西书院并入东吴大学后，大批预备班的学生还留在上海上课，由中西书院的一些老校友、部分教师及当地教会人士共同维持。1915 年，在韩明德牧师的要求下，葛赉恩校长委派兰金到上海主持学校工作。兰金到上海后重新组织教学，制订教学计划，并把该校命名为东吴大学第二中学。

当时的上海对兰金来说有着良好的发展机遇。尽管辛亥革命已经失败，民主共和却已深入人心，打着“民国”招牌的北洋政府还得标榜“宪

兰 金

① 陈中平:《世纪钩沉录——忆先父陈调甫先生》(未刊稿)。

② Earnest V. Jones to Frank Gilliland, May 14, 1936. E. V. Jones Papers, Special Collections, Jean and Alexander Heard Library, Vanderbuilt University, Nashville, Tennessee. 转引自 Xiaoguang Xu, A Southern Methodist Mission to China: Soochow University, 1901—1939, P. 108.

③ Minutes of the China Mission of Annual Conference of M. E. Church, South. 1916.

法”和法治。社会存在着对律师和司法人员的大量需求，正如兰金所说：中国注定要有一个现代的政府。现代政府顺利建成和运转的前提之一是强有力的司法。社会要求学校培养大量合格的法律人才来担任司法职务，来组织律师行业，建立现代意义上的法庭。[①] 而当时的上海有不少与领事法庭、会审公廨有关系的法官、律师，有一批在国外获得法律学位的归国学者。兰金抓住这种有利条件和机遇，利用二中的教室开办起一个夜校形式的法律学校，英文校名为“The Comparative Law School of China”，中文校名为“东吴法律专科”。东吴法科的开办得到了上海美国司法委员法院和有关人员的大力支持和帮助。兰金聘请当时上海法律、司法界的许多中外名人，如罗炳吉（Lobingier. C. S.）、佑尼干（Jernigan，Thomas R. 1852—1931）、林百克（Linebarger P. M.）、甘维罗（Kentwell L.）、王宠惠、罗泮辉、梅华铨等，到东吴法科兼职授课。

罗炳吉

佑尼干

梅华铨

东吴法科的主要目的是培养学生通晓三种不同的法律体系：英美法、罗马法以及希伯来法体系，让学生“在比较中掌握法律制度的基本原则”[②]，在课程设置上则注重中国法的教学和研究。对于学校的这种独特的教学模式，哈佛法学院的哈德逊（Hudson，M. O.）教授（后来成为国际法庭的法官）来校参观时说：“对国内法的教学建立在对英美法

① Xiaoguang Xu，A Southern Methodist Mission to China：Soochow University，1901—1939，P. 102.

② Xiaoguang Xu，A Southern Methodist Mission to China：Soochow University，1901—1939，P. 102.

及民法进行比较的基础上,你们学校是我所知的唯一的真正名副其实的比较法律学校。”①

东吴法科的课程安排在每周一至周五下午 4∶30—7∶30。将课程设在傍晚,这样做既可使兼职的法官和律师能在下班后到校上课,也易于吸引上海各业界人士业余入学听课,此外,也便于一些学生利用白天大部分时间做一些兼职工作。

法科门楼

东吴法科效仿美国著名法学院的做法,招收的学生至少须有 2 年大学学历。法律课程的学制为三年。教学上除与中国法有关的课程用汉语外,其他课程均用英语教学,使学生受到更多的英语训练。在三年学习期间,学生要完成一定的课时、学分,否则不予毕业。对于完成所有学业、成绩合格的学生,由教师推荐,学校授予法学士学位。

东吴法科得到美国一些著名法律学校和著名大学法学院如哈佛大学法学院、密歇根大学法学院等的大力支持和合作,这些院校承认东吴法科毕业生的法学士学位。这就使得很多成绩优秀的法科毕业生从东吴大学取得法学士学位后,可经学校推荐直接到美国攻读硕士和博士学位。

东吴法科培养了一批批优秀的人才。1918 年 6 月,东吴法科第一届 7 名学生毕业,获法学士学位,“开创了现代中国之先声”。其中马润卿到美国深造获博士学位。② 其余大部分后来都成了中国法律界的名人,如王士洲曾任北京大理院推事,张籲云成为上海律师界著名的人物。

1919 年(第二届)毕业的王传璧,在美密歇根大学获法学硕士学位,回国后任北京政府财政部顾问。这一届毕业的陈立三后在北京盐务署任职。

① 文乃史著,王国平、杨木武译:《东吴大学》,珠海出版社 1999 年 8 月版,第 73 页。

② 《东吴大学法律学院院章》1930—1931 年,第 30 页。

王士洲

张籥云

第三届毕业生8个人中有6人在美国获得硕士或博士学位。① 吴经熊,在密歇根大学获博士学位,回国后成为国内法律界著名人物。他是1946年《中华民国宪法》的主要起草者之一,长期担任东吴大学法学院院长职务,为蒋介石所器重,后来代表国民政府出使梵蒂冈。陈霆锐也在密歇根大学获法律博士学位,在东吴大学法学院任法学教授,是上海法律界著名大律师;陆鼎揆也是密歇根大学博士,是一位著名的政治、法律评论家和自由撰稿人;马景行是美国西北大学法律博士,活跃于上海法律界,是一位非常成功的大律师,后任上海春早大学校长。

自20世纪20年代始,越来越多的东吴法科毕业生在社会上崭露头角,全国各地学生争相投考东吴大学法科,东吴法科声誉鹊起。

吴经熊

陈霆锐

① 《东吴大学法律学院院章》1930—1931年,第31—32页。

法科 1924 级合影

4. 医学

东吴大学开办后，柏乐文曾于 1903 年组建东吴大学医学院。事实证明，医学院对于东吴大学来说是一项力所不能及的重任，因为缺少必要的精力、人力和设施，所以一直没能发展壮大。1912 年，几个教会系统在南京合办了一所医学院，监理会是发起人之一。① 东吴大学就此停止开设医学本科课程，转而开设医学预科课程，为那些想进入医学院的学生提供预备训练。

## 四、东吴体系

按照 1900 年第一届校董会给大学设定的目标，在葛赉恩校长领导下，东吴大学逐步发展为一个庞大而又完整的教育体系，这个体系包括苏州的文理科、上海的法科（法学院）；苏州的第一中学、上海的第二中学、湖州的第三中学、无锡的第四中学；二十所附属小学、惠寒小学；吴语科（吴语学校）、松江圣经学校，以及与东吴系统有关联的、和其他教会合作的南京神学院和北京协和医学院。

1. 第一中学

宫巷书院迁入天赐庄后，大部分学生就其知识水平来说只相当于中学程度，所以东吴大学开始几年内只能开设一些中学课程，直到 1904 年才开始设置大学课程，形成真正意义上的大学。同时，中学也保存下来，成为东吴大学第一所附属中学。第一中学从一开始就开设在东吴校园内，一直没有从大学部剥离。1912 年孙堂交付使用后，“林堂”则完全给中学使用。中学分为初中（学制 2 年）和高中（学制 2 年）两部，“当政府规定完整六年制小学

第一中学校长孙蕴璞

① 文乃史著，王国平、杨木武译：《东吴大学》，珠海出版社 1999 年 8 月版，第 68 页。

教育和六年制中学教育时，我们的中学课程便改为三年初中、三年高中而不再更动。”①中学设中学部主任一名，由大学校长指定，全权主持中学日常事务。孙蕴璞曾长期担任中学部主任。学校下设教员会负责教学事务，由中外籍教师组成，有很多大学教师也同时在中学上课。

第一中学师生

2. 第二中学

中西书院与东吴大学合并后，所留下的低年级学生先是由华人董事会管理，后改称中西中学校，由中西书院前监院潘慎文任名誉校长，孙闻远任教务长，总揽校务。1915年，经校董会决议将该校直属东吴大学，葛赉恩派兰金到上海综理校务，始正名东吴第二中学。

兰金不久又在中学的基础上创办了东吴大学法科。在兰金执掌校务期间(1915年—1920年)，第二中学和法科是合在一起的，法科借中学教室上课，兰金总理两校一切事务。但随着法科的发展，到1920年兰金离任时，法科和中学在行政、教职人员方面已分为两个部分。中学先后由平客楼、潘慎文、卜德士等人任校长，而孙闻远始终任副手。校长主管校务，而教学事务则由教员会集议。“又由教职员担任各项委员，筹划应兴应革事宜，兼指导学生团体，颇收分工合作之效。”②

在学制上，先是循中西中学旧例为中学四年，预科二年。不久即改与一中相同，为初中三年，高中三年。所有教学计划均与第一中学相同。其课目分为必修与选修两种，并规定应得学分。在学生中间设有“讲习会”、“运动会”、“学籁社”等团体，全体学生均须加入。又有童子军、青年会、学生会等，学生可自由加入。

葛赉恩在1922年辞去东吴大学校长职务后，也担任过二中的校长职务(1924—1927)，自1927年夏季后，由孙闻远继任校长，赵敌七为副校长。在孙闻远的主持下，二

① 文乃史著，王国平、杨木武译:《东吴大学》，珠海出版社1999年8月版，第31页。

② 《东吴年刊》，1929年，第189页。

中发展较快，新建了主教学楼，增加了教室和办公室，学生数量逐年增加。

第二中学教师

第二中学学生

3. 第三中学

1900 年，衡特立牧师在湖州城内马军巷创办华英学堂。1903 年迁至天宁巷，1905 年

第三中学学生

又迁旧府学之西，改名中西学堂。再经几迁校址，至1911年得美国捐款，始建固定校舍于海岛，地处湖州北门内，三面环山，北临太湖，遂改校名为海岛中学。1915年，海岛中学在魏斯德（Estes，W. A.）牧师的领导下，经差会决定亦隶属东吴大学，改名为东吴大学第三中学。一切编制、课程设置、设施等均遵东吴大学颁布之制度。凡高中毕业生可进入东吴大学本科。改隶东吴大学后，该校逐步发展，每年注册学生均在百名以上。1923年，按新制改为初、高中三三制。1927年以后，校长由华人担任。

魏斯德

4. 第四中学（无锡实业学校）

实业教育是东吴大学早期的教学计划之一。到1920年，开办一所实业中学的计划已经成熟。当时，与苏州毗邻的无锡已发展成为著名的工业城市，成为东吴大学开办实业中学最理想的地方。司马德被派往无锡筹建实业学校，他与当地官绅广泛接触，募集捐资，征集土地，筹划校舍，校址选在靠近火车站的一个地方。筹建工作进展顺利，到第二年，学校已初具规模。不幸的是，司马德于1921年突然病逝。学校又委派时任上海交通大学土木工程科科长的万特克（Vanderbeek，H. A.）继掌校政，江应麟为助理。1922年，学校基本建成，10月开办，招收第一届学生50人。1923年，学生总数达到97人。1925年，学生总数达到85人。

在第四中学任教的有万特克及其夫人凯瑟琳·阿蓓（Abbey，Katherine）、许安之（Sherertz，D. L.）、沈青来和江姓（音译，Y. L. Kiang）、吴姓两位先生。

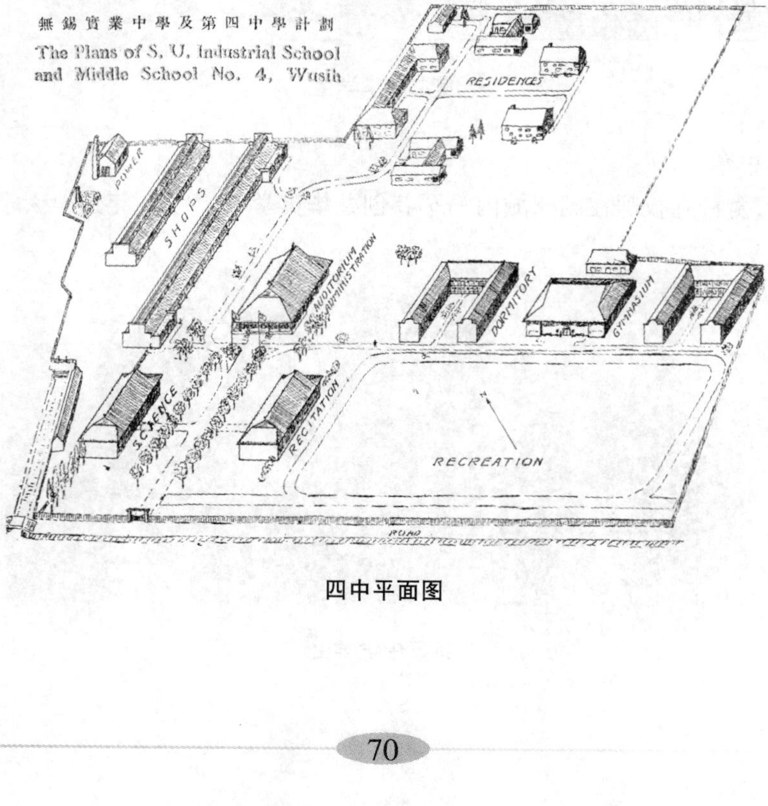


四中平面图

无锡四中的培养目标和教学计划不同于普通中学。“该校主要目的之一，即在造就一班实业界中可任指导之人才，意即人之有基督教精神，而又能以自身经验，指导其所管辖之工人者。”实业学校主要分建筑、机械两科。“‘建筑科’以造就建筑监工及打样人员为目的。‘机械科’以造就工场管理及机械打样人员为目的。”①“（学校的）教育计划将是每个学生将一半时间用在车间里，一半时间花在教室里。通过四年的课程学习，他（每个学生）将掌握一个正规中学学生所能掌握的文化水平，从而确保他能够顺利进入一所普通大学或高级技术学院而不存在任何入学困难，虽然所学课程与普通中学课程不一样；同时在车间的实践中，他将在第一、第二年花一半时间从事几个典型产业的基础行业学习和锻炼。第三、四两年，他将专门学习他所最喜欢的，并且他相信能为他在以后的工业生活中谋得一定职位的那一行业。”

学校设有车间和建筑队，从社会上聘用熟练的技术工人。学生在校期间一半时间用在课堂学习上，一半时间跟这些工人并肩工作、学习，如此使他们“懂得时间和物质的价值，学会解决工业生产上所出现的问题，并学会将所学的理论知识应用到实践中去”②。学生在车间所从事的工作会得到一定的报酬，这样也就减轻了他们的经济负担和压力。

实业中学所开设的课程为：第一年：算术、格致（综合科学）、英语、中文；第二年：数学、公民学、商业地理、英语、中文；第三年：化学、历史、英语、中文；第四年（正常课程）：物理、经济学、英语、中文，另外第四年还设有大学参预科（选读预科的学生不参加车间实习）：数学、物理、生物、经济学、教育学、英语、中文（更注重于语音方面）。

车间实习分为：第一年：谷物加工、印刷、木料加工及机床等；第二年：丝织、制陶等；第三年：专攻于前两年的某一行，在时间上一分为二，一半在机械方面，另一半花在操作上。

可惜的是，无锡实业中学刚开始正常教学，江浙军阀混战爆发，学校被战火严重毁坏。1924—1925 年间，校园又被军队占领。在其后的 1926—1927 年间不止一次地被军队占用。所有的设施尽毁于战火，无法修复，由于没有资金重建而停办。至 1928 年，“东吴大学，近因资助中央大学民众教育，及劳农教育之推行，愿将其无锡实业学校校基及校舍、计共九十六亩、房屋五六宅以贬价三万二千元成交、让与中大民众教育院，闻双方业已于本月二十一日及二十二日，在上海、无锡，先后将该校基契据、校舍及款项等交代清楚云”③。

无锡实业中学的开办，无论从教育模式，还是教育宗旨上说，都是一次开拓性的尝试，在中国社会上引起了很大的反响，正如万特克先生所叙述的一样：“即使是在事隔四分之一世纪的今天来看，我仍然相信司马德及东吴大学同仁们的理想是切实可行的，远远领先于那个时代。这一尝试的确作为一个实现基督教职工理想的行动佐例，在社会上留下了它的价值痕迹。”

---

① 万特克：《无锡实业学校报告书》，《中华基督教监理公会第 39 次年议会记录》，华东神学院图书馆藏档。

② 万特克：《无锡实业中学及第四中学》，《东吴年刊》，1922 年，第 128 页。

③ 《东吴大学让地于中大》，《申报》，1928 年 11 月 28 日。

5. 小学

在葛赉恩的领导下，东吴大学还正式尝试发展小学系统，以完全实现1900年校董会设订的计划目标。校董会任命了一个委员会，由金培德先生负责，先后开办了二十几所小学。每一所都被冠以“东吴大学第几小学校”校名，“均受董事部所派委办之节制。故课程办法均能一律”①。

辛亥革命成功后，民主共和的观念深入人心，“自由”、“平等”、“博爱”精神激励了不少人，尤其是青年学子。1911年，由基督教青年会出面，东吴大学学生在望星桥边觅得小屋一间，开办“惠寒小学”，招收贫寒人家无钱上学的孩子免费入学，给他们提供一个受教育的机会。

惠寒小学的开办完全是东吴大学学生的义举，学校由大学生主持，校长由大学生推选，许多有活动能力，充满爱心的大学生诸如陈宝珊、谈家桢、富纲侯等都曾担任过校长。常驻管理人员由学生出资聘任，教师由大学学生自愿充当，课本与办学费用由大学学生募捐而来。大学学生对惠寒小学倾注了满腔的热情和爱心。“教员自愿去教，所以比平常更为热心，学生自愿来学，所以比大概更为用功。”教学内容广泛而又系统，包括了当时中国私塾老师都没有教的课程。

陈宝珊

谈家桢

惠寒小学的学生毕业后可参加东吴大学附中的入学考试，进入附中的学生都会得到免除学杂费的特殊待遇。后来由惠寒小学毕业进入中学再升入大学的不在少数。这些贫寒子弟还可参加大学的体育竞赛，在科学实验室、图书馆等处参观、阅览。

惠寒小学首届入学学生就达30人左右。后来要求入学的贫寒子弟越来越多，到1922年已达72人。“从前的校舍，只有五间平房”，不够使用，于是大学学生又发起一次募捐活动，募捐款项达7 000余元。1930年，“在方塔西面买了广大的基地，建了宽敞的洋房，到里边去参观了，固然要道好；就是窥篱一望，已觉得十分壮丽，大有‘小牛津’的气概哩。”②原望星桥的校舍则转让给景海女师。

① 《监理公会之校系》，《东吴年刊》，1921年。

② 宝珊：《惠寒小学小史》，《东吴年刊》，1929年，第235页。

据当时人总结，惠寒小学至少具有这几方面的特点："本服务社会之精神，以陶冶贫苦之儿童，实开现在文化运动中义务教育之先河，一也。""其教职重任，除二聘任教员外，皆东吴学员所担任；大学生的教授法，比较的为好，二也。""课程管理各方面，既不为部章所束缚，斟酌损益，极求完善，故所施教育，非印版式的，乃新中国式的，三也。""入校免学费，兼备书籍用品，以嘉惠寒畯"，常年费则募捐解决，"经济余裕，四也。"①

惠寒师生合影

惠寒小学在一届又一届东吴大学学生的关怀下稳定发展，成百上千的贫寒子弟由此圆了他们入学梦。惠寒小学所体现的东吴大学学生同情贫寒子弟、报答社会、希望民富国强的思想品格也在一届又一届的学生中得到继承并发扬光大。抗战爆发后，东吴大学流亡上海时，也开办了与苏州惠寒小学相似的学校。战后，苏州的惠寒小学在东吴大学学生的关怀下又得到了恢复，所有工作也如以前一样进行。

6. 吴语科

1919 年，卫斯理宗教会庆祝传教一百周年，意味着将有大批传教士被派到中国，尤其是华东地区。吴语教学问题也就提上了东吴大学的议事日程。华东地区的苏、浙、沪一带，吴语是通用语言。无论在语音还是词汇、语法方面，吴语在很大程度上不同于北方官话。为了对新来的传教人员进行吴语培训，以便传教士在华东地区从事传教、医疗和教育工作，监理会蓝华德会督"因商请东吴大学校董部及李君伯莲创设吴语一科，以嘉惠后进之士，庶使于学习华语一端指引有方，无复尝盲者扪索之苦"。东吴大学遂筹办"作为东吴大学一部分的吴语学校"。② 吴语科的开办得到了女布道会的大力赞助，并借苏州妇儒医院旧址为校舍。1920 年 1 月，吴语科正式开课。"得学生约二十人。旋迁入圣约翰堂。"

据当年葛赉恩校长报告称："虽然这项工作是全新的，但第一次尝试就非常成功。本学期招收了 23 名学生，代表 6 个差会。尽管还有不少困难，但工作还是进展顺利……校董会任命了一个委员会来关注该校的发展前景，成员有：潘慎文博士、李伯莲主管、校长以及金振声女士。"③文乃史被任命为吴语科校长，李伯莲为主管教师。

吴语科"课程规定四年。初二年以日常习用之语句编为吴语课本，复以成语单句参杂其间，按时课授，期以速成。更进则授以国语文言，兼及经籍，期于口语、诵读两方兼

① 郭怀曾：《惠寒小学》，《东吴年刊》，1920 年，第 125 页。

② 《东吴大学吴语科略史》，《回溯》。

③ Minutes of the China Mission of Annual Conference of M. E. Church, South. 1920.

重,并进以养成其独自浏览华籍之能力,俾得深造。”

吴语科的教学很有特色。李伯莲曾数次参观南京语言学校,借鉴该校的教学经验。李伯莲经常领学生参观苏州的一些社区,让学生能更好地了解中国社会风俗和语言习惯,为学生们提供了良好的语言环境。吴语科的学生还经常参观南京语言学校,与该校学生进行篮球比赛。同时积极参加东吴大学的体育活动,与中国学生角逐赛场。部分学生还在大学和中学兼职代课,成绩非常出色。

文乃史则攻读语音学,他在国际音标的基础上创制了一套吴语音节表,使用这套音节表就可以对吴语中七百多个音节进行准确拼读。[①]“以素无系统之方言,与夫变化无穷之语法,殳繁就简,使之易于了解应用。”

吴语科合影

据称,大多数传教士学习一年后就能掌握基本的吴语。有些学生学习一年后即离校去工作,以后再回来学第二年的课程。

吴语科开办后发展迅速,由第一年的 23 名学生发展到第二年的 40 人,到 1922 年已达 50 人左右。吴语科的学生既有监理会的来华人员,也有来自其他教派如长老会、浸礼会、圣公会、伦敦会等教派的来华人员。至 1926 年,“已六阅寒暑,前后学生凡一百七十余人,隶属之公会凡十余。”[②]

吴语科的开办不仅培训了大量的来华传教人员,使他们能够迅速适应吴语地区的语言环境,加强了对中国社会的了解。同时,也对吴方言的语音系统研究作出了贡献,促进了苏州地方文化遗产的传承和发展。[③]

7. 松江圣经学校

东吴大学创办时就开办了神学专业,但规模很小,未能发展。1912 年,东吴大学停办神学专业。1914 年,美国长老会在南京开办了一所神学院(南京金陵神学院),监理会是主要的合作者。这样,东吴大学转而开设两年制神学预科课程。学生通过两年预科学习后转入南京神学院学习本科课程,学完所有课程后,授予神学学士学位。这种合作维持

---

① 文乃史著,王国平、杨木武译:《东吴大学》,珠海出版社 1999 年 8 月版,第 91 页。

② 《东吴大学吴语科略史》,《回渊》。

③ 文乃史致阿拉巴马年议会函,1932 年 8 月 12 日,文乃史案卷,纽约卫理公会海外传教联合委员会。转引自 Xiaoguang Xu, A Southern Methodist Mission to China: Soochow University, 1901—1939, P. 104.

了很长时间。不久，东吴大学有了自己的圣经学校，即松江圣经学校。

步惠廉（W. B. Burke）

松江圣经学校于1914年2月在松江开办，位于“松江县西郊乐恩公厅之右”，“为监理会独立机关之一。后以年议会公决，遂附属于东吴大学”。① 松江圣经学校由步惠廉任校长。步惠廉毕业于艾默里（Emory）大学和范德比尔特大学，是监理会在华东的一位非常有影响力的传教士，长期在松江从事传教活动。杨维翰则曾任该校教务主任。曾在该校任教者还有鲍涵恩、鲍涵恩夫人、胡笃平、翟健雄、吴鎏甫、胡稼稌、汪泽民等。松江圣经学校于1917年开始正式招生。该校的教育目的就是为了培养中国的牧师。该校为苏沪地区培养了大批神职人员，成为东吴大学一个重要组成部分。直到1932年被关停。②

松江圣经学校全景

在葛赉恩担任校长的十年时间内（1911—1922），东吴大学经历了一个飞速发展阶段。校园扩大了，新的教学大楼、校舍耸立在校园内，教学设施逐渐完善；建立了比较完整的教学体系，系科建设、学术研究成就斐然；构建了一个包括文理科、法科、4所中学、20所小学、1所语言学校以及松江圣经学校的东吴系统。至1922年，“东吴大学和东吴体系继续在扩大……大学部已经招生183人，吴语科32人，法科23人，使得大学生总数达243人。第一中学（属于东吴大学的一部分，设在本部校园内）招收了343人，上海第二中

① 胡笃平：《十周纪念之回顾》，《松江东吴圣经大学校十周纪念册》，苏州大学档案馆藏档，3永149。
② 《中华监理公会年议会五十周年纪念刊》，民国二十四年十月，第36页、第47—48页。

学222人,湖州第三中学186人,三校共计749人。松江圣经学校有23人,我们的附属小学有1 400人。各校共有2 400人。”①

东吴大学到20世纪20年代初已发展成一所全国著名的教会大学。美国学者曾作如是之评论:“以苏州为总部的东吴大学系统和上海的中西女塾一直受到全世界教育家的赞誉。”②葛赉恩为东吴大学的发展竭尽心力。正如白约瑟在他的日记中写的:“葛赉恩博士工作努力,没有哪位与东吴大学有关的人比他工作更卖力,工作时间更长。”③

## 第三节　文乃史时期:初见成效

### 一、文乃史出任东吴大学第三任校长

1922年春,葛赉恩因病辞去校长职务,校董会研究决定推选文乃史为东吴大学第三任校长。

文乃史(W. B. Nance)

文乃史1868年出生于美国田纳西州,1893年毕业于范德比尔特大学,获文学士学位。又花三年时间继续学习神学。1896年,文乃史离开范德比尔特大学来到中国,一开始就从事教育工作。1896年至1900年,在博习书院任教。博习书院迁到上海并入中西书院,他在中西书院任教。文乃史参与了东吴大学的创办,是东吴大学首届校董会成员。东吴大学开办时,他是最初的六名教职员之一。文乃史对东吴大学的早期创办和发展付出了极大的心血。他不但全身心地投入东吴大学的教学活动,还为学校的各项基本建设尽心竭力,协助制订学校的各项规章制度。1911年3月16日孙乐文校长去世后,文乃史曾代为主持校政。5月1日,葛赉恩校长上任,文乃史任副校长。鉴于文乃史为发展监理会在苏州的高等教育事业作出的贡献,范德比尔特大学于1922年授予他神学博士学位。

文乃史于1922年当选校长,至1927年辞职,在此期间,东吴大学又有新的建树和发展。

### 二、理科

这一阶段,理科师资大大加强。1919年的卫斯理宗传教百年庆典推动了在华传教活动,也为东吴大学增加了一批传教士教育工作者。继戴荪、开霭到校之后,其他先后到来

① Minutes of the China Mission of Annual Conference of M. E. Church, South. 1922.

② W. G. Cram, Methodist and Kingdom Extension, Nashville, Tenn. 1930, P.71.

③ 文乃史著,王国平、杨木武译:《东吴大学》,珠海出版社1999年8月版,第94页。

的有华霭德(Frank,Marion)(化学)、花霭德(White,James F.)(化学)、达思格(Tasker,Roy C.)(生物)等,大大加强了理科的教学和科研力量。与此同时,一大批东吴大学自己培养的学生在20世纪20年代出国深造后也纷纷返回母校,成为教学科研的骨干力量,有些并承担了领导责任。



例如,1923年,胡经甫在祁天锡离开东吴大学后,主持东吴大学生物系工作,一直到他1926年转到燕京大学任生物系主任;沈青来博士从美国深造后回到东吴大学长期担任数学系系主任职务,是一位著名的数学家;其他如张和岑、李庄贤、徐荫祺、顾翼东等东吴大学自己培养的优秀毕业生,20世纪20年代中期先后从美国返回母校任教,是东吴大学理科教学科研的骨干力量。

沈青来

徐荫祺

东吴大学积极加强和外界的交流与合作。20世纪20年代,美国俄亥俄州立大学教育学院物理系的特维丝(George R. Twiss)教授有关培养中学理科教师的论述被东吴大学所采纳。特维丝教授还应邀到东吴大学讲学,他建议东吴大学应注意分类学和当地植物的研究。东吴大学非常重视,并为此指定专家长期从事这一领域的研究。东吴大学的两位毕业生张和岑、李慧林在美期间也专门攻读这一领域的博士学位。1923—1924年,洛克菲勒基金会派遣一个钩虫研究会来华作为期两年的讲学与研究。东吴大学生物学人员与该委员会密切合作,对钩虫病和血吸虫病作了大量的研究。① 此外,东吴大学还和中华基督教教育会全国科学协会等机构密切合作。生物系教师王志稼硕士还应中华基督教教育会的邀请为中学编写了一本生物学教材。该教材成为当时被普遍采用的中学生物学课程教材。

① 文乃史著,王国平、杨木武译:《东吴大学》,珠海出版社1999年8月版,第53页。

生物材料陈列室

20世纪20年代中期,东吴在理科方面的一个重要建设项目是生物材料处的创办。东吴大学的生物学教研在全国起步最早,处于领先地位。但是,当时中国普遍存在生物材料、科研设备、实验室物品短缺的情况,阻碍着生物学教学和研究的进展。祁天锡早就开始在东吴大学开设生物学课程,由于“姑苏湖沼众多,生物繁富,采集标本,最称合宜”。祁天锡亲自动手利用当地资源自制教学材料。随着大学课程的开设,自制的材料已不能满足需要,于是不得不从美国、英国、德国购买,其中大部分购自美国。祁天锡梦寐以求的就是东吴大学能拥有一个自己的生物材料处,但由于资金和人员的缺乏,他的想法一直未能实现。1923年,他离开东吴大学,担任洛克菲勒中华医学基金会中国代表。这时,他积极帮助东吴大学进行有关人员、设备和资金方面的筹措,以加速生物供应处的建立。在他的帮助和主持下,1924年,动物学家约翰生(H. H. Johnson)来到东吴大学专门负责此项工作的进展。于是全国第一家,也是唯一的一家生物材料处应运而生。

生物材料处

生物材料处的产品,可分为四大部分:一为保藏标本,分动物植物二大类,包括各种低等生物至高等生物。二为玻片标本,亦分动物植物。凡生物之主要组织及极微纤之生物,皆制成玻片,以便在显微镜下观察研究。三为装置标本,解剖及指示标本,如蚯蚓解剖及蛙之生活史等,均用玻璃瓶装置,以供教室演示;各种高等动物之骨骼标本,则装置木架;各种昆虫及昆虫生活史,则装置玻面纸盒。四为仪器用品,或本国自制,或由生物材料处监制,或来自国外,务求经济适用,可满足通常试验及采集之需要。①

生物材料处所制作的产品除满足东吴大学理科专业和附属中学的需要外还销往国内各大、中学校,往往供不应求。此外,还远销国外特别是美国和东南亚各地,"特别是在美国,无论是批发还是零售,对寄生物学材料都有大量的需求"②。

东吴大学生物材料处的创办得到国内外教育界人士的普遍欢迎和赞扬。芬威廉(Fenn, William Purviance)认为,生物材料处的创办是东吴大学对中国科学教育发展所作出的最突出的贡献之一。他说:"这项努力的结果满足中国当时紧缺的特制物品的需要。在此之前,不管是中学还是大学特别是在寄生学材料上一直依赖于国外的供应处供应。"③

约翰生不久因健康原因于1925年回国,生物材料处由胡经甫主持,发展更为迅速。到抗战爆发时,该处已拥有15名职员和全套的教学材料。生物材料处在国内外享有广泛的声誉。

### 三、法科

刘伯穆(Blume W. W.)毕业于美国密歇根大学,1920年到上海,在东吴法科任全职管理人员。这一年,兰金与东吴大学合同期满返回美国,刘伯穆接任法科教务长。在刘伯穆主持下(1920—1927年),法科日臻规范和完善,逐步提升到国内领先的地位。

刘伯穆

为扩大和加强法科教学科研,刘伯穆先后采取了几项措施:

其一,改变了长期以来完全依赖兼职教师的状况,逐步增加全职教师。刘伯穆认为,这样做至少有四个方面的理由:(1)一位繁忙的律师或法官是没有充足的时间来备课的,而且还经常用课堂时间来讨论一些近期事务;(2)工作上的繁忙常常使兼职教师根本无法到校上课;(3)还会有一些不怎么合格

① 参见:《生物材料处说略》,《文理学院一览》,民国二十五年,苏州大学档案馆藏档,3永30。

② 文乃史著,王国平、杨木武译:《东吴大学》,珠海出版社1999年8月版,第56页。

③ 芬威廉:《变革中的在华基督教高等教育1880—1950》,第89页、133页,转自Xiaoguang Xu, A Southern Methodist Mission to China: Soochow University, 1901—1939, P. 134.

的律师,为了提高声誉而请求上课;(4)法律教学与研究本身就是一门职业,它需要专注的努力才能做好。

上任伊始,刘伯穆就着手建立专职教师队伍。1922年萨赉德(Sellett, George)博士到校任教。吴经熊、陈霆锐等东吴法科优秀毕业生在美国获得博士学位后回到上海,不久成为上海乃至是全国最著名的律师,他们也应邀回到法科任教。此外,法科也聘请当时上海的许多社会名流、学者、专家到校兼职执教,如著名民主人士章太炎以及林语堂、许国璋等。1924年,东吴法科授予当时民国最高法院首席法官董康、司法部长王宠惠荣誉博士学位,他们两位都曾在法科教过书。董康主讲"比较刑法","并印了他亲撰的讲义"。"所谓比较刑法,不是中外刑法的比较,而是中国从古到今历代刑法的比较,这是一门学术性很强的功课。"①

董康

其二,创办China Law Review(《法学季刊》)。该刊物为中、英文两种文字印刷,于1922年以季刊的形式开始发行,是全国最早出版的大学法学学术刊物。在创刊社论中,刘伯穆指出,该刊物创办的目的和宗旨在如下三个方面:引进国外的法律原理,并将中国的法律介绍到国外;推进中外法律原理的比较研究;在中国广泛宣传和推广这些法律原理的知识,为中国法律的改革作准备。② 该刊物创办伊始就表现出很高的学术水准。吴经熊评价说:这本刊物"逐渐地不仅在国内,而且在国外取得了一定的地位"③。罗炳吉大法官后来在一本美国的法律刊物上指出:《法学季刊》"掀开了中国法律文献的新篇章……成为一面镜子,反映了本世纪初30年左右的时间里中国法律的变化情况。在这里以英文的形式出现了大多数在即将到来的中国新时期里付之运用的法规,这些法规是中国的法官在一些外国人的帮助下不断地制定出来的。……还刊登着对法律颇有见地的评论、关于法律问题的讨论以及有关法律史与哲学方面的论文……它是唯一的一份以一种以上语言发行的致力于比较法学的定期刊物。"④

除了《法学季刊》外,由学生编辑出版发行的一份年刊The Woolsack(东吴大学法科年刊)于1923年首刊发行。

---

① 倪征
噢:《淡泊从容莅海牙》,法律出版社2003年5月版,第23页。
② China Law Review1922年,第305页。
③ 吴经熊:《东吴之法科》,《回渊》,第27页。
④ 转引自文乃史著,王国平、杨木武译:《东吴大学》,珠海出版社1999年8月版,第76页。

法科图书馆

其三，在教学中引入“型式法庭”。在教学上，刘伯穆进行了大胆尝试，“于1921年秋将每两星期举行的辩论会提出一会，以为‘型式法庭’之学习时间”。将“型式法庭”引用到教学上来，与教学活动相结合，是东吴大学法科教学的创举和特色。在型式法庭上，由教师担任法官，律师、陪审员、证人或译员则由学生担任，所有的三年级学生都要参加旁听。“开庭前由主教者将疑案之事实，通知原被告律师，两律师先后各备诉状及答辩书，届时由双方提出人证及物证，并各具言词。辩论终结后，法官宣告判词。败诉者如有不服，复可请求再审，或声明上告。所用程序，均照现行法院或上海会审公廨，及英美法庭审理，间用陪审制。学生各得轮值充任。”①所有有关政治、经济、外交等方面的复杂案件都经常在型式法庭上得以模拟演练，增强了学生运用课堂上所学理论和知识的能力，增长了才干。

法科型式法庭

① 《东吴年刊》，1922年，第144页。

法科在刘伯穆教务长管理下,发展非常迅速。据刘伯穆先生后来所记载,1920 年到 1924 年的学生数如下①:

| 年级 / 年代 | 一年级 | 二年级 | 三年级 | 其 他 | 总 计 |
|---|---|---|---|---|---|
| 1920 - 1921 | 16 | 6 | 4 | 2 | 28 |
| 1921 - 1922 | 27 | 14 | 3 | 7 | 51 |
| 1922 - 1923 | 57 | 15 | 11 | 1 | 84 |
| 1923 - 1924 | 45 | 32 | 16 | 48(预科) | 141 |

从表中可以看出:每年注册学生总数以平均 170% 的比例急增。从 1923 年开始,法科招收预科生。按刘伯穆先生的解释,主要是大量来自不同层次、不同类别、不同水平的大学学生申请入学者人数急增。为保证法科学生的素质,特设一预科,给这些申请入学者以足够的预备培训,然后从中挑选合格的人作为新生。至于那些从知名大学来的学生申请入学,仍可被直接录取为法科一年级学生。

随着申请入学人数的增加,为保证质量,并和美国学校的标准相统一,自 1924 年起,学校进一步提高了入学标准,要求所有入学者都必须在入学前完成学士课程或至少修完三年的大学课程。自 1927 年起,预科开始扩大到直接招收中学生,并将预科延长为 2 ~ 3 年。

法科型式法庭全体职员

1924 年,为适应发展的需要,东吴大学校董会决定将法科搬迁到昆山路 11A 号,这样法科有了自己的校园。教室、宿舍、食堂、办公楼等一应俱全,图书馆也于当年建成并获

① 文乃史著,王国平、杨木武译:《东吴大学》,珠海出版社 1999 年 8 月版,第 77 页。

得海内外特别是美国方面的大量赠书。1924—1925 年,法科收费标准为每学期学费 80 元,住宿费 20 元。由学生自己管理餐厅和厨房,费用分担。

在刘伯穆主持法科的几年中,法科培养了一代不仅在国内,而且在国际上知名的法学人才。① 东吴法科的毕业生不仅精通中外法律条文,且在英语上受到良好的训练,所以往往在涉外疑难案件中担当主要角色。在 20 世纪 20 年代,上海公共租界工部局的 8 名律师中,除一名牛津大学毕业生外,其余 7 名均为东吴法科毕业生。

20 世纪 20 年代,随着社会经济的发展,中国社会,特别是上海商界对高层次的法律人才有很大需求,东吴法学院的很多本科毕业生也渴望得到进一步深造。但国内当时没有相应的学校开设研究生课程。不少人只能花费巨资,远涉重洋,赴美留学。东吴法学院"审时势之需要",在 1926 年开设了一期法学硕士班。法科开设一年期的研究院课程。学生由法科毕业获得法学士学位后,可再进入研究院攻读一年,成绩合格者得授法学硕士学位。东吴法学院成为中国建立研究生学程的极少数法学院中的一所,即勿需留学就可为学生(大多为其本院毕业生)提供取得法学硕士学位(LL. M)。② 所有这些都保证和加强了东吴法科在国内所取得的地位与声誉,使东吴法科教育能始终保持领先地位。

法科师生合影

## 四、体育专修科与学生体育

东吴大学创办于清朝末年,那时,中国社会还未流行近代体育观念。"在这个若干世纪以来士大夫受到尊重而士兵遭到蔑视的国家,可以预料,健身锻炼会遭到很多人的反对。有一个流传颇广的故事:一位中国显贵看西方人在非常炎热的下午打网球,惊讶地问:'如果他们认为非得追打那个小球的话,他们为什么不坐在树荫里,雇两个苦力来做呢?'"③可以这样说,近代体育观念首先形成于进行西式教育的教会大学,进而才扩大影响于社会。

---

① 吴经熊:《东吴之法科》,《回渊》,第 27—28 页。

② 艾莉森 · W. 康纳著,王健译:《培养中国的近代法律家:东吴大学法学院》,《比较法研究》,1996 年第 2 期。

③ 文乃史著,王国平、杨木武译:《东吴大学》,珠海出版社 1999 年 8 月版,第 39 页。

司马德

1903 年秋，司马德到东吴大学任教。司马德于 1879 年 6 月出生于美国南卡罗莱纳州（South Carolina）的尤宁（Union），1900 年毕业于范德比尔特大学，是范德比尔特大学田径赛纪录的长期保持者。司马德来华后直接到苏州。第二年，他就在东吴大学建立了一支田径队。这支田径队多年来以短跑著名。不久，东吴大学又“联合南洋、约翰、中西书院而成华东联合会。后华东八大学体育联合会、全国及远东联合会等亦应运而生”。司马德任第一届远东运动会执行委员。司马德于 1921 年去世。文乃史校长给司马德这样的评价：“十七年来，他全身心地投入到本校的工作中。他是一位很优秀的数学教授，但这只是他对东吴大学贡献的很小一部分。另外，他在促进学生的性格、体育运动、基督教青年会及各种学生活动等方面，不仅给东吴大学，还给华东地区的整个基督教教育留下了长久的影响。”①司马德去世后，聂显（Nash，W. L.）接任华东八大学体育联合会书记。② 东吴大学在体育教育方面的先行，促成体育专修科的建立。

聂显

许民辉

体育专修科第一届主任为许民辉。许民辉（1890—1961），广东开平人，曾就读于广东南武学堂，1913 年参加在菲律宾举行的首届远东运动会。此后，许民辉在广州市基督教青年会工作，在此期间，曾进上海基督教青年会主办的体育干事训练班学习。后赴美留学，获春田体育学院体育硕士学位。归国后在东吴大学任教。由于许民辉与基督教青

① Minutes of the China Mission of Annual Conference of M. E. Church, South. 1922.

② 彭文余：《东吴体育纪略》，《东吴年刊》，1929 年，第 195 页。

年会的密切关系，1924 年，东吴大学和中华基督教教育青年会全国协会合作，创办了东吴大学二年制体育专修科，许民辉任体育专修科主任。1930 年，许民辉离开东吴大学后，由赵占元负责体育科的工作。

1926 年，东吴大学有了首批体育专业毕业生，此外又培养了一些短期体育专业进修人员，满足了各地青年会系统体育工作的需要。但教会系统的大学、中学仍缺少体育教师，于是从 1926 年起，将原来与青年会合办的体育专修科改为东吴大学独办。同年，东吴大学在体育专修科两年制的基础上增设了四年制的体育本科。

东吴大学时期，学校将专攻体育的学生分为三类：二年制专修科，期满毕业，给予毕业证书；四年制本科，毕业时授予体育学士学位；大学本科生可以选体育系的课程作为主修，另选文学院或理学院的其他课程作为副修，四年期满时授予文学士或理学士学位。

足球队获华东大学体育联赛冠军

东吴大学体育专业学生入学考试相当严格。除报考体育专科的要求略低外，报考体育本科和主修体育的本科生，与其他文理各系要求相同。体育专业学生不论专科、本科都必须修完各项必修课程（不及格者要补考或重读），并按规定读满主科和副科的学分总数，否则需要补足后才能毕业。

田径队载誉归来

1924 年至 1927 年间，东吴大学共有体育专科和本科学生 30 名，另有 70 名兼修或短期进修的学生。这 100 名学生分别来自上海、苏州、杭州、南京、汉口、成都、北京、天津、开封、福州和日本神户等地。1926 年夏，首届专科毕业生 5 人，分别应聘到上海、南京、开封、北京的青年会以及圣约翰大学任职。此后，第二、第三届的专科毕业生也都分别到京、津、沪、宁、豫、川等地担任体育教师或从事青年会的体育工作。

东吴大学体育系培养了不少体育优秀人材，为推动我国近代体育事业的发展起到了重要作用。例如，毕业生刘铨、彭文余、任训恩、杨光庭、李友贞等人，都在体育界有相当的影响，张信孚、卢颂恩、梁官松、胡维岳、刘崇恩、李骏耀、陈作新、侯成之、程金冠等先后参加了第二届至第十届（第四届除外）远东运动会。程金冠还作为中国奥运代表团成员，在 1936 年的柏林奥运会上，参加了 100 米、400 米接力两个项目的比赛。

程金冠（右）

**五、图书馆**

这一时期，学校图书馆有了新的发展。《回渊》曾载文说："吾校历史上之图书馆约分两时期。一曰藏书楼时期，其于书籍初无相当之编置。一曰图书馆时期。溯自一九二一年，美之图书馆专家朗藤女士来校以来，复得今馆长黄先生星辉相与别类分门，始以晚近最流行之杜威十进法为遵循。更越年，西文一部始部署蒇事。今则国文之部亦组织就绪矣。举凡桌椅、书架，乃至出纳表格，一以美国图书馆协会所规定者为依归。其简片目录有以类别者，有以书名字母顺序别者，有以著者姓名字母顺序别者，以故索取殊敏捷。外此，复有分析之别，以及参照之片，读者咸称便焉。以言地点，则由林堂二楼之东南一角，而孙堂二楼之北部，而占孙堂二楼之全面积，盖已三迁其居矣。"①

① 《二十五年来之东吴》，《回渊》。

图书馆 1921

## 第四节 学生运动与社团

东吴大学是教会大学,但她生存于政治风云变幻的近代中国,就不可能成为政治的真空。相反,东吴大学的学子,包括一些身为基督徒的学子,绝不缺少政治的热情。从为了救亡图存而要求孙乐文教授英语而导致宫巷书院创办的那六位不知名的爱国书生发端,爱国主义精神也一直在不同历史时期的学生运动中传承。在东吴大学早期,东吴学子于 1919 年的五四运动、1925 年的五卅运动、1928 年的济南惨案等事件发生后的学运中,为了救亡图存,无役不与。其中,五四运动、五卅运动中的东吴学生运动尤为突出。

这一时期,东吴大学的学生社团也颇为活跃。

### 一、五四运动中的东吴学生与学生会

第一次世界大战结束后,1919 年 1 月 18 日,"巴黎和会"正式召开。会议除了讨论战败国制裁等问题外,各国在华利益也是议程之一。会议期间,列强蛮横拒绝中国的正当要求,对山东问题作出无理裁决,并列入《凡尔赛和约》。消息传来,舆论大哗。5 月 4 日,北京大学等 13 所学校,学生 3 000 多人,高举"外争国权,内惩国贼"的旗帜,云集天安门前,示威游行,遭到北洋政府残酷镇压。

1. 苏州学生联合会成立,尤敦信任书记

五四运动在古城苏州激起强烈的反应。5 月 6 日,三元坊一师小学部主任吴研因等毅然发表通电云:"章宗祥该死,卖国贼该死,大学生举动全国赞成。"①东吴大学学生意识到"本校在苏地位常在各校之首",必须冲破校务部"不响应"的阻力。8 日,东吴学生召开"五九"国耻纪念会,抗议北洋军阀政府四年前接受日本灭亡中国的"二十一条"。

① 《民国日报》,1919 年 5 月 8 日。

晚间,又开学生大会,决议翌日举行集会游行,连夜派代表与各校接洽。9日上午,东吴、桃坞、萃英、晏成及英华五校学生代表汇集遂园,决定:(1)致电北洋政府,“宁撤专使不签丧失国权之约”,“请释学生,惩奸以谢天下”;(2)下午一时半,在体育场集合,举行环城游行。东吴学生赶印传单数千页,赶制旗帜600面。下午,各校先在体育场集合,然后依次出发,与会者都手擎小旗,上书“人心未死”、“国民速起”、“力争青岛”等。至傍晚6时返回。

“五九”环城游行,是苏州最早的有组织的群众性反帝反封建活动,是苏州学子“与全国学界一致行动”的庄严宣告,扩大了五四运动在苏州和东吴大学的影响,从此,“各校学生之自由加入者始多”。从10日起,各校酝酿成立苏州学生联合会。18日,各校代表在一师开会,正式成立学联,推举会长、副会长,东吴大学尤敦信被推为学联书记。学联是五四运动在苏州蓬勃兴起的产物,它的成立又推动了五四运动在苏州和东吴大学的进展。

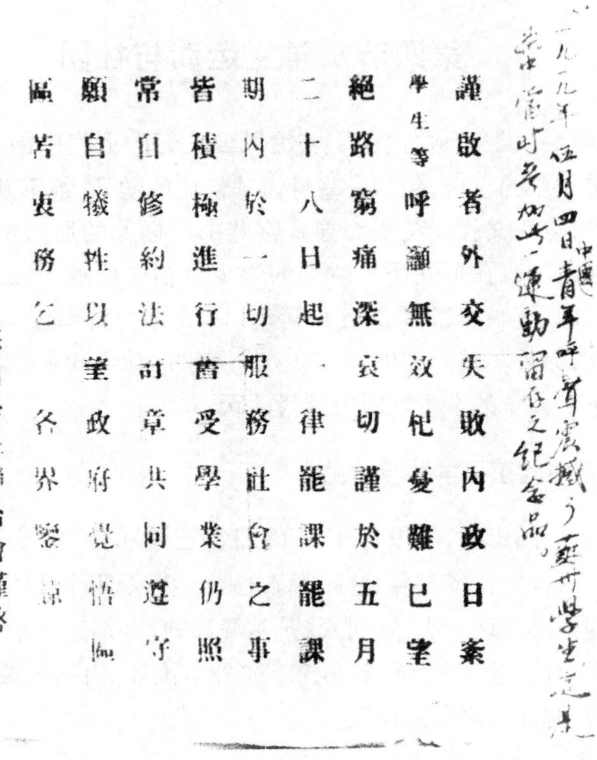
謹啟者外交失敗內政日紊學生等呼籲無效杞憂難已望絕路窮痛深哀切謹於五月二十八日起一律罷課罷課期內於一切服務社會之事皆積極進行舊受學業仍照常自修約法計章共同遵守願自犧牲以望政府覺悟區區苦衷務乞各界鑒諒

蘇州學生聯合會謹啓



苏州学生联合会启事

15日,在学生运动的推动下,苏州总商会召开特别会议,决议致电北洋政府及和会中国代表,拒签“和约”;劝导各界不用日货,提倡国货;停用振兴公司电灯。[1] 抵制日货、劝

① 《申报》,1919年5月17日。

用国货的热潮迅速形成。东吴学生带头不用日货，各人将自有之日货一律毁尽，并对本校理化试验室之日货进行切实调查。东吴开办后，宿舍、公共教室和其他建筑内均使用德国造的煤油台灯，后一度使用沼气灯。1913 年暑假后，一律改用振兴电灯公司电灯。1918 年，振兴"厂方暗中与日商大仓洋行与兴业会社勾结，将电厂财产出卖给日方"①，东吴学生坚决要求并迫使校方同意抵制振兴电灯。学生还组成讲演团，分头在热闹场所演讲，痛斥卖国贼，揭发日本帝国主义亡我之野心及亡国之惨痛，宣传抵制日货，劝用国货。

尤敦信

2. 东吴大学学生会成立，王志稼任会长

面对学生爱国运动在东吴和苏州的发展，"日本(驻苏)领事对中国官厅常啧有烦言"。北洋政府地方当局"特柬邀中西各学校校长至署面嘱，劝导各生，勿越常规"。22 日，葛赉恩校长邀请苏常道尹及镇守使到校宣讲，要求东吴学生服从地方当局，不要领头投身运动。由于北洋政府拂逆人民意志，仍一再颁布弹压爱国学生运动的命令，5 月 26 日，上海学生联合会因呼吁无效而宣布罢课，并派代表来苏州，洽谈统一罢课行动。东吴学生当晚开会集议。少数学生因受校务部的影响，主张审慎行事。绝大多数学生主张响应罢课。为了协调众议和统一行动，乃决定成立东吴大学学生会。由各级选举的代表组成了章程起草委员会，正式通过了东吴大学学生会章程，学生会选举王志稼为会长，并选出各部部长。正如《东吴季刊》所说："学生会之创设"，"正五四运动波澜狂涌之时也"。"学生会之名，始于民八五四，时则奸宄窃政，国事日非……莫不疾首痛心。北平学子，发难于先，南省生徒，响应于后，群情激昂，举国沸腾……身虽在学，心岂忘国，欲谋领导民众，拯救危亡之举……故有学生会之组织也。"②"五四运动的时候，当时我们人人都抱了爱国的心，救国的志，所以要适应我们的环境，这会就一霎时成立。"③

王志稼

① 陆允昌编:《苏州洋关史料》，南京大学出版社 1991 年版，第 139 页。

② 《东吴年刊》，1922 年。

③ 《东吴年刊》，1920 年。

学生会成员

3. 罢课、"散学"

5月28日,学联召开紧急会议,议决:"于本月二十八日起,中学以上各校一律罢课。罢课期限由联合会随时决定。"① 29日,学联在体育场集会罢课,参加者除学生外,还有自动前来的群众。据上海《民国日报》报道,"是日到者万人"。首由东吴大学乐队奏乐行敬礼,次读《宣言》云:"江苏苏州学生联合会,谨宣告于国旗之下曰:外交失败,国家濒危,穷本追源,伊谁之咎?卖国群小,实不容辞。不早铲除,何以救亡?何以图存?故北京学生,首倡义举,请讨国贼。政府果知觉悟,自宜即允所求,以从众望,以快众心。乃既无正当标示,又拘捕学生,是诚何心?"学联为救亡图存计,于5月28日起全体罢课。② 会后举行大游行,号召民众抵制日货,团结救国。队伍经十梓街、西街、濂溪坊、观前街至察院场口分路回校。所持旗帜,都插于玄妙观,宣传群众。同时,东吴学生代表赴沪联络,以通声气。这次集会游行,规模大,影响深,是东吴和苏州各校在五四运动中一次盛况空前的大会。

罢课后,学生会领导制订了《约法》12条,学生共同遵守。如有违反《约法》者,由司法部判决,或由大会表决其应得之罚则。学生会调查部"专任调查日货"。观前某店以拍卖日货之名而行暗中偷进之实,为调查部侦得,会长王志稼即致函总商会,"请维持商界道德,设法阻止"。该店主"羞惧交并,遂尔闭歇"。演讲部每日派出10队以上至城内各处演讲,还派队至内地城镇演讲。据《时报》与《锡报》报道:东吴"特派演讲队员18人乘车到(无)锡",分赴锡师、辅仁、崇安寺、图书馆及五城门外之吊桥等处演说,"每处听者都有五六百人至千余人"。还说:"东吴大学生感人之深,胡其极也。"著述部与《苏州日报》馆协商,特辟《东吴声》一栏,专载本部稿件。广告部每日发行招贴200张、传单500

---

① 《申报》,1919年5月29日。

② 《民国日报》,1919年5月31日。

张等。

6月初，北洋政府公然为卖国贼辩护，镇压爱国学生。北京学联通电全国声援。上海工人开始罢工，继之，商人罢市。

北洋政府在京镇压学生，时东吴法科学生张亮吉“以主张坚强，在京被捕，慷慨入狱”①，激起东吴学生的极大愤慨。6月7日，学生响应北京学联通电，“群赴商会，要求罢市”。尤敦信至总商会洽谈，一致同意苏州各商店依照上海商店办法，一律罢市。总商会乃于当晚召开各业代表会议，决定至8日下午3时，一律罢市。经学生沿街宣传，许多商店还提前罢市。8日上午八九点钟，观前街、护龙街（今人民路）、临顿路、养育巷等处均一律罢市；阊门大街一带随之亦全体罢市。不少商店还贴着“不除国贼不开门”、“罢市爱国”等标语。10日，沪宁铁路工人“同盟罢工”，对苏州影响尤巨。苏州警察厅长报告称：“沪上各货不出，苏之纱厂中人曾言，倘五日不来货，苏之工厂不停而停矣。”②苏州“各业工匠亦有即日同盟罢工之语”。③

江苏教育厅发出“训令”，污蔑学生“逾越轨范”，要求学生停止罢课。校长葛赉恩及监学李伯莲力劝学生克期上课，否则，以6月7日星期六为止，“即于是日起提早暑假”。学生会则发表《散学通启》宣称：东吴大学学生“目的未达，万难中止。且既入苏城学校联合会矣，且宣言与京沪各学校一致矣，断不可以一校上课致影响及于全局，而为学界之罪魁祸首”，决定“散学”离校。并称：“生等生逢乱世，数经忧患，鉴于外祸之迫，内争之紊，知之匡济之才莫负兴亡之责，遒者呼号奔走而动致谤疑，哀吁告求而未蒙谅察。今遵校令，与生等至亲至爱之学校挥泪道别。瞻望槐市，凄感无已；回首葑溪，悲怆何极。”④散学后，学生在各地活动，仍与苏州学联保持一致。而校方则在上海《申报》连续三天刊载《苏州东吴大学声明暑假》云：本校系美国教会所设，停课住校而奔走国事，殊与国际有关，为特于本月6日提前暑假，所有学年考试及毕业升级等事，正在筹商，再当函告各家长。

6月16日，东吴大学学生尤敦信代表苏州学联赴沪参加全国学生联合会成立大会。全国学联成立后致电北洋政府，誓不承认“和约”签字。28日，中国代表拒绝在“巴黎和约”上签字。

五四运动在中国近代史上具有划时代的意义。五四运动也深刻影响了东吴大学，特别是此后的学生爱国运动传统。五四新思想的洗礼还在东吴大学留下了特殊的痕迹。1920年、1921年的《东吴》曾经分别刊载了张原絜撰写的《社会主义社会问题与社会学》、《革命的劳工史》（译著）等两篇文章。张原絜，湖北汉阳人。1921年毕业于东吴大学，在校历任东吴学报及年刊编辑之职。“五四运动以后，殚心纂译于西洋新思想，介绍甚多。

---

① 《东吴年刊》，1922年。

② 中国社会科学院近代史研究所、中国第二历史档案馆史料编辑部编：《五四爱国运动档案资料》，中国社会科学出版社1980年2月版，第269页。

③ 中共江苏省委党史工作委员会、中国第二历史档案馆编：《五四运动在江苏》，江苏古籍出版社1992年1月版，第147页。

④ 《申报》，1919年6月8日。

每当夜深人静，犹见室中一火荧然，振笔疾书，故日报杂志之评坛译丛栏中，常睹有君之名姓列其间……洪篇巨作传颂全校读者。”①《社会主义社会问题与社会学》一文说：“社会主义是什么？这个问题很不容易回答……总之社会主义是种哲学，是种人生观，是种信念，是种理想的目标，而有谋划手段以达之的。”“比方俄国的过激主义，虽不为全球人民所赞成，但‘不劳动则不得食’之格言，谁敢说此言无价值？比方公产主义与集产主义，虽不能满人类私有之冲动，但‘各尽所能，各取所需’之原理，谁敢说此理不通的。”②

张原絜

1921年秋，《东吴学报》又曾刊载张原絜撰《布尔萨维克之研究》一文。作者称：布尔什维克主义，“是很重要而且富有兴趣的问题”。文章比较客观地描述了俄国十月革命后的政治、经济、社会状况，如“布尔萨维克的政府虽是十分贫困，但是他的一切施设却总尽其能力，使效率达到最高之度，把专制时代敷衍气息说（扫）得干干净净。管理运输机关使少数车辆可以支持。推广普通教育把学工二事打成一片，是最显著的”。文章最后说：“布尔萨维克是俄国的社会革命运动，他决不会不受他国的影响，而且他也决不会不影响他国的。所以他固不是洪水猛兽，定在摒弃之列。也不是贵客上宾，多数欢迎他的。”③

## 二、五卅运动中的东吴学生

1925年5月，青岛、上海等地日本纱厂先后发生工人罢工，遭到日本帝国主义及北洋军阀的血腥镇压。在上海，工人顾正红被枪杀，十余工人受伤。30日，上海学生在租界声援工人，呼吁收回租界。群众万余人聚集在英租界巡捕房前，高呼反帝口号。英巡捕向集会群众开枪，学生死伤数十人。五卅惨案震惊全国。

1. 集会游行

5月31日下午，苏州学联在北局青年会召开紧急会议，邀请各校同学听上海学联代表报告五卅惨案经过。前来参加者有东吴大学等13所学校约800人，报告会由苏州工专学生秦邦宪主持，全场不断高呼“打倒帝国主义”、“废除不平等条约”等口号，声震屋宇。与会学生议定自即日起罢课示威。当日晚餐时，东吴大学（包括一中）学生邀请上海学联代表来校报告。晚8时半，又在林堂礼堂召开大、中学生各级级长联席会议，议决举定对外代表4人，加入苏州学生联合会，与苏州学联一致行动。

6月1日，东吴大学全体学生致电上海学联及各报社，指出：“上海学生五月卅号之

---

① 应业存：《张原絜小传》，《东吴年刊》，1921年。
② 张原絜：《社会主义问题与社会学》，《东吴》，1920年。
③ 张原絜：《布尔萨维克之研究》，《东吴学报》，第1卷，第3期。

举,本光明正大,乃竟遭工部局开枪惨杀,凡有血性,谁不发指。”并表示:“同仁等闻讯之余,咸怀敌忾,经全体表决,一致力争,望各界同胞群起为上海学生后援,为我国国民雪耻。”东吴一中全体学生还集会选举成立“临时执行委员会”,全权处理支援上海爱国运动之各项事务。赵朴初就是当年执行委员会成员之一。同日,上海东吴法科全体学生召开特别会议,决定响应罢课,并由学生会发表宣言。宣言称:五月卅日公共租界之惨案,学生无辜,死亡创伤者迄今已百余人。此次惨案使中国蒙受重大耻辱,全体同学遂议决自6月1日起暂行停课。

赵朴初

同日,东吴学生、苏州学生联合会会长蓝琢如召集会议,出席者为东吴大学等22所学校代表。会议决定联合各团体,组织各界联合会,作为五卅运动的领导机构,并于6月2日组织各校学生集会游行等。

6月2日,东吴大学等20余校学生二三千人在体育场集合示威游行,高呼“打倒英、日帝国主义”、“援助上海失业工人”等口号。东吴一中的演讲队沿途演讲并散发传单。“这天,旭日临空,熏人欲昏……而我们男女学生都能走几十里路不稍懈怠,民气的激昂,青年的热血,中国的复兴,其赖于是。”[①]6月6日晚,由学生代表赖彬主持,中国孤星社负责人在林堂礼堂作《我对沪案之观察并告公正外人》的演讲,与会者四五百人。6月7日,东吴大学等23所学校学生3 000余人,以及各界团体代表千余人举行各界联合大游行。游行队伍以军乐前导,步伐整齐,连亘数里,高呼“废除不平等条约”等口号。6月中旬,东吴学生又积极响应苏州各界联合会的号召,展开抵制英、日货的活动。

6月25日为全国总示威日,苏州各界联合会再次组织大游行,参加者有东吴等学生及各界代表2 000余人。30日,苏州各界联合会根据学联的提议,召开五卅死难烈士追悼大会。各机关、团体一律下半旗,各商店门前悬挂白色小旗,上书“永矢不忘”、“万众一心”等字样。参加大会者臂缠黑纱,手执白旗,以志哀悼。追悼仪式后,整队出发游行,数千群众涌向街头,高唱“五卅烈士纪念歌”。

2. 募捐救济

五卅惨案发生后,为了支持上海罢工工人,苏州学联决议募捐救济上海工人。6月4日,学联召开各校代表会议,决定以6月6日为募捐日。6日,苏州学生三四人为一组,每组持学联所发竹筒,身佩校徽,手执小白旗和募捐传单,在街头巷尾劝捐。在这次募捐活动中,东吴大学学生不辞劳苦,有的还追赶马车向乘客募捐,成为募捐活动中的趣闻,广为传颂。6月7日,学联在北局青年会当众剖竹筒取钱,所得捐款全部送往上海。

---

① 秦邦宪:《病榻琐记》,参见吴竞:《五卅运动在东吴大学》,《苏州大学学报》,1990年第2期。

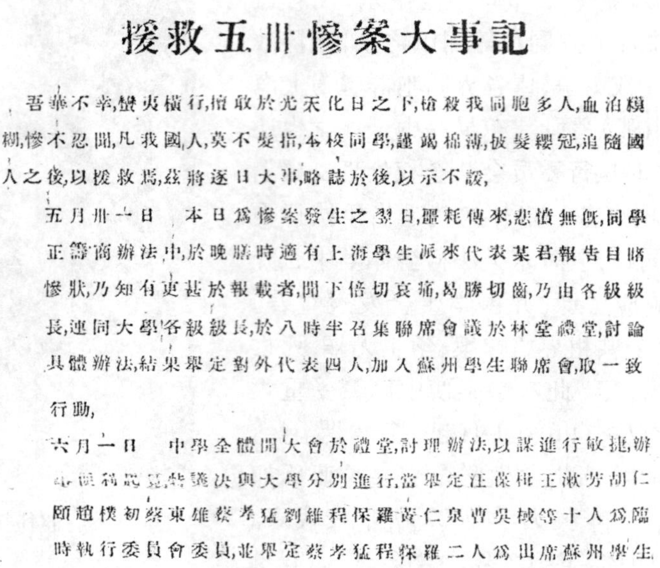

援救五卅慘案大事記

吾華不幸,蠻夷橫行,擅敢於光天化日之下,槍殺我同胞多人,血泊模糊,慘不忍聞,凡我國人,莫不髮指,本校同學,謹竭棉薄,披髮纓冠,追隨國人之後,以援救焉,玆將逐日大事,略誌於後,以示不諼,

五月卅一日　本日為慘案發生之翌日,噩耗傳來,悲憤無似,同學正籌商辦法中,於晚膳時適有上海學生派來代表某君,報告目睹慘狀,乃知有更甚於報載者,聞下倍切哀痛,曷勝切齒,乃由各級級長,連同大學各級級長,於八時半召集聯席會議於林堂禮堂,討論具體辦法,結果舉定對外代表四人,加入蘇州學生聯席會,取一致行動,

六月一日　中學全體開大會於禮堂,討理辦法,以謀進行敏捷,辦事便利起見,特議決與大學分別進行,當舉定汪葆楫王湫芳胡仁頤趙樸初蔡東雄蔡孝猛劉維程保羅黃仁泉曹吳械等十人為臨時執行委員會委員,並舉定蔡孝猛程保羅二人為出席蘇州學生

援救五卅惨案大事记

此外,东吴一中学生决定“茹素”两周,省钱救济上海工人,“吃素以代尝胆”。上海东吴二中“特登报向学生亲族捐款”,一天便募到现金200余元。东吴学生还另行在校内募集特捐,一中学生所得达千余元,先汇寄300元至上海总商会,分赈罢工工人。

据统计,自6月6日至20日,共募得款项17 300余元。每聚有成数,请东吴大学蓝琢如负责送沪或汇至上海总商会,并将正式收据“登报披露,以昭征信”。这次募捐活动有力地支援了上海工人,扩大了五卅运动的影响。东吴学生功不可没。①

3. 法律调研

东吴法科学生身处上海,近距离面对五卅惨案。为了向有关方面提供法律援助,法科学生会还特地聘请本校教授及著名律师为被捕学生、工人辩护。除积极参加各种活动外,东吴法科学生会设立了“法律讨论委员会”,由端木恺、王耀堂等人组成,“担任调查检验等项工作”,研究五卅惨案之法律问题。东吴法科学生孙祖基担任了上海学联组织的“法律委员会”委员长,聘请东吴法科教授、著名律师陈霆锐等为顾问。法科学生会法律讨论委员会为弄清五卅惨案死伤情况,深入医院调查。因医院有巡捕监视,法科学生致函出庭律师,向会审公廨据理抗争,撤去巡捕。在大量调查取证工作的基础上,调查资料分别编为《五卅惨案受伤调

端木恺

① 参见吴竞:《五卅运动在东吴大学》,《苏州大学学报》,1990年第2期。

查表》及《五卅惨案死亡调查表》，登诸报端，公诸社会。法律讨论委员会又出版了《五卅血案实录》，辑入文字记录、巡捕开枪以及死伤者照片、中外证人所写证词手稿等，《五卅血案实录》的出版受到社会各界的重视。法科学生会法律讨论委员会的爱国活动，为东吴法科和东吴大学赢得良好声誉。

史襄哉

时任东吴校长的文乃史回忆五卅惨案时说：文理学院的"一群年轻教师、'返校的学生'准备了一份声明，在声明中，他们要求所有教员中的美籍教师和其他美国人表明他们的立场，并宣布若他们不支持中国人的观点，他们就是一帮'口是心非夸夸其谈'的传教士。"①与外籍教职员不同，一些华籍教授积极投入了五卅运动，其中特别起着重要作用的有史襄哉、胡经甫、陈霆锐等。

史襄哉教授曾专程赴沪调查并在苏州介绍惨案真相。他还积极参加苏州各界联合会的活动，史襄哉并曾建议以每年 5 月的第一周定为"国耻星期"，"以便唤起全国人士之注意"，自告奋勇承担编写国耻星期教材，供各校使用。史襄哉主持的苏州各界联合会第 10 次会议，通过了"函催（总）商会取缔英、日货办法"等决议。全国总示威日，苏州各界联合会举行集会游行，东吴大学生物系教授胡经甫在会上慷慨陈辞②。东吴法科教授陈霆锐在五卅惨案发生后，竭力奔走，为被捕学生辩护，又大力倡导收回会审公廨，取消领事裁判权。在五卅惨案一周年之际，陈霆锐应邀来苏作报告，他说："至如'五卅'惨案，在光天化日之下，稠人之中，英人竟敢悍然开枪，果何故哉？曰：恃其有领事裁判权。"工部局老闸捕房捕头爱活生"知之其悉，故杀华人如杀小狗，而无所顾忌。设此事发生于英国国内，爱活生早已伏法，尚安得逍遥法外乎"？陈霆锐强烈呼吁取消领事裁判权，并说："外人不我同意，尽可自动进行，宣告取消。"赢得全体掌声。③

五卅运动中的东吴师生告诉人们：东吴大学是一所教会大学，但是，"救亡图存"的爱国主义旋律并未因而在此消声。相反，从 1895 年宫巷堂学子对甲午战争屈辱的反应，到 1919 年五四运动中东吴学生运动的崛起，到 1925 年五卅运动中东吴学生运动的壮大，人们感受到了东吴校园中由学生所传承发扬的爱国主义旋律的强烈节奏。

### 三、活跃的学生社团

东吴大学创办之初，学生"全体大会仅一健身会，其旨乃在谋全校同学体育之发展"，其他事项不在该会办事范围之内。由于没有其他学生团体，随着学生事务增多，凡遇关

---

① 文乃史著，王国平、杨木武译：《东吴大学》，珠海出版社 1999 年 8 月版，第 97 页。

② 参见吴竞：《五卅运动在东吴大学》，《苏州大学学报》，1990 年第 2 期。

③ 《新东吴》，第 3、4 期合刊。

系学生之大事,须征求大家意见时,也就经常到健身会讨论。正如东吴学生所说,“此实吾校学生会之所由滥觞也”。

五四运动在东吴大学产生了深远的影响,它开了东吴大学学生爱国运动的先河,感召了一届届东吴学子继承和发扬五四东吴青年的爱国光荣传统。它又催生了东吴大学学生会,使东吴大学的学生第一次组织起来,并由此开创了学生运动和学生社团活动的崭新局面。

1. 学生会

五四运动期间,东吴大学学生会应运而生。第一届会长为王志稼。“维时草创,组织殊为简单,职员五六人而已。”当年秋天,学生会改组,“这次组织是用评、干两部的,因为这是合民治精神的。在这环境的中间,除了这种组织法以外,我们以为没有别的是更好了”。改组结果:会长兼干事部长为尤敦信,副会长兼副干事部长为金其桐,评议部长为沈体兰。东吴大学学生会直接隶属于苏州学生联合会,间接隶属于江苏省学生联合会。

1920 年,盛振为当选为会长。这一年,修改了学生会章程,主要有:(1) 学生会应派代表列席校政部;(2) 另组司法部,实行三权鼎立;(3) 每部应聘请校政部人员作顾问。

1921 年秋,因教员殴打学生事件发生,学生会与校方发生严重对立,“纠纷竟不可决”,最后学生会被迫解散。至 1924 年秋,“留校同学鉴于已往烈烈,何今之寂寂,殊不耐此沉闷生活,因于民十三秋重组学生会”①。另据《东吴学生会沿革》称,1925 年五卅运动推动了东吴学生会的重建。几经周折,至 1926 年,重建之学生会设有执行部、评议部、司法部。会长为凌景埏,凌景埏旋即辞职,由副会长赵端源代行职权。②

2. 学术社团

东吴大学于 1921 年“秋季组织一个学会,中间分为十部,就是文学、宗教、哲学、史地、理化、教育、算学、地质、生物、社会科学”。文学部“以研究中西文学为宗旨。经史子集,无所不读。诗词歌赋,无所不览”。该部会员之众为各部之冠。哲学部决定“先研究认识论,可以晓得知识思想的范围作用和方法。再研究价值论,可以知道人生在世应该怎样做”。数学部从开蔼(恺蔼, Keye, W. F.)的数学研究如各类工程学上的计算法、测量学上的推算法等方面获益匪浅。地质学部的“目的是鼓励学生去研究地质学”。教育学部的宗旨是:“1. 参观本城男女各学校;2. 报告参观和调查的结果;3. 宣读个人的著述”。理化学部的宗旨就是“研究物理化学”,讨论诸如“建造苏州自来水厂的经济方法”、“析光的现象”、“柰端氏第三律的解说”等问题。生物学部的两个使命是:“研究海内外生物学以介绍于国人;保持和促进东吴生物科的荣誉”。并将生物科建成“惟精惟一的生物科研究机构”。社会科学部的宗旨是研究政治学、经济学、社会学的理论,“并且实地调查国内政治经济社会种种状况”。③

---

① 《东吴年刊》,1929 年。
② 《东吴学生会沿革》,《回渊》。
③ 《东吴年刊》,1922 年。

社会科学会

3. 辩论社团

东吴大学学生在1908年时就已成立两个学生辩论团体：丽泽会与竞智会。至1921年冬，东吴大学辩论会进行改组。除丽泽会和竞智会外，又建立了昌言辩论会、正名会、明强会、立诚会，各树一帜。“每当开会时，辄见一般青年子弟，皆怀抱苏张之才，或以辩论擅长，或以演说出众，盖无不口若悬河，声若洪钟，而使人倾听起敬者。”①

立诚会

4. 体育社团

东吴大学早就有健身会的组织。至1922年，体育团体有棒球队，教练聂显；足球队；网球队；田径赛队；篮球部；技击(武术)部，该部宗旨称：“吾国人士竞以擘经征史为保存国粹之计。夫武术亦国粹之一部，而顾于武术忽之。本部既力为倡导，冀还人国魂，复我

① 《东吴年刊》，1922年。

元气，孱弱种族，一变为雄武国民，盖非仅仅为保存国粹而已也。”①在 1921 年春八大学竞赛中，东吴田径队获亚军，翌年即获冠军。在上海举行的远东运动会上，东吴大学田径队有四人代表中国参赛。

棒球队

运动会

① 《东吴年刊》，1922。

技击队

女子篮球队

网球队

5. 文化艺术社团

东吴大学的文艺社团丰富多彩,计有东吴剧社、东吴大学音乐团、景倕会、美术会、摄影研究会等。

东吴剧社　东吴剧社是中国话剧事业萌芽期的一个著名的学生话剧社团。据现在所能查到的资料,东吴剧社成立于1907年,但种种困难使它中断了活动。[①] 至1917年到1918年间,东吴剧社有了较完备的社团组织、明确的社团宗旨,每年有一定数量的演出,活动趋于正常。[②] 东吴剧社的主要目的,在于初步推广普及话剧这门新兴的西洋艺术,并探讨话剧艺术在当时所秉持的价值。而在其发展过程中,话剧的社会功能意识也逐渐抬头。1920年,剧社明确宣称以社会改革为宗旨。[③] 1921年北方旱灾,剧社义演募捐善款,这当是东吴剧社面向社会的开始。东吴剧社不仅排演英文话剧,还排演中文话剧,演出剧目有《荆花劫》、*The Vain Vale*、*Who is Right* 以及短剧四折:《什么是解放》、《好买卖》、《残余的照片》、《巾帼剑》等。

东吴剧社所演剧照

东吴大学音乐团　东吴大学原有学生组织的弦乐队、军乐队、歌咏队以及国乐会、京剧部等。军乐队曾于1916年、1921年、1927年三次代表中国出席远东运动大会。“弦乐队屡次献技于外邑,亦人所赞许。国乐会名著姑苏。歌咏、京剧等亦屡应各团体之请,以表现团员服务之义。”在此基础上,施晶莹发起组织了“大规模、有系统之音乐会,名之为东吴大学音乐团”,将上述五部合而为一,另建为五部,团员达150余人,“团声蒸蒸日上”。[④]

① 《东吴年刊》,1919年。
② 参见陆涛:《东吴剧社初期大事记》(未刊稿)。
③ 《东吴年刊》,1920年。
④ 振德:《东吴大学音乐团小史》,《东吴年刊》,1929年。

音乐会

景倕会以研究音乐陶冶性情为宗旨，分丝竹、胡索、古乐及锣鼓四部。丝竹部研究箫、笛、弦子等，胡索部研究京胡及旧剧等，古乐部研究中国古乐，锣鼓部研究锣鼓。

美术会

摄影研究会

6. 同学会

同学会即校友会,在东吴大学的发展史上发挥过重要的作用。东吴大学校友会筹建于1912年。当时就认定"校友会包括东吴大学、博习书院和中西书院3所学校的学生"①。1913年,鉴于"历年以来离校同学服务社会各界者散处四方,踪迹几遍各行省,人数日众,自不可不有一种相当机关藉以联络情感",7月中旬,谢洪赉"联合各校先后离校同学发起同门会之组织,以增进同学幸福,推广母校事业为旨趣"。同学会设交谊科掌联络情感;设著述科掌刊行东吴;设荐恤科掌扶掖同门;设协进科掌募集捐款、奖励后进;另设庶务科掌杂务。

至1919年夏,胡贻谷等又提倡设立各地支会,拟集合各地支会重行改组中枢。各地支会即于是时先后成立。但因"当时对于各支会之应如何联合未有具体办法",以支会为单位改组中枢之议未能见之实行。

1924年秋,周泽甫等鉴于同门会事业因缺乏中枢渐有停顿之象,遂发起重行组织。与会校友七十余人公推尤符赤、金志仁、高践四、姚铁心、陆季清、张师竹、史襄哉七人为理事,会同主席周泽甫、书记王佩诤执行筹备事宜。会议并议决东吴大学同学会章程。

章程主要内容有:本会以联络同学感情、增进同学幸福、推广母校事业为宗旨;会员资格为:(1) 苏州博习书院毕业生;(2) 上海中西书院正预科毕业生;(3) 东吴大学各科毕业生;(4) 东吴系各中学毕业生或松江圣经学堂毕业生;(5) 凡曾在苏州博习书院、上海中西书院或苏州宫巷中西书院肄业者;(6) 凡曾在东吴大学东吴系各中学或松江圣经学堂肄业而已出校者。章程还规定:(7) 凡赞许本会宗旨而有心协助本会者经会员两人之介绍得为本会名誉会员。

东吴同门会美国支部

① Minutes of the Thirty-ninth Session China Annual Conference of Methodist Episcopal Church, South. 1912.

章程另规定：同学会设名誉会长若干人，由常会公推，执行部敦聘之；设会长、副会长、书记、会计各一人，庶务三人，均两年一任，由常会公选俱得连任，唯连任不得过两次以上。七人合成执行部本常会之决定执行会务。①

除上述社团外，学生中还有无锡、常州、吴江、湖州、宁波、两广、安徽等同乡会组织，同乡会的宗旨在于“联络乡谊、讨论学业”②。“我们并不因聚集几个同乡在一处谈笑吃喝，便算达到同乡会的宗旨。我们实要假借这个团体，联络同乡的感情，并互相切磋磨励，改去从前不良的习惯，增益我们的学问和道德。”③

安徽同乡会

## 第五节 东吴大学的学术成就

在孙乐文等人的倡导下，东吴大学早期即已形成重视学术的传统。刊物的涌现，著作的出版，构成了令人目不暇接的学术景观。

### 一、刊物

《回渊》载文称：“吾校刊物之由学生主其事者，有《雁来红》，有《学桴》，有《东吴》，有《新东吴》，有《东吴年刊》，有《法学季刊》，有《东吴法科年刊》，有《一九一五级之乙卯》，有《一九一七级之丁巳同级录》，有同学会委员会之《老少年》，有美洲同学会之 Old Soochow.”此外，还有生物材料处出版的中英文两种月刊。中文月刊即国内中学用的《中学

① 《同学会沿革》，《回渊》。
② 沈体兰：《吴江同乡会》，《东吴年刊》，1920 年。
③ 雪林：《安徽同乡会述略》，《回渊》。

生物学刊》；英文月刊即专为国内外大学用的 *B. S. S. Bulletin*（专载有关生物科学文字）①，按期出版，“其目的在沟通生物学教育界，登载各种关于生物学教育及技术文字，书评，标本交换，本处新出品，各种杂录，及介绍生物学书籍等”②。在这些刊物中，《雁来红》与《东吴月报》在中国大学学报史上占有重要的学术地位。

東吴大學法學院年刊

THE WOOLSACK

Volume V

1946

Published by the Woolsack Board
of the
Student Body
Soochow University Law School
(The Comparative Law School of China)
Shanghai, China

东吴大学法学院年刊

东吴大学在1903年创办了《雁来红》特刊。《雁来红》标明为“东吴大学堂杂志之一，Soochow University Annual，1903”，可译为《东吴年刊》。《雁来红》硬板纸底，灰色布质封面，有照片有文字。孙乐文校长在刊首写了《序言》，刊内所载《东吴大学堂记》详载学校创办经过与办学宗旨。可贵的是，《雁来红》还刊有学术论文十余篇，短小精悍，或讨论

① 《学校概况》，苏州大学档案馆藏档，3长26。

② 《生物材料处说略》，《文理学院一览》，民国二十五年，苏州大学档案馆藏档，3永30。

中外历史，或探究科学问题。此外，还有反映东吴大学校园生活的短文多篇，刊物篇幅虽小，但容量极大。作为东吴大学的“定期”出版学术刊物，《雁来红》实际上已具备大学学报的属性。可惜的是，《雁来红》只出了一期，未能成为真正定期出版的刊物。在某种意义上说，《雁来红》的出版为《东吴月报》的创办奠定了基础。《雁来红》于 1903 年创办，也足以说明东吴大学开办之初对学术研究和开展学术评论与交流的高度重视。

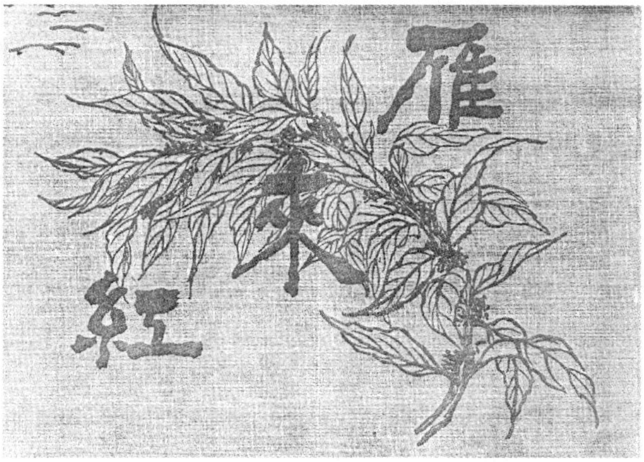


《雁来红》

奚伯绶

1906 年 6 月，东吴大学创办了《东吴月报》。孙乐文在年度报告中说：“《东吴月报》是一本月刊，由本校学生和教师共同编辑。创办该刊目的是向这片区域内众多对教学改革有兴趣的人宣传东吴大学的影响。《东吴月刊》非常畅销，订阅量稳步增长。有一人甚至订购了 100 份。”①《东吴月报》是我国高等学校最早的大学学报。该月报创刊号及以后几期题名为《学桴》，《学桴 · 发刊词》以“学桴”期许《东吴月报》能与国家、社会同为“过渡时代”天演之胜者，并在这一时代发挥自己的作用。②《东吴月报》后来又几易刊名如《东吴》、《东吴年报》、《东吴学报》、《东吴杂志》、《新东吴》、《东吴季刊》等。

学桴

① Minutes of the China Mission of Annual Conference of M. E. Church, South. 1906.

② 参见王国平、熊月之：《最早的中国大学学报——东吴学报创刊号 <学桴> 解读》，《苏州大学学报》，2006 年第 3 期。

## 二、著作

1926年，东吴大学举办了历史上一次最大规模的校庆活动，纪念与庆祝东吴大学创办25周年，并为此出版了纪念文集《回渊》。《回渊》所刊载的《二十五年来之东吴》如数家珍地列举了东吴大学创办以来至1926年所取得的学术成就，特别是东吴大学师生所撰写的著作，如：

黄摩西的《中国文学史》，潘慎文的《八线备旨》、《格物质学》、《代形合参》、《质学新编》、《微积学》、《基督证道论》、《基督教总论》、《传道金鉴》、《天演辨证》等。有谢鸿赉的《基督教与科学》、《共和基础》、《模范军人》、《基督教与中国自由精义》、《基督之精神》、《有神论》、《基督教与进化论》、《基督教科学》、《基督教与哲学》、《新教育探本》、《谈死而不死》、《唯物论之失败》、《基督教博爱主义》、《人生之真观念》、《求道筌言》、《基督之人格》、《释信仰》、《圣经锥指》、《圣德管窥》、《圣绩咫闻》、《后进楷模》、《道德之研究》、《观察力之养成法》、《公益讲话》、《学生会说》、《证道集》、《天国伟人》、《学生会约》、《讲书指要》、《免痨神方》、《卫生新义》、《读经论》、《天程双翼》、《晨更密祷论》、《信士日规》、《灵修约旨》、《定命新论》、《代祷论》、《祈祷发微》、《青年棒喝》、《原习修德》、《金缄成德》、《金锁匙》、《个人传道谈》、《经济论》、《学生卫生谈》、《完璞巽言》、《葆真法语》、《青春危机》、《义勇少年》、《最新地理教科书》、《最新理科教科书》、《瀛寰全志》、《平面几何学》、《立体几何学》、《代数学》、《三角术》、《化学》、《物理学》、《生理学》、《微积学》等。有胡贻谷的《现代思想中之基督教》、《非基督教平议》、《教会觉悟与非基督教运动》、《基督教与中国文化》、《科学与基督教信仰》、《神迹诠微》、《欧游经验谈》、《体育与人生》、《健康与卫生》。有刘湛恩的《公民教育运动计划》、《怎样做一个中华民国良好公民》、《公民测验表》、《职业指导实施法》、《择业自审表》、《青年会教育事业概要》。有赵紫宸的《基督教哲学》、《耶稣的人生哲学》等。有沈青来的《什麽是基督教》。有陆志韦的《渡河》。有徐雉的《雉的心》、《毁去的序文》等。有王佩诤的《宋平江城坊图考》。有王志稼的《公民生物学》。有史襄哉的《纪元通考》、《中华谚海》等。有谢颂羔的《宗教教育概论》、《理想中人》、How to Improve Your Style and Other Short Essays. The Confucian Civilization等。有吴献书的Elementary English Grammar and Composition等。①

以上所列举者决非东吴大学当时已经取得的学术成果的全部。例如，黄摩西还著有《小说小话》、《石陶梨烟室诗》、《摩西词》。祁天锡著有《益智读本》、《格致读本》、《生物学初恍》、《普通植物学教本》、《华东鸟类指南》等。胡经甫著有《襀翅目（叉襀属）之形态解剖及生活史研究》等。另有学生彭学海所著《失踪者的情书》、《她的日记》及所译《接吻的艺术》、《天才者的情书》；王佐才的诗集《蝉之曲》、《东方》等。

值得注意的是，上述不少作者及其成果具有极高的学术地位，产生了重大的影响。例如，黄摩西的《中国文学史》，钱仲联曾作这样的评介："黄人，原名振元，中岁改名人，慕韩、摩西其字，辛亥革命后，忧时发狂疾逝。吴梅称其于学无所不窥，凡经史、诗文、方技、

① 《二十五年来之东吴》，《回渊》。

音律、遁甲之属，辄能晓其大概，故其为文，操笔立就，不屑于绳尺，而光焰万丈，自不可遏云云……所著《中国文学史》，煌煌30巨册（常见之排印本为29册，苏大图书馆珍藏有后发现者一册），乃摩西在校为诸生讲授之讲义，随编随印，时间迫促，则同事金叔远助之勘对引书并助之书写，至宣统元年前后，大体完成，为我国巨型文学史著作之先驱。”①学术界还认为：“其编撰时间比林传甲《中国文学史》的出版年代（1910年）整整要早六年”，其重要部分（“节录正科第一年讲义”）曾在《学桴》上公开发表，“应属国人所著第一部本国文学史”。②

**黄摩西的《中国文学史》**

又如，谢洪赉所编译的《华英初阶》则是“中国最早的英语课本”之一。谢洪赉（1872—1916），浙江绍兴人，因家庭基督教背景，自幼入教。11岁入博习书院求学，1892年毕业，被潘慎文留作翻译。曾协助潘慎文翻译《八线备旨》等教材。1895年，谢洪赉随潘慎文至上海中西书院，任图书管理员，翌年任教授。《华英初阶》于1898年由商务印书馆编辑出版。“周作人在《知堂回想录》中就说过，他在南京水师学堂学英语的课本就是这种《华英初阶》，无独有偶，胡适童年学英语也是它。胡适在他的自传《四十自述》之《在上海》中，说他上梅溪学堂时‘英文班上用《华英初阶》’，《华英初阶》成就了近现代许多名人的英文。”③

① 钱仲联：《东吴之人文学术传统》，《苏州大学学报》，1999年第1期。
② 徐斯年：《黄摩西的＜中国文学史＞》，《鲁迅研究月刊》，2005年第2期。
③ 黄恽：《蠹痕散辑》，上海远东出版社2008年2月版，第79页。

# 第三章　转变与进展

## 第一节　时局转变与学校领导层的调整

1927—1929 年，东吴大学校董会顺应中国社会潮流，改任命中国人为校长，改选校董会，改向中国政府注册立案，完成了法理上由美国教会学校向中国私立学校的转变。这种转变是当时全国基督教会实行中国化改革的一部分，是 1927—1929 年间东吴大学领导机构最重要的工作，也是抗战以前东吴校史上最关键的转变。

### 一、非基运动

1922 年，世界基督教学生同盟在北京清华大学召开第十一届大会，中国社会反对基督教和反对帝国主义侵略的爱国情绪因之高昂。中国社会主义青年团机关刊物《先驱》出版了《非基督教专号》，中国学界成立非基督教学生同盟，由此启动了持续几年的非基运动。1925 年的五卅反帝爱国运动又进一步推动反对基督教的斗争。中国文化教育界在 1922—1926 年间连续发动了三次大规模的非基运动和收回教育权运动。这些运动的核心就是要收回对教会学校的主权，加强对教会学校的管理，取缔教会学校的宗教教育。这些要求具体集中在以下四点：(1) 教会学校校长须由中国人担任；(2) 教会学校校董会须由中国人主持；(3) 教会学校须废除强制性宗教教育；(4) 教会学校须向中国政府教育主管机关登记注册。

与此同时，教会也加紧了立案问题的研究。1925 年 4 月，中华基督教教育会董事会表示“基督教学校应即速向地方政府或中央政府注册立案”。

1925 年 11 月 16 日，北洋政府教育部发布《外人捐资设立学校请求认可办法》，再次规定外国人在华开办教育机构应向中国政府登记注册。

东吴大学领导层及时对此作出了反应。文乃史校长在报告中说：“在过去的一年中，全国的基督教教育者一直在关注宗教教育及参加宗教仪式的有关的问题。这个问题迫使我们从两个角度来关注问题的本身。第一，所有的教会学校受到反基督教领导的攻击，他们认为外国控制下的教会学校会使学生反国民化。第二，由学生和赞助人提出的问题，学生从教会学校毕业后将被剥夺公民权因为学校没有在中国注册。为了获得注册，宗教学习和参加宗教活动必须是自愿的。

除了上面提到的问题外，基督教教育者自己也面临着废除宗教必修课、参加礼拜仪式与基督教特征的发展之间的关系问题。许多基督教领导人，特别是教成年学生的至少大学生的基督教领导人表达了他们的担忧，最好的结果就是让学生自由选择。当所有的学生被要求学习同一课程,都参加礼拜仪式,个人责任感就没有了,发展特定的宗教特征也就失去了。在春季学期,召开了许多基督教教育者的会议来讨论这样那样的问题。虽然对最好的政策有不同的观点,但大多数中国领导人还是赞成在大学生当中采取自愿选择的方式。

因此,我们决定从秋季学期开始,尝试这样的实验,就参加礼拜仪式而言,让大学生完全有自由去选择。大学一年级和二年级学生在宗教方面有两门必修课,其他宗教课作为选修课对所有学生开放。宗教选修课的学生注册是非常令人满意的,自愿学习宗教的兴趣也大大的提高了。星期天参加教堂礼拜和星期二星期四的小礼拜也是自愿参加。所有的学生必须参加星期一,星期三和星期五的晨会,在晨会上有各种各样对大学生来说很重要的讲座其中也包括宗教。"①



### 二、赵紫宸出任教务长

东吴大学领导者本来就希望能使学校中国化,一贯注意协调与中国政府、地方社会的关系,为自身的生存和发展创造良好的社会环境。五四以后,东吴大学也和其他教会学校一同感受到了中国时局的压力,更主动寻求应对之策。1922 年,文乃史校长在北京会晤在中国外交部任职的东吴 1909 届毕业生杨永清,邀请杨永清回东吴工作,并举荐其为副校长。杨永清此时公务繁重,难以脱身,没有同意。不久,学校任命神学教授赵紫宸为教务长。赵紫宸(1888—1979),浙江德清人,1907 年受洗入教。1914 年从东吴大学毕业,赴美留学,1917 年获田纳西州范德比尔特大学社会学硕士与神学士学位,回东吴大学任教授。赵紫宸成为进入东吴大学领导层的第一位中国人。② 教务长的职权有:规定科目,指导学生选课,并主持大学教职员例会,一切教育方针及教育问题,均在此会上仔细讨论。

赵紫宸

### 三、江长川等成为东吴校史上第一批中国校董

1923 年,东吴大学决定改组校董会,改变大学的管理方式,以应付困境。这一年,设立了校政部。据校长报告,"校内所有事务的最终决断权在校政部,它由大学校长、大学教务长、中学校长、校监及校董会选举的 3 位教授共同组成。凡东吴大学和第一中学教职员所提议的事,须经校政部研究与通过,方可实行。该组织至今仍处于试验阶段,但其

① Minutes of the forty Session China Annual Conference of Methodist Episcopal Church, South. 1925.

② Xiaoguang Xu, A Southern Methodist Mission to China: Soochow University, 1901—1939, P. 164.

胡贻谷

有望满足近期我们日益增长的需求,远胜于一年前我们的单独校务部。”[①]1924年,东吴大学校董会实现初步改组。东吴校友、监理会著名牧师江长川和中央银行秘书胡贻谷等进入校董会,成为东吴校史上第一批中国校董。[②]

东吴大学法科在1924年向北洋政府教育部呈请立案,1925年获正式批准。[③] 1926年开学后,大学首先废除了宗教必修课,将其改为选修,礼拜仪式也改由学生自愿参加。[④] 在教会大学向中国化的改革中,东吴大学走在了全国同类学校的前列。

**四、潘慎明代理校长**

潘慎明

1926年,国民革命军由广东出发,挥师北上,开始了轰轰烈烈的北伐战争。这场战争鼓舞了全国人民反帝反封建的爱国热情,各地群众和文化教育团体要求改组基督教会,改变教会学校性质的呼声越发高涨。教会学校的学生也加入爱国的洪流,要求改组学校,加强中国人管理学校的权力。在社会和学生的内外夹攻下,教会学校加速进行中国化改革已是势在必行了。这年冬季,法科教务长刘伯穆率先提出,鉴于目下时势,该校行政事宜应及早委诸中国人士办理。虽然他还有两年多任期,但还是向校董会呈请辞职,并请求物色中国人继任,将法科校务交由中国人管理。[⑤]

1927年1月,北伐军攻克武汉,建立武汉国民政府,接着大军顺江东下,旌旗直指宁沪。

3月1日,文乃史校长在校董会议上主动辞职并要求赶快选举中国人继任,新校长上任前仍由他任代理校长。新的中国校长人选尚未定夺,时局就发生急剧转变。3月24日,北伐军进据南京城,进城之际,城内发生劫掠、骚扰,金陵大学美籍副校长文怀恩(John E. Williams)被杀。停泊在长江的英国军舰开炮猛轰南京城,造成震惊中外的南京事件。消息传出,在华外国人顿感紧张。文乃史和东吴的其他美国教师在3月30日应美国驻沪领事的要求,全部撤往上海。这是东吴自办以来,美籍教职员第一次全体离校。

自24日南京事件后,因为局势不稳,学校的工作已经逐渐由中国教职员工承担。30

① Minutes of the Thirty-eighth Session China Annual Conference of Methodist Episcopal Church, South. 1923.

② Minutes of the Thirty-ninth Session China Annual Conference of Methodist Episcopal Church, South. 1924.

③ 《东吴大学法学院概况及大事记》,《东吴年刊》,1930年。

④ Minutes of the Forty-first Session China Annual Conference of Methodist Episcopal Church, South. 1926.

⑤ Minutes of the Forty-second Session China Annual Conference of Methodist Episcopal Church, South. 1927.

日，美国教师撤离后，校董会紧急推荐教务长潘慎明教授为代理校长，所有校务也完全交给中国教职员工组成的校政部。“所有西国教授担任之课程，或由在校中国教授担任，或向校外聘人代理，一日间已将各科课程配定，照常上课。”

校方又召开全体学生大会，潘慎明代理校长、刘荔生、凌景埏教授等先后发言，“略谓今日东吴，处此时期，所有在校学生均应以为己任，具百折不回之志，与校政部合作，必使学校得立于巩固之地位”。“于是，学生精神大振，一致协力与学校维持秩序，无丝毫涣散气象，前途甚可乐观。”①

钮永建

与此同时，自3月下旬至4月上旬，为因应局势的急剧变化，东吴大学董事会又“一致推选钮永建为继任校长”。② 据《申报》4月9日报道：“校政部方面已派代表史襄哉、张宝林与学生代表陈冽、刘荔生来沪，与钮氏面洽一切。结果，钮氏允先任该校国文教授。该校师生甚愿钮氏能长该校，现仍在接洽中。”③

钮永建(1870—1965)，字惕生，近代资产阶级革命家。1905年加入中国同盟会。辛亥革命时任松江军政府都督。1912年任南京临时政府参谋次长，代行总长职务。北伐战争开始后，被派为驻沪特派员，策动上海革命。东吴大学即于此时与钮永建接洽。旋因南京国民政府成立，钮永建任国民政府秘书长兼江苏省主席，东吴大学校长之议无果而终。

在这段时间里，文理科正名为文理学院，法科正名为法学院。

## 五、吴经熊执掌法学院

法学院因为远在上海，实际上已经成为东吴教育体系中的独立实体，许多工作，包括向政府立案之事都独立进行。教务长刘伯穆已于1926年冬季提出辞职。1927年3月16日，校董会“议决、聘任华人吴经熊法学博士为该院院长、又聘盛振为法学博士为教务长”④。吴经熊(1899—1986)，浙江鄞县人，曾先后在上海沪江大学、天津北洋大学法律预科读书。1917年8月入学就读于东吴大学法科，1920年6月1日毕业，获法学学士学位，同年留学美国，1921年，获密歇根大学法律博士学位。由于学业优秀，毕业时获公费访学机会，曾游学于法国巴黎大学、德国柏林大学等名校。1924年春回国，任东吴大学法科教授。盛振为(1900—1997)，1921年东吴大学文学士，1924年东吴大学法科毕业。后留学美国，在美国师从西北大学法学院院长威格摩尔(Wigmore, John Henry, 1863—1943)，获西北大学博士学位。遵照校董会决议，1927年4月1日刘伯穆正式离职。吴经

① 《东吴大学之革新情形》，《申报》，1927年4月9日。
② 《钮永建当选东吴大学校长》，《申报》，1927年3月29日。
③ 《东吴大学之革新情形》，《申报》，1927年4月9日。
④ 《东吴法科改为东吴法学院》，《申报》，1927年3月26日。

熊执掌法学院,开了中国人正式担任东吴系统中独立院校院长(校长)的先河,成了此后东吴深入改革的先声。

吴经熊

盛振为

### 六、杨永清出任校长

1927 年 6 月,东吴大学撤至上海的外国教职员在沪上召开会议,讨论和确定了东吴大学的改组计划。在此期间,校长文乃史推荐杨永清为首任华籍校长人选。

杨永清

杨永清(1891—1956),字惠庆,浙江镇海人。杨氏全家都是监理会信徒,父杨维翰是柏乐文的学生。1909 年,杨永清从东吴大学毕业,“毕业后掌教两年。旋考取清华派送游美,入华盛顿大学及密歇根大学,得法学学士及文学硕士学位。”①杨永清社会活动能力强,有外交才干。1917 年,杨永清任留美中国学生会会长,并兼该会月报主笔。1919 年,调任中国驻英公使随员。1919 年冬,国际联盟在日内瓦开会,杨永清为中国代表团秘书。1921—1922 年,杨永清任华盛顿国际会议中国代表顾维钧等人的秘书。1922 年至 1923 年,任外交部全国财政讨论会秘书。1924 年至 1927 年,任外交部全国财政管理委员会秘书兼调查股主任。

1927 年 8 月 30 日,校董会在上海昆山路景林堂举行第四次临时会,江长川等 6 人与

① 小青:《本校华校长就职记》,《东吴年刊》,1929 年。

会。会上，“提名委员会提出杨永清先生为新任校长兼文理学院院长，临时表决一致通过”。由于临时会出席人数不足法定人数，须由缺席校董补行书面投票。10 月 3 日，校董会执行委员会又在景林堂举行临时会议，因已有沈体兰等 5 人书面投票赞成，“所得票额合计与定章相符”，校董会正式决议杨永清任东吴大学校长。①

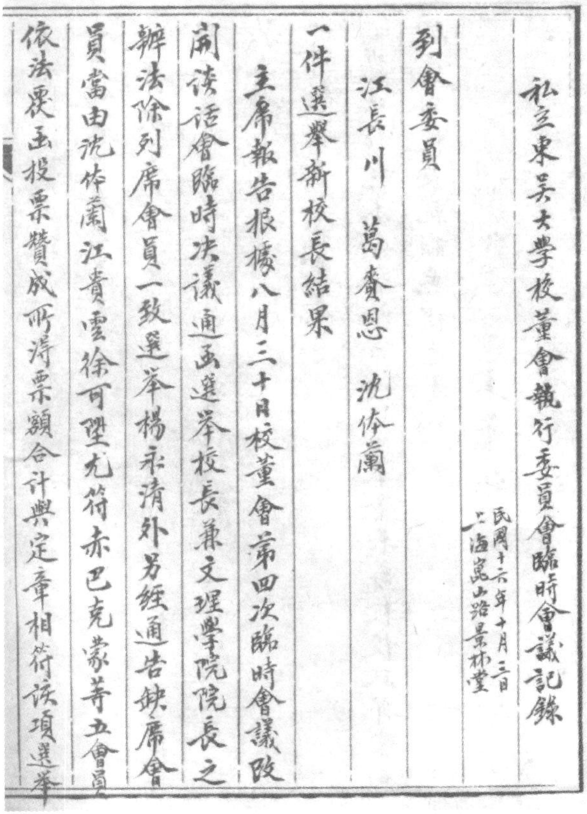
私立東吳大學校董會執行委員會臨時會議記錄
民國十六年十月三日 上海崑山路景林堂
到會委員
江長川 葛賚恩 沈体蘭
一件選舉新校長結果
主席報告根據八月三十日校董會第四次臨時會議改
開該會臨時決議通函選舉校長兼文理學院長之
辦法除列席會員一致選舉楊永清外另經通告缺席會
員當由沈体蘭江貴雲徐可墨尤符赤巴克蒙菁五會員
依法覆函投票贊成所得票額合計與定章相符該項選舉

《私立东吴大学校董会执行委员会临时会议记录》

1927 年 10 月 28 日，全体师生热烈集会，欢迎新当选的杨永清校长到校履新。12 月 3 日，学校举行新校长就职典礼，杨永清正式成为东吴大学第一任中国籍校长。东吴大学由此完成了向中国校长领导的过渡，“华东教会大学，由国人长校，此为创举”②，“实开全国基督教大学校之新纪元”③。

在新成立的校行政机构中，东吴大学设立了“西顾问”职位。按《私立东吴大学校董会与创办人订立规约草案》规定，校董会应选任西教员中一人为西顾问，并征求创办人之追认。西顾问的职责主要为襄助校长处理西教员个人问题；充当校董会与创办人之间的

① 《私立东吴大学校董会第四次临时会记录》、《私立东吴大学校董会执行委员会临时会议记录》，苏州大学档案馆藏档，3 永 10。

② 《中华基督教卫理公会年议会简史》，上海中华基督教卫理公会，1937 年，第 22 页。

③ 《中华监理公会年议会五十周年纪念刊》，民国二十四年十月，第 32 页。

联络机关。《校董会章程》则规定，西顾问之职责为筹措国外经费及西教授之给养问题。西顾问列席校董会会议，为“额外会员”，“有发言权，无表决权”①。校董会推选文乃史为“西顾问”，从1927年到1949年，文乃史长期任西顾问，成为东吴大学历史上唯一的西顾问。由于文乃史在东吴大学长期的影响，以及与杨永清的师生关系，文乃史得以参加学校重要的讨论与决策，校董会还准予委任文乃史为校政部委员。西顾问的设立，使监理会保持了对东吴大学校政的影响。

杨永清临校时与众教师合影

## 第二节　在中国政府立案

1927年12月20日，国民政府颁布《私立大学及专门学校立案条例》。1928年2月6日，国民政府大学院又颁布《私立学校条例》。这两份文件的核心是：第一，私立学校的校长必须是中国人；第二，私立学校校董会董事长和半数以上成员必须是中国人；第三，私立学校不得设置宗教必修课，亦不得强迫学生接受宗教宣传；第四，私立学校校董会和私立学校必须分别向中国政府教育主管机关注册立案，且校董会的立案必须在学校之前进行。这四点中前三点更是达到第四点的前提条件。这四点要求反映了当时中国政府关于在中国开办私立大学，包括教会开办大学的基本政策，也是衡量教会大学是否实现中国化转变的明确标志。

### 一、校董会改组

至1927年底，东吴大学已经完成了改任中国籍校长和废除宗教必修课的工作，要向中国政府注册立案，只需完成改组校董会的工作。

---

① 《私立东吴大学校董会纪录(第一册)》，苏州大学档案馆藏档，3 永 10。

为了应对中国民族主义的浪潮，东吴大学在1923年就开始考虑改组校董会。1924年，江长川等中国人进入了校董会，成为东吴大学的第一批中国籍校董。

后来，陆续又有一些中国人进入东吴校董会。1927年南京事件后，校董会更加抓紧考虑改组事宜。1927年秋，东吴校董会按照国民政府的要求进行改组。改组后的东吴校董会的组成人员分别是：江长川、葛赉恩、沈体兰、鲍乃德、胡贻谷、钮惕生、蒋保厘、李登辉、安迪生、江贵云、徐可升、尤敦信、巴克蒙、麦玲雪、步惠廉。其中美籍校董6人。

蒋保厘

李登辉

为了符合在中国政府立案的规定，东吴大学拟定了新的《校董会章程》。《校董会章程》规定：本会定名为"私立东吴大学校董会"，事务所设于上海。校董会会员额定十五人，以西教士三人，同学六人，其他六人组织之。校董会员中须多数为本国人。校内教职员或学生不得充任校董会员。"校董会设会长一人，副会长一人……校董会会长须为本国人。"这些规定使新的校董会符合国民政府的立案要求。

为了在立案后继续保持教会大学特色，继续服务于基督教事业，《校董会章程》明确规定校董会的目的是"就华东区域内，以基督教精神经营私立东吴大学，实施高等教育，促进社会福利，及公民训练，并依创办人设学本旨造就健全之人格。"章程并规定："会员全体须为基督信徒，其中半数以上须为监理宗信徒。"①

美国监理会最终表示同意东吴大学进行改组。

1929年，校董会又继续进行改组，成员如下：安迪生、葛赉恩、霍约翰、沈体兰、江长川、胡贻谷、周承恩、尤敦信、黄仁霖、李登辉、鲍乃德、钮永建、卫渤、贝祖贻、殷罗德。江长川为会长。校董会中美籍校董为5人；中国籍校董为10人，占了整个校董会人数的三分之二。② 这种构成已完全符合南京国民政府关于私立学校校董会立案的规定，东吴大学校董会遂于1929年6月先行立案。

---

① 《教育季刊》，第4卷，第2期，第18—20页。

② 《东吴年刊》，1929年。

## 二、中文校训

东吴大学早期只有英文校训:“Unto a full grown man”,语出《圣经新约》以弗所书第四章十三节,《圣经》中原意为“得成人”。作为东吴大学的校训,“Unto a full grown man”被赋予“造就完美的人格”[①]的寓意。

1928 年 2 月,国民政府派专员到东吴大学考查立案工作,同意东吴大学继续使用“为社会造就完人”的校训。东吴大学英文校训得以继续保留。

1929 年 3 月 31 日下午校政部“通过第六十议案,议决接受杨校长奉献本校之中文校训‘养天地正气,法古今完人’”[②]。自此,东吴大学有了中文校训。

此外,东吴大学又有了新的校旗、校歌和徽标。

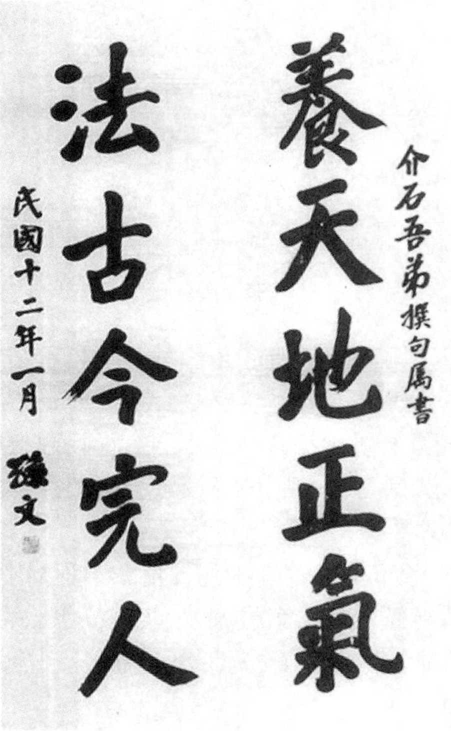


孙中山墨迹

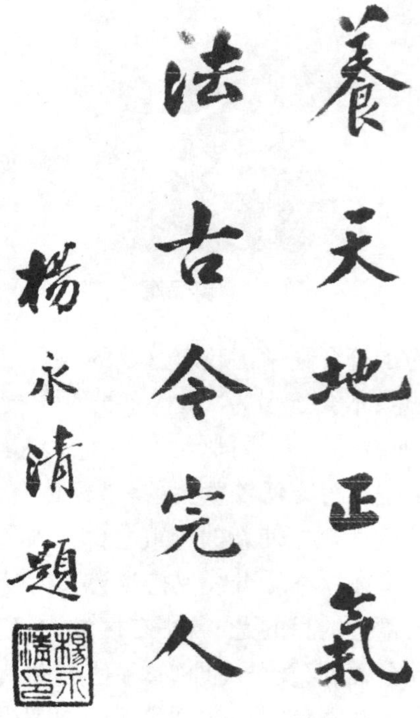


杨永清题词的校训

---

① 《校史概略》,《东吴大学实录》,苏州大学档案馆藏档,3 永 150。

② 《1929 年 3 月 31 日下午 4 时会议记录》,苏州市档案馆藏档,J1 - 1,21 卷。

校 旗

徽 标

校 歌

Alma Mater

2. *Cherished by thy sons forever*
*Memories sweet shall throng*
*Round our hearts, — Oh Alma Mater*
*As we sing our song.*

皇皇母校共被光榮
乘我羽毛豐
同門兄弟暮雲春樹
記取古吳東　　　副歌同上

3. We will ever fondly love her
Live to spread her fame
Strive to make our lives add luster
To her glorious name.

天涯昆弟一旦相逢
話舊依鄉同
相期努力敬教勸學
分校遍西東　　　副歌同上

校 歌

### 三、注册立案

1929 年 7 月，教育部正式发文，批准东吴法学院立案注册。① 法学院成为东吴教育体系中首先在中国政府注册立案的院校。据 7 月 29 日《教育部训令第九八〇号（私立东吴大学立案由）》称："为令饬事：前据该大学呈送私立东吴大学立案呈册，请准立案。当经派员前往视察，兹据该员等等呈报视察情形，核与私立大学及专门学校立案条例第三第四两条，尚无不合，应即准予立案。"教育部训令并向东吴大学提出不少整改要求，诸如：高级仪器尚待补充，"经济学系教授讲解全用英语，对于本国经济实况颇少提及"，"教育学系学生并不注重实习"，各学科涉及宗教基督教课程"均应改为选修"等等。② 另据东吴大学校长室致法学院教务处函称："本校立案系由中央大学转呈……本校立案系十八年八月。"③国民政府教育部正式批准东吴大学在国民政府教育部注册立案。④ 至此，东吴大学自 1927 年 3 月以来改任中国籍校长、改组校董会、增加中国籍校董和向中国政府注册立案的一系列工作已经结束。东吴大学的发展进入了一个新的历史时期。

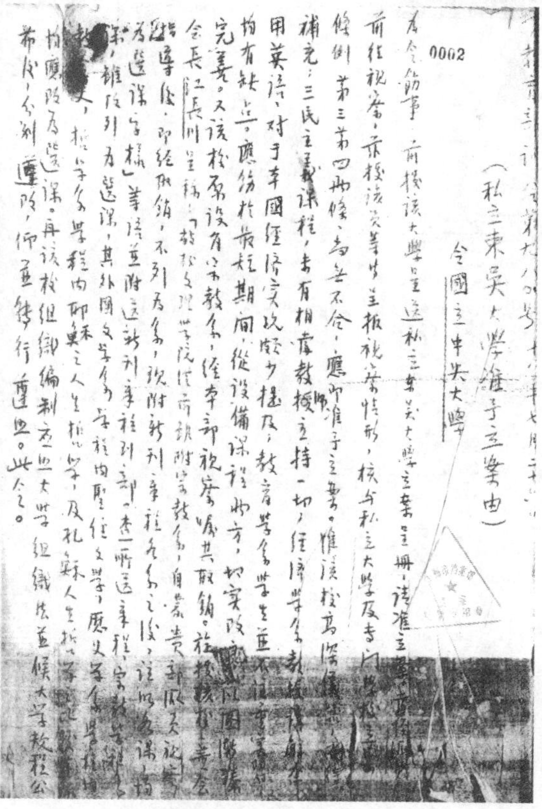
0002
（私立東吳大學准予立案由）
令國立中央大學
為令飭事：前據該大學呈送私立東吳大學立案呈冊，請准立案……
前往視察，茲據該員等呈報視察情形，核與私立大學及專門學……
條例第三第四兩條，尚無不合，應即准予立案。……

立案文献

① 《东吴年刊》，1930 年。

② 《教育部训令第九八〇号（私立东吴大学立案由）十八年七月二十六日》，上海市档案馆藏档。

③ 《苏州校本部抄送 1929 年教育部核准立案的训令》，上海市档案馆藏档。

④ 国民政府教育部编：《第一次中国教育年鉴 · 丙编 · 教育概况》，开明书店 1934 年版，第 1 页。

东吴大学印

校门(外侧)



## 第三节 更上层楼

杨永清校长就任后,鼎新校政,推进男女同校,筹集资金,扩大基本建设,推进教学改革,取得了可观的成果,东吴大学继续发展,达到了空前未有的水平,在全国产生了良好的影响,占据了前沿的地位。

### 一、推进男女同校

1920 年,东吴大学破天荒地招收了 4 个女生入学。其中,江贵云后来成为景海女子师范学校的校长。还有葛美丽(Cline, Mary),她是东吴大学原校长葛赉恩的女儿。江贵云、葛美丽等女士的入学,在东吴掀起了一阵波澜,成为东吴大学实行男女同校之开端。① 不过,当时社会风气还不够开放,欲实行常规的男女同校制还存在不少困难。1921 年 6 月,东吴大学两大历史悠久的辩论社——丽泽社和竞智社进行辩论大赛,辩题就是“今日东吴大学能否实行男女同校制”,结果反方丽泽队获胜。舆论界当即据此评论:“照这样看来,东吴男女同校制还不到实行的时期哩。”②

江贵云

葛美丽

1927 年后,女子受教育以及男女同校的呼声越来越高。1928 年,因为当年恰好有一幢教师住宅空出,根据杨永清的提议,东吴开始公开招收女生,实行男女同校制。因住宿房间有限,当年限定招生 15—20 名,结果有 30 名女生入学。1929 年, 原妇孺医院的一幢

女生宿舍

① 《东吴学报》,第 2 卷,第 3 期,1921 年 3 月。
② 《东吴学报》,第 3 卷,第 1 期,1921 年 9 月。

杨　绛

大楼改归东吴所有，并经苏州地方当局允许，改变道路，纳入了东吴校园。这座大楼成为女生宿舍。这一年，原计划招收50名女生，结果有64名女生入学。为了满足不断增长的需要，1935年，又改造女生宿舍的阁楼，增加了住宿房间。1936年，学校更拆掉这幢女生宿舍，就地建造了一幢四层楼的崭新的女生宿舍。至此，东吴大学已可安置200—230名女生住宿。①

《教育季刊》在1930年评价东吴大学"实行男女同学，未及三年，而有此成绩，亦一满意事也"②。大多数女生选择经济、生物、教育、法律以及会计专业。除学好本专业外，女生在学生社团活动以及学校、社会的其他活动中也很活跃，充当了积极而重要的角色。男女同校，女子教育获得长足进步，这是东吴大学在1927年后与1927年前的显著不同，也是中国大学和教育界在1927年后的一项重要成绩。

东吴大学女生

东吴大学女生

① Memorandum on Co-education in Soochow University，耶鲁大学神学院图书馆藏档。

② 《教育季刊》，第6卷，第4期，第100页。

东吴大学女生 1937

## 二、筹集资金和扩大基本建设

东吴的办学资金主要依赖于两项固定收入:一项是每年的学费,这是学校最主要的资金来源;另一项是监理会每年给学校的拨款。除此之外,学校就需要广开财路,多方筹募。

1. 教会津贴的继续

东吴大学在中国政府立案后,文乃史在差会与校董会规约草案中建议:母会应该继续资助东吴大学,认为继续资助的目的是预防其他外界非教会势力渗透学校。① 在向中国政府注册立案后,东吴大学继续得到教会的津贴。例如:1930 年,西教会补助6 000 元;1931 年,创办人捐款 3 550 美元、特别捐款(请创办人捐助)3 000 美金;1933 年,设立人补助 8 000 元;1934 年,创办人补助 7 000 元。从总体上看,教会津贴在学校收入部分中所占份额已经很少,如 1934 年学校总收入为 176 060 元,创办人补助金是 7 000 元,只占总收入的 3.9% 左右。

2. 教育部的资助

向中国政府注册后,学校得到了中国教育部的补助金,如 1934 年学校得到了教育部 10 000 元的资助。

李维格

3. 捐赠

杨永清执掌校政后,学校在这方面也很有收获。仅以 1934 年为例,学校除固定的两份收入外,还有几份捐款。

(1) 李维格先生捐款。"李维格先生鉴于中国科学尚属幼稚,为提倡及促进科学教育起见,委托其合法承继人李中庸及李中道博士,将上海房屋四

① Xiaoguang Xu:A Southern Methodist Mission to China Soochow University,1901—1939,PP. 161—162。

所拨交特组之补助及奖励科学基金委员会保管，每年收入自民国廿一年一月起拨交本大学专供提倡研究应用化学应用物理及生物学之用。”是为李维格补助及奖励科学基金。（李维格先生以其上海环龙路房产收入每年4 000两捐助学校）。

（2）玉麟化学贷金。张玉麟系圣约翰大学化学科1922届毕业生，赴美留学，获化学硕士，回国后，曾任五洲药厂化学技师，并自组四达化学社，于化学制造业颇有成就。不料，1927年12月，张玉麟忽染肝疾，不治而逝，年仅27岁。张蟾芬为纪念其子，以其子经营之遗款捐赠教育界，并在东吴大学设立玉麟化学贷金4 000元作为化学基金，资助有志研习化学之学生。

（3）张尔馨化学奖学金。张尔馨“于1923年毕业于东吴大学，得理学士学位。瘁于学业，赍志以殁。友朋戚事体其遗意，集奖学金以资奖励有志研究化学者”。基金总额国币1 000元。①

至1939年，又增加了以下几份奖学金：

（1）杨氏纪念贷金。由校友杨宝林（Yang Pao-ling）捐赠4 000元设立，以纪念他的父亲（监理会早期教徒）。

（2）司马德纪念奖学金。由司马德母亲捐赠1 000美金设立，以纪念为东吴大学奉献一生的司马德教授。

（3）黄嵇朱国文奖学金。由校友捐赠2 000元设立，奖励中国文学研究，以纪念黄嵇、朱国文先生。

（4）艾迪克斯纪念奖学金。由美国得克萨斯州艾迪克斯夫人（Mrs. Addicks）捐赠1 000美金设立，奖励贫困学生。

（5）沈长庚奖学金。由上海实业家沈长庚捐赠12 000元设立，奖励贫困学生。这是东吴大学当时收到的一笔最大数额的捐赠。

（6）裘可桴奖学金。由无锡名人裘可桴捐赠1 000元设立。裘可桴的三个儿子都是东吴大学的校友。

（7）钱长朴纪念奖学金。由钱长朴的母亲与家属捐赠1 500元设立，资助中学贫困生，特别是惠寒小学贫困生。

（8）清寒奖学金。由东吴大学校友与友人捐赠4 000元设立，资助大学与中学的贫困生。

（9）杨维翰纪念奖学金。由校长杨永清捐赠1 000元设立，以纪念他的父亲杨维翰。杨维翰毕业于博习医院，后曾在松江圣经学校教授《圣经》等课。

（10）范子美纪念奖学金。由东吴大学校友范氏兄弟（C. K. Fan, H. C. Fan）捐赠1 000元设立，以纪念他们的父亲范子美。

此外，还有周元恺纪念奖学金、徐汪夫人纪念奖学金与李咏和纪念奖学金等。

4. 校园建设

1927—1937年间，东吴大学建成不少新校舍，改建了校园内的一些建筑设施。除了

① 《东吴校刊》，民国二十三年，苏州大学档案馆藏档，3永21。

林堂、孙堂等大楼外,学校的一些主要建筑几乎都在这一阶段建成或动工。这些基本建设主要包括宿舍、体育馆、游泳池等,形成了东吴校园的基本格局,成为学校发展壮大的坚实基础。

新女生宿舍

子实堂

子实堂　1930 年春,男生宿舍楼开工建设,当年落成。自 1930 年秋季开始使用,名曰子实堂,以纪念曹子实。

维格堂　李维格先生早年就学于上海中西书院,后留学英国,回国后曾参与维新运动。历任江南制造局提调、汉阳铁厂总办、汉冶萍公司协理、汉冶萍公司总理等职,是我国近代钢铁工业史上著名的实业家,一生重视科技教育。1929 年,李维格所设奖学基金的一部分被用于建筑校舍,即维格堂。1932 年 10 月 4 日,举行维格堂揭幕典礼。“乃由杨校长报告李维格先生热忱赞助本校及建筑斯堂之经过。次由李维格先生之公子本校校董李中道博士致辞。李维格夫人亲自授钥。由本校董事长江长川博士受领。并致谢辞。老同学吴县建设局局长钱境人先生代表同学会致辞。末由甘保罗会督祝福。”①李维格之子李中道后在上海从事律师业,是东吴大学 20 世纪 30 年代著名校董之一。

维格堂

① 《老少年》,民国二十一年十月。

教员住宅　学校不仅为了扩大招生而添造学生宿舍，而且也注意改善教员的生活待遇。学校原有教师住宅数处，1927 年后，随着学校的逐渐发展壮大，原有住宅已不敷使用。1933 年，学校又建成教员住宅三大所，可以供给 8 户住用。

司马德体育馆

司马德体育馆和游泳池　1929 年，学校拟就了建造体育馆（健身房）计划。当年预计建造体育馆经费尚短缺近 2 万元，学校多方竭力筹募，并将体育馆命名为司马德体育馆，以纪念美籍教师司马德在东吴力倡体育的功勋。① 1934 年 11 月 17 日，学校在募得部分资金后动工兴建新式体育馆，同时建筑第二幢女生宿舍。建筑开工后，发现资金缺口较大。校方决定在校内外发动募捐，筹集款项。杨永清校长为此专门题写一份“人人尽力，个个有份”的题词，以为倡导。为了母校建设，东吴大学同学积极响应校方的号召，不仅自己踊跃捐款，而且行动起来，走上街头，广泛宣传，扩大影响。学校很具影响的学生刊物《老少年》为此出版“兴建体育馆募捐专号”。学校也成立了“兴建体育馆募捐委员会”，在校园内外发起了一场颇具声势的新建设运动。经过学校的努力，苏沪两地不少民众对东吴大学的新发展也深表关切，慷慨解囊相助，如苏州苏纶纱厂厂长严裕棠捐款 3 000 元、上海实业巨子沈长赓捐款 1 000 元、海上周新德堂主人捐款 2 000 元②，共计 17 000 元左右。③

在校园内外各界人士的共同襄助下，三年之间，新体育馆和女生宿舍楼终于完工。1937 年 4 月 24 日，是东吴大学喜庆的日子。这一天，校园内嘉宾云集，车水马龙，热闹非凡。全校师生、四方宾客都来庆贺东吴大学的四大成就——新体育馆启用、新女生宿舍启用、新一届科学展览会开幕和生物系成立全国唯一的淡水生物研究所。

① Minutes of the Forty-fourth Session China Annual Conference of Methodist Episcopal Church, South. 1929.

② 《私立东吴大学新建体育馆捐款人征信录》，苏州大学档案馆藏档，3 永 24。

③ 《募捐成绩》，《老少年》，民国二十四年六月。

大学募捐队

中学募捐队

游泳池　游泳池建于体育馆后方。文理学院1930届毕业生捐赠了一个跳台,作为送给母校的毕业纪念。这一泳池为当时苏州地区所仅有,亦是中国“东南各池之冠”。该

司马德游泳池

泳池也以司马德命名，称为司马德游泳池。

石岩花园和仁寿亭　葛赉恩、文乃史两位前校长和英文教授白约瑟都是创建东吴大学的元老，在东吴服务数十年，殚精竭虑，对东吴大学的发展壮大多所贡献。1928 年，恰逢三人皆六十华诞，学校为他们举行了中国典型的寿辰庆典。寿堂中披红挂彩，红烛高烧，三位先生接受师生亲友们的祝贺。东吴同学还特地建筑石岩花园，为喜庆留下一份永久的纪念。该园建于学校运动场之东隅，“地虽不广，幽雅宜人”。1929 年 4 月 5 日，学校举行花园奉献礼，从此，校园又添一景。

1948 年，白约瑟已回美国。学校为葛赉恩、文乃史庆贺八十寿辰，“以示尊敬师道，校方为纪念二公，特于校场东北部兴建纪念亭一座，名曰‘仁寿亭’，以垂永久”。以仁寿名亭，寓义为葛赉恩、文乃史二人祝寿。

1935 年，潘慎明曾经撰文说：“在这几年中，新添的建筑物有：女生宿舍（民十八落成），子实堂（民十九落成），游泳池（民十九落成），维格堂（民二十落成）等。追溯吾校已往历史，这几年要算是吾校物质建设进步最快的时代。”①

石岩花园与仁寿亭

据《东吴校刊》（中华民国二十四年七月）介绍，至 1935 年，东吴大学办学条件已有极大改善。据称：

本校课室计有大厦三宅，为林堂、孙堂、葛堂。林堂为办公厅，孙堂为教室及图书馆，葛堂为科学馆，专备教授生物、物理、化学之用。

本校对于生物、物理及化学各科皆注重实验，故除应用之一切新式仪器外，备有显微镜三十具、标本数千种，专为学生实验之用。

本校图书馆……历年购置或由各界人士捐助中西文书籍七万余册、中西文日报数十种、中西文杂志三百余种。

本校有足球场二、网球场六、篮球场三，以及关于田径赛之种种设备。校场中设有铁杠云梯等。体育馆一所，可为篮球、队球、室内垒球等运动，并有平行杠、铁环等。国术部备有中国武器多种。

学生宿舍除原有之宿舍外，新建子实堂一所，以钢骨水泥筑成，高凡四层。

本校备大膳堂一所，膳堂及厨房各处门窗均装铅纱，一应布置保持清洁。

本校特建男女浴室及雨淋浴室……冬令并于浴室中备火炉取暖。

---

① 潘慎明：《物质建设中的精神建设》，《老少年》，民国二十四年六月。

本校有自凿之自流井两口，为供给饮料及游泳池之用……电灯亦系本校自备机器，光力充足……。

全校占地一百余亩……东沿城河，列树成荫，名花嘉卉遍布全校，四时不绝。①

至1937年上半年，东吴各项主体建筑皆已完工，布局基本定型。中西合璧、典雅精致的东吴景致，充溢着浓郁的书卷气，呈现着勃勃生机，美不胜收，令人流连忘返。

校园鸟瞰图

校景1

校景2

## 三、教学改革与成果

提高教学质量，增强学校毕业生在社会上的竞争能力是学校发展的关键。为此，1927—1937年期间，东吴大学在教学方面又采取多项措施。

① 《设备述略》，《东吴校刊》，民国二十四年七月，苏州大学档案馆藏档，3永23。

1. 提升法学教育层次

东吴法学院在学校文科专业中最具社会影响。自 1923 年秋季起，法学分预科和本科两个层次教学。1927 年后，法学院师生努力进取，成绩斐然，生源情况非常可观，学生由二三十人迅速递增至一百余人。人员增加，校园校舍又不能满足需要。由于上海城内地面狭小，地价昂贵，法学院在上海难以发展。1929 年 9 月，尽管沪上各界对于学校将预科迁苏之决定颇感震惊，校方还是决定将预本两科分置于苏沪两地，将预科并入文理学院，迁往苏州本部办学。

东吴大学曾在 1926 年开设了一期法学硕士班。“继即中断，以至本院卒业而欲于国内再事研究高深法学者，实无此相当学术机关。”“屡经毕业生请求，审时势之需要，乃于十八年秋季起，开办硕士班一级”，至 1930 年有 17 人入学。当时在校的研究生有金兰荪、贺圣鼐、陈文藻等。①

法学硕士班开设主要科目一种，次要科目两种，院长吴经熊亲自授课。学院规定硕

法学院

① 《东吴大学法学院院章》，民国十九年至二十年。

士班学员除在法学院按照所选定之科目受课外，并须于每星期二晚间，至吴院长书斋听讲。学院在1930年的报告中称赞这些学生“孜孜矻矻，益以明师之熏陶，他日造就，诚无限量也”①。

1931年，东吴法学院将硕士班改为研究院，凡东吴大学法学院毕业生，或经该院认可的其他法学院法律系毕业，并得有法学士学位者，均可报考。研究院为3年卒业制。研究院所授课目以各国法系之民法比较为主，其中尤其着力专攻英美民法、法国民法、德国民法、日本民法、苏联民法及中国民法。另有学位论文要求。修业期满，成绩合格，授予法学硕士学位。为保证教学质量和信誉，研究院特别注重师资建设，所聘教授皆一时之选，如《教育季刊》所论：“吴经熊、萨赉德、姚启胤、梁仁杰、刘世芳、张志让、戴修瓒等，均系法学界知名人士。”②名师云集，无怪乎东吴律师日后能蜚声海内外。

萨赉德

1935年，经南京国民政府教育部核准，正式成立“法科研究所”。

至1937年共有8届计14人毕业获得硕士学位。1928届的金兰荪，1929届的张天荫、徐国伟，1930届的陈文藻、贺圣鼐，1931届的王亢侯、艾国藩，1932届的何秉伦，1933届的经长庚、郑保华，1934届的王永钟，1937届的陈晓、杨葆澄、贝鸿昌。③

法学院还招收留学生。1929年，法学院有留学生4人，分别来自美国康乃尔大学、密歇根大学、纽约大学、科劳鲁劳大学。1930年，又有3名留学生入学，其中1人来自哈佛大学，2人来自密歇根大学。④

2. 加强师资建设，提高教学质量

东吴大学的教学质量并非无懈可击。1928年至1935年间在东吴大学中学部与大学部求学的杨公素说：“东吴大学政治系说来可怜，主要课程有国际法、国际关系、各国政府与政治等，用的都是美国大学的课本，教授大半是美国教会派来的，也都是照本宣科，没有什么自己的见解。”“有一次上一个美国老太婆讲的国际关系课，她

法学院主楼

① 盛振为：《法学院概况及本年大事记》，《东吴年刊》，1930年。
② 《教育季刊》，第7卷，第3期，第115页。
③ 参见《东吴大学法学院历届教职员暨毕业同学名录（1947年）》，苏州大学档案馆藏，3永48。
④ 盛振为：《法学院概况及本年大事记》，《东吴年刊》，1930年。

叫我不要看课本外书,要听她讲,其实是念课本……在下次上课时,我就提了一个问题,为什么美国在美洲讲门罗主义,说美洲是美洲人的美洲,而在中国却要讲门户开放主义?她一时答不上来,反而恼羞成怒,说这是美国的政策,她有爱国心,不容许反对她国家的政策。她自己也不能自圆其说,面红耳赤地下课了,从此她再也不敢在课堂上耍威风了。"①

为加强师资建设,在1927—1937年的十年间,东吴大学广揽人才,聘用了许多年富力强的学者专家到校任教。

(1) 大力引进优秀校友,服务母校。以1930年为例,学校新引进10名教师,或任教员,或做行政。10名教师中,除了3名女教师外,其余7名男教师全部都是东吴大学的毕业生。3名女教师中有2名(钱长本女士、费令仪女士)来自上海中西女塾。中西女塾和东吴大学同属基督教监理会系统。(2) 广聘外籍教师,扩大与国际间的交流。1929年,文理学院及第一中学教职员共有88人,其中有外籍教师12人。(3) 加强与国内文化学术界的交往,延揽国内名师到校短期任教。1927—1929年间,应聘到东吴法学院的国内知名教授就有胡适之、徐志摩、林语堂、张慰慈、潘光旦诸位先生。(4) 加强与国外文化学术界的交往,聘请名家学者到校作短期讲座。1929年夏,美国哈佛大学国际公法教授韦尔逊博士来华游历。东吴法学院就请他莅校讲演,题为"国际公法之趋势"。当年秋天,菲律宾大学法科教务长卜科博博士,来华考察司法状况,慕东吴法学院之名到校参观。法学院也请他作讲演。12月,美国华盛顿大学法科教务长马丁博士偕夫人来华,也莅临东吴参观并作讲演。马丁博士盛赞东吴法学院是中国当时少数能为将来培养法律栋梁之才的学校,并承诺以后将为东吴的学生赴美留学提供帮助。(5) 派遣教师留学或访问,进修深造。

3. 加强实践环节,提高学生调查研究和实际工作能力

加强实践环节,提高学生调查研究和实际工作能力,是东吴大学的良好传统,1927—1937年间,这种传统得以继承和发扬。

生物系的活动具有代表性,该系1936年的部分活动如下:

4月4—7日,生物系师生赴洞庭西山采集标本。洞庭西山,浮于太湖之中,山高水远,风景如画,物产尤丰。然其丰富的野生动植物长期未得开发和研究。东吴大学生物系7名同学在刘承钊、李惠林两教授率领下,赴西山进行生物标本采集。这次活动中,东吴师生"举凡石罊崖头,满畔溪中;或登高,或涉水;猿步蛇行之可及,莫不一一细为搜索。所获甚多。"7日,师生兴高采烈,满载而归,虽又经几易舟车,却全无困乏疲惫之态。事后,各人就所获成果细加整理研究,并由彭佐权同学对全过程作出总结,撰成《洞庭西山采集记》一文,刊于《东吴学报》第四卷第三期"生物学专号"上。据文中统计,东吴师生在此时活动中共采得动植物标本83种。②

① 杨公素:《沧桑九十年——一个外交特使的回忆》,海南出版社1999年1月版,第64、69页。
② 《东吴学报》,第4卷,第3期,"生物学专号",1938年6月。

街头大扫除

为了“调查苏地人民及公共场所之卫生情形”，东吴大学早就成立了卫生调查团。4月18日，学校卫生调查团对苏州市区公共场所空气中之细菌数作调查。“是日上午，适逢阴雨；但下午即晴，故仍能于当日午后举行此调查之工作。此次调查地点，计有电影院四处，戏院七处，茶肆三处，又圆(玄)妙观之三清殿及本校实验室等共计十四处。”后由朱伯尼同学撰成《苏州公众场所空气中之细菌数调查》一文，刊于《东吴学报》第四卷第三期“生物学专号”上。文中详细列举调查数据，经过严格的分析研究，认为“由以上调查之结果，可知吾邑各公众场所之空气，其所含之细菌，均不在少数”。最后，该报告依据调查结果，提出了四条具体细致的建议，呼吁苏州民众须尽力注意改正不良卫生习惯，改善公共场所的卫生状况。

社会学系和学生团体社会学会则非常重视社会调查。据《老少年》载，1936年6月，由社会学系教授朱约庵组织了东吴大学暑期农村服务团。暑期中，服务团学生到苏州城东北里巷村，调查全村情况，绘制了地图，开展社会公益服务。《吴县日报》曾发表专文，称许东吴学生“利溥农民”。

北里巷村民大会

1936 年 11 月，社会学会组织 50 多名学生分乘 3 条船，到葑门外杨枝塘一带的 2 个村子展开调查活动。“因村民等亦极愿与该会合作，故而此行成绩甚佳。现尚拟调查南园一带云。”

除此之外，诸如开办惠寒小学、举办暑期游泳专修科等等，这些都还只是东吴大学在 1927—1937 年间大量学生社会实践和调查研究活动的吉光片羽。

除了加强教学实践环节以外，学生社团的活动也得到发展。1927 年底，东吴大学的学生“在热烈地欢迎第一任华校长后，盎然融和的几个月中，又产生了许多学会”。这些学生社团主要有：生物学会、经济学会、化学会、教育学会、政治学会、数理学会、医预学会、英语演讲会等，以及乒乓会、塔社等。1929 年春，学生会再次改组，“以全体大会为最高机关，各级代表四人组织代表大会，为议事机关。由此产生委员五人，为执行机关。”①

生物学会

① 《东吴年刊》，1929 年。

化学学会

摄影学会

4. 成就

1930年，学校文理学院学生达450人，法学院达305人，大学学生共达755人。这年，北平燕京大学本科生及研究生共有625人，此外受短期课程者105人，总数也只有730人。以人数言，东吴大学当时"实为全国基督教各大学之冠"①。

据不完全统计，东吴大学开办至20世纪30年代期间，毕业于或曾经就学于东吴大学体系各校日后成为院士或学部委员的就有董申保、冯新德、高尚荫、顾翼东、胡经甫、李政道、刘建康、陆宝麟、陆志韦、钦俊德、时钧、宋鸿钊、苏元复、谈家桢、汪菊渊、王守觉、谢少文等。

① Minutes of the Forty-sixth Session China Annual Conference of Methodist Episcopal Church, South. 1931.

陆志韦

顾翼东

刘建康

李政道

1930 年在美国田纳西州出版的一本著作这样说:“以苏州为总部的东吴大学系统和上海的中西女塾一直受到全世界教育家的赞誉。”①

1935 年,《教育季刊》曾如此评论:“苏州私立东吴大学,自创办以来,已有三十余年。历史悠久,人材辈出。对教学训育,素尚严格,校风纪律,亦颇整肃。近更锐意经营,力图进展。”②

1937 年 5 月,监理会主办的《福音光》杂志刊载了“东吴大学新消息”一文。该文云:“从开创迄今,它始终不断的努力,埋头苦干,自民国十六年杨校长接任以来,校务进展,

① W. G. Cram, Methodist and Kingdom Extension, Nashville, Tenn. 1930, P. 71.

② 《教育季刊》,第 11 卷,第 3 期,第 99 页。

更为显著。在教育的作用和使命上，它适应着社会时代的需要，进行着施教的方针，在教学的设备方面，它从拮据的经济来源中，千方百计的改进增添着教育的工具。”“它——东吴大学——已有着四十年的历史。在这四十年之间，它坚毅的担负起作育青年的重任，辛勤培植，艰苦经营。今日，国内教育界中，得占有相当的地位和令誉。”①

1939 年，杨永清也在给监理会的报告中说：“东吴大学是监理会全部教育事业的巅峰之作。目前它由三所学院（文学院、理学院和法学院）和两所中学组成。理学院首先获得了声望，法学院则是当今中国同类学院中最杰出者。”②

胡适曾经这样评价东吴大学所享有的声誉。他说：“在燕京大学于 20 世纪 30 年代成为领先的教会大学之前，东吴大学和圣约翰大学在中国的教会大学中发挥了领导的作用。”③

东吴大学的成就得到了社会的承认，在中国社会中的声望和影响也蒸蒸日上。

---

① 《福音光》，第 13 卷，第 5 号，第 19 页。

② 杨永清：《校长报告》，1939 年，Archives of the UBCHE，123 卷，耶鲁大学神学院图书馆藏档。

③ 参见：Xiaoguang Xu，A Southern Methodist Mission to China：Soochow University，1901—1939．P.7.

# 第四章　烽火弦歌



从 1937 年的“八一三事变”至 1945 年 8 月抗战胜利，如同其他许多大学一样，东吴大学为坚持抗战，在流亡中度过了八年特殊的岁月。这一时期又可分为两大阶段。第一阶段从“八一三事变”至 1941 年 12 月的珍珠港事件，东吴大学一迁于湖州，再迁于屯溪，三迁于上海，颠沛流离于周边地区。第二阶段从珍珠港事件至抗战胜利，东吴大学千里播迁，直至福建、两广、重庆。烽火之中，弦歌不辍。

## 第一节　转辗浙、皖、沪

### 一、撤至湖州

1937 年“八一三”事变发生，日军正式进攻上海。战事开始后的第三天，37 架日本飞机由海上两次飞抵苏州，狂轰滥炸。校方接到政府指令，要求所有学校一律迁到安全地带。杨永清校长立即召集校政部会议，由于东吴大学在湖州的第三中学拥有很大的校园，有不少校舍，监理会举办的湖州医院和费吉利亚女校又能倾力相助，校政部决定将苏州的大学部迁到浙江湖州，中学部（第一中学）迁到浙江南浔，征得校董事会同意后，东吴大学立即开始撤离。

撤离是匆忙的，根本没有时间做充分的准备。大批的设备器具、图书资料都留在校园。教职员工和学生分批、分组地南去湖州。到湖州后，东吴大学又得到地方官员与民众的大力支持，湖州图书馆对东吴开放，东吴大学的参考书也存放到那里。图书馆楼上还安置了实验室。一个当地大家族的祠堂连同所有建筑和花园也交给东吴大学使用。东吴大学很快就在湖州安顿下来。

湖州医院

## 二、法学院避难租界

“湖州还不是东吴大学的唯一中心，我们又在上海开辟了第二条战线。”①上海的东吴法学院由于地处虹口，战事爆发后，首当其冲，很快被日军占领。学校因此未能如期开学。直到10月初，始借得南洋路治中女校恢复上课。为避免各种危险，包括旅途的危险，学校劝使那些家居上海、未能随校撤往湖州的文理学院学生，特别是女生不要赶赴湖州，而就近去法学院，或到其他大学“借读”。为此，法学院增设了文科课程。由于教室有限，一、二年级安排在午后一至四时上课；三、四、五年级四至七时上课。法学院避难租界时，原图书馆所藏大量各国法律书籍被分别寄藏于盛振为院长及校友艾国藩（律师、瑞士驻沪总领事署秘书）家中，藉此才免遭日寇破坏。1938年春，法学院由治中女校迁到慕尔堂时，部分书籍被移至该处，供学生参考。

**慕尔堂**

① 杨永清：《校长报告》，1942年，Archives of the UBCHE，123卷，第422—423页，耶鲁大学神学院图书馆藏档。

### 三、流亡皖南

1937年11月底,日寇占领上海。同时,日军向西南迂回,从杭州湾登陆,沿宁杭公路进攻南京。湖州是日军由南向北推进的必经之路。面对这一形势,校方认为必须疏散人员,向西撤退。东吴师生有些骑自行车,有些寻找船只,有些步行,指望着搭载可能路过的车辆,向皖南而去。部分师生包括文乃史等外籍教师以及陆季清、赵荫庭等教师和大批中学学生则向莫干山撤退。在莫干山,他们开办了一所补习学校。直到1938年8月底,奉杨校长之召回到上海。就在最后一组人员(包括学校行政领导)撤离之后三天,日军占领了湖州。



撤离湖州后,东吴师生陆续抵达屯溪。屯溪是皖南著名的茶叶集散地。当地绅商慷慨地免费提供几个大的茶叶仓库安顿日聚日多的东吴师生。之江大学的大批师生已先于东吴大学逃难到此,两校协商决定开办一所"流亡大学"。但不久南京失守,屯溪到处都是撤退的士兵。东吴师生不得不继续流亡。

当时,需要解决的大问题是:"向西撤退"还是"返回上海"?由于得不到上海方面的任何消息,以为上海包括租界均已为日军所夺取,校方决定师生分散行动,向长沙集结。杨校长则返回上海,一方面,"去看看那儿的实际情况如何,在那儿可以做些什么,同时与校董商议今后的工作";另一方面,"回去查看东吴大学校园还剩下多少,因为有消息说校园内已有13栋建筑物被炸弹炸毁"①。

### 四、退回上海

杨永清等人回到上海时才知道,日军占领上海后暂时还没有进占租界。租界内教学活动还是自由的。"用不着以我们对民族的忠诚作代价来向日本妥协",校方决定在上海复校,校本部设在慕尔堂。尚未撤往内地的学生闻讯而来,散落在内地的教职员工也纷纷向上海聚集。② 到1938年2月,已有90%的教员回到上海。学生已多达1 481人。

战争爆发后,法学院先迁入沪西南洋路治中女子中学上课,1938年1月后,迁入市中区虞洽卿路慕尔堂,"暂假租界资为屏障"。大部分中学的学生(包括苏州一中、湖州三中的学生)也聚集在此。

文、理学院学生及其余的中学学生则租借南京路上一栋办公楼(慈淑大楼)作为教室。这时,一部分之江大学的校政人员也来到上海,圣约翰、沪江大学也被迫离开校园在租界内租屋授课。四校经协商决定联合办学,共同组成上海基督教联合大学,共同租用慈淑大楼房舍百余间。东吴大学文、理学院及部分中学部师生在三楼,圣约翰大学在四楼,沪江大学在五楼,之江大学在六楼。四校使用共同的图书馆和实验室,课程互通,供学生相互间自由选修。自1938年开始到1941年太平洋战争爆发,四校共同举行学位授予仪式和毕业典礼。

---

① 杨永清:《校长报告》,1942年,Archives of the UBCHE,123卷,第422—423页,耶鲁大学神学院图书馆藏档。

② 杨永清:《校长报告》,1942年,Archives of the UBCHE,123卷,第422—423页。耶鲁大学神学院图书馆藏档。

慈淑大楼

**五、教学的调整**

东吴大学对“纯科学”和应用科学一向都非常重视。东吴大学领导人曾说：“我们绝不会放松纯科学方面的科研和教学努力，因为纯科学是基础，应用科学离开纯科学的研究成果和科学发现则将无法发展。”时至抗日战争时期，特别是在上海的战时教学中，东吴大学对应用科学则尤为注重。

杨永清在当时的校长报告中这样说：“教育首先是为满足未来的社会需要而训练合格的男女人才。对于今天所面临的问题的解决更应是那些已经离开社会工作的人的责任。这当然绝不意味着教育者要忽视现实问题，而是指要着眼于未来，要洞察出未来的需要来安排掌握住今天的工作，因为今天所培养的学生将是明天的社会工作者。”①基于这些思想见解，杨永清认为，战争总会过去，而随之而来中国所面临的问题将是大量的复校工作。“为了在国家不久将来的物质重建方面做出我们有效的贡献，除了纯科学外，我们应重点开展应用科学教学工作。”②

给应用科学以特别关注并不是意味着要放弃纯科学的研究和教学。这仅仅意味着在理科原有各系科的理论课之外逐渐增加应用性课程的教学。东吴大学的目标是“拥有一门与三个理科系——生物、化学、物理中每一系科都相关的应用课程，或许每年一个系科地逐步在三个系科都开设起这门应用课程”③。

就社会科学而言，以社会学为例，如杨永清所说：“我们的目的不大注重在培养出能写出关于社会问题研究文章的理论家，而是更注重于培养那些能够了解社会问题，能够指导一项社会服务计划的实践性的社会工作者……这并不是因为我们缺少对社

① 杨永清：《校长报告》，1940 年，Archives of the UBCHE，123 卷，第 394 页，耶鲁大学神学院图书馆藏档。
② 杨永清：《校长报告》，1939 年，Archives of the UBCHE，123 卷，第 353 页，耶鲁大学神学院图书馆藏档。
③ 杨永清：《校长报告》，1940 年，Archives of the UBCHE，123 卷，第 394 页，耶鲁大学神学院图书馆藏档。

会思想和理论价值的鉴赏，而是因为觉得现在的社会学学生中仅能写文章的人可能太多了的原故。”①“我们的首要重点不是在大量的社会学理论上，而在于社会工作者的培训上。”②

从1940年开始，东吴大学着手对原有院系进行重新调整。

抗战爆发前，学校原有3个学院12个系科：文学院：文学系、经济学系、政治学系、社会学系、教育系、历史地理系。理学院：生物系（包括医预科和护理预科）、化学系、物理系、数学系。法学院：法律系、会计系。

调整计划如下：（1）文学系分为英文和中文2个专业。（2）化学系外增加化工系。这是在3个理科系逐年增加应用学科和计划的开始。（3）计划开办体育系，和金陵大学上海部合作重新开办体育专业。（4）停办教育系。政府明文规定师范专业只能政府开办，不允许私立学校开办师范专业。（5）实现“三三制”最终目标，即加强社会学和应用学科的建设，3个学院各设3个系科：文学院：社会学、经济学、英文；理学院：生物（包括：医预科、护理预科）、化学（包括化学工程专业）、物理（包括机电工程）；法学院：法律、会计和政治。

学校还计划在条件允许时将经济学系也从文学院转到法学院，以便一方面使法学院形成一个完善的整体（根据国民政府教育部规定，经济学、政治学专业的毕业生所发文凭也为法学文凭），另一方面，使文、理学院将集中精力发展社会学和应用科学。

### 六、教学成就

尽管处于险恶的战争环境，东吴大学还是取得了一定的教学成就。

化学工程系　这一时期最重要的举措之一就是在化学系外，增设化学工程系。早在1921年，龚士就曾筹划增设化学工程系，并曾试办一年，后因事中止。战争年代，化学工业更见发展，人才需要增长。1940年秋，校方正式增设化学工程系，邀请孙令衔回校主持、规划化学工程系的发展。孙令衔是东吴大学化学系毕业生，后来享受清华奖学金出国留学并取得博士学位。化学工程系成立后，即开设一、二年级课程，招收学生50多人。课程除全部化学各科外，还设有各种工程科目。③

社会学系　从1939—1941年，社会学专业得到进一步发展，学生人数扩大到80名。社会学专业教师队伍也扩大了，实力得到加强。这一时期来社会学专业执教的有：高践四、高君哲（纽约大学社会学硕士）、俞庆棠（哥伦比亚大学教育学硕士）、严景耀（芝加哥大学哲学博士）、雷洁琼（加利福尼亚大学社会学硕士）、谭明德（纽约大学法学博士）等。

---

① 杨永清：《校长报告》，1940年，Archives of the UBCHE，123卷，第394页，耶鲁大学神学院图书馆藏档。
② 文乃史著，王国平、杨木武译：《东吴大学》，珠海出版社1999年8月版，第107页。
③ 《东吴大学通讯》，1940年，第11期，第4页。

高践四

俞庆棠

1938—1939 学年,东吴大学与沪江大学合作。两校协调课程设置,学生允许在两校之间任意选修课程。

学校经常邀请一些上海地区社会界的名流到校座谈,请他们帮助设计研究课题,并为学生提供社会实践的机会。三、四年级的学生被分在这些机构中,在专人指导下每周完成一到三个下午的实践调查任务。这是符合当时的社会需要的,同时也是战时学校教学思想的实现。

社会实践的机会和实践面进一步扩大,与社会机构的关系非常密切。1940 年秋,当时上海联大联合委员会,鉴于社会学专业所取得的成果,特为该专业的教学计划提供全部资助,并为东吴、沪江两校社会学系提供一个专门办公室和研究室。系里特聘了一位研究助理,协助社会调查的研究工作。作为当年的教学成果,出版了《上海社会机构指南》。社会学系和当时在上海的诸如上海市政府工业部,儿童保护部,国际红十字协会,慕尔堂社会部,全国儿童福利协会等几十个社会机构都发展了良好的合作关系。

社会学系合作商店

社会学系严格要求学生走出课堂、图书馆,到社会上而不是在书本上去实践、学习和研究。系里还计划开设研究生课程,“因为在美国,社会调查是研究生的专业课程,但在中国,只能从专科生层次开始逐步向研究生课题发展”①。学生还要通过调查接触上海的各层次社会生活,为毕业论文收集资料。这种要求使得学生能深入地走进社会,走进真实的生活,扩大了他们

① 魏廉士:《东吴大学社会学系教学备忘录》,Archives of the UBCHE, 123 卷, 第 194 页,耶鲁大学神学院图书馆藏档。

的思维和认识问题、分析问题的能力，例如，一些学生的论文就广泛地涉及到下列社会现实问题："青少年犯罪案例研究"、"合同工人个案研究"、"一个典型工人社区二十户人家居住条件调查"、"乞丐收容所女乞丐个案研究"、"上海儿童福利研究"、"工厂工人伙食条件"等等。

物理系　在上海租界安顿下来后，物理系原先在苏州开设的机械加工车间又重新开办。在系主任李庆贤博士和陆鸿钰等的主持下，加工车间虽然规模不大，但加工的产品不管是在质量上还是数量上都比以前大大提高，并开始为中学和大学实验室加工教学和实验仪器。后来还出售给其他的学校，产品供不应求。物理系还出版了一份《物理学示教与实验》杂志，刊登论文，介绍一些有趣的物理实验，同时转译一些国外杂志的有关论文资料和物理学相关书籍，"参以实际之教学心得，材料力求新颖，用具务求简易，免避纸上空谈，专究实际应用。此举确系适合时代需要，为物理教育上之一种新贡献"。

谢颂三

生物系　生物材料处在生物系主任徐荫琪博士、尤大寿、谢颂三等人的努力下，也于 1939 年 5 月恢复，重新购置了切片机等设备，加工国内各大、中学校所紧缺的各种实验标本。经过不懈的努力，该处很快就恢复到战争爆发前的水平，各种动植物标本应有尽有。产品除供应联合大学各校外，其他在沪大、中院校如国立上海医学院、中法大学药科、李斯德药学研究所、复旦大学等都纷纷向该处订购。同时，国内其他地区学校、香港大学以及东南亚、欧美各学术机构等亦开始恢复订货。美国俄亥俄大学曾订购价值 700 多美元的生物材料。到太平洋战争爆发前，国内外定单数量已超过了战前水平。①

会计系　战争爆发后，大批难民涌集到租界，其中不乏大量公司或银行因战事而停业、失去工作的金融和会计业人士。而大批因学校解散或流亡而失学的青年则纷纷涌向租界内仅有的几所坚持开办的大学。鉴于这种状况，东吴大学决定开办一个会计系，一方面拓展自已的学科领域，扩大影响，为社会培养新型的金融、会计业人才，同时扩大学校规模，扩大入学人数，增加学费收入，以缓解资金困难。

学校当局即致函教育部，请求核准设立会计系，不久获准成立。学校认为法学与会计两者关系密切，律师与会计业务上息息相通，一个好的会计师必须有很高的法律造诣，对国际、国内各相关法律条文均应有一定的了解，故将会计系附设于法学院。

东吴大学会计系与其他学校的会计系有很大的不同。一般学校的会计系所设课程

① 参见《东吴通讯》，第 8 期，第 13—14 页，第 11 期，第 3—4 页，苏州大学档案馆藏档，3 永 57，杨永清：《校长报告》，1942 年。

均属于纯粹统计学及经济学等课程，而东吴大学会计系的课程设置除此之外则开设大量法律课程，注重学生法律学识的培养。“庶毕业同学，对于所受各项课程，融会贯通，于计学界独辟蹊径，而于处理社会事务，以于各种有关学科之兼筹并修，而能应付裕如也。”

会计系所开设课程有：初级会计学、高级会计学、成本会计、银行会计、所得税会计、铁道会计、政府会计、公司会计、公用事业会计、经济学、经济思想史、西洋经济史、工商管理、财政学、货币银行、国际汇兑、公司理财、经济问题、经济地理、法学通论、商法概论、票据法、破产法、保险法、国文、英文、数学、政治学、中国通史、西洋通史等。

在所开设的64门课程中，法学方面的课程13门，广泛涉及国际、国内民事、刑事等与经济活动相关的法律，占课程总数的20%。这就保证了东吴大学会计系学生在校期间不仅能学到丰富的统计、会计学知识，而且还能学到充分的法律学和政治学、历史学等多学科的知识。毕业生在走向社会后，能够比其他学校相同专业的毕业生具有更加广泛的知识面和就业领域，并更易于成为金融、会计行业的骨干力量。

在银行实习

该系设立之初，以周仲千先生为主任。课程上除了开设相当比重法律课程外，“以统计、会计二者并重”，“主旨在培植计政人才，以应国家需要……”①。在周仲千的管理下，该系不但注重课堂教学，同时还注重学生实践。每年分派高年级学生至各大会计事务所实习，给学生提供观摩，甚至是亲手操作的机会。因此，该系的毕业生往往一经毕业，就能担负起重任。

会计系从一开始就拥有一支强大的、业务精深的教职员队伍，许多财界著名人物如潘序伦、奚玉书、安绍芸、李文杰、梁冠榴、唐庆增、朱通九等都曾在该系任教，对东吴会计专业的建立和发展作出了杰出的贡献。

体育专修科　东吴大学在沪办学后，“鉴于社会体育人才需要之迫切，即有恢复体育系及体育专修科之议”。至1940年夏，筹备就绪，并“呈准教部自下学期起，先行恢复体育专修科，一切课程悉遵部定标准办理”。7月间，“登报招生，其入学考试则与该校文理法二学院，同于七月三日及四日在慈淑大楼举行，凡高中毕业而有志研究体育者，均得报名应考”。②

中学　在上海期间，中学规模迅速扩大。由于当时在上海地区的原女子中学大都已停办，东吴附中初中部于1939年开始招收女生。附中1940年的879人中，女生已达200多人。在短短两年间，东吴附中就发展成为华东地区规模最大的中学。其教学仪器、实验设备等都超出了战前的水平。在上海拥有单独的生物、物理、化学实验室，并允许别的教会中学来借用这些设施。

---

① 《东吴会计年鉴》，苏州大学档案馆藏档，3永159。

② 《东吴大学恢复体育专修科》，《申报》，1940年7月1日。

尚须提及的是，在此期间，东吴大学还远赴云南创办一所“天南中学”。1938 年，杨永清校长与江长川受年议会的委派，经由香港、越南到达昆明，考察了当地的情况，并向差会提交了一份“西南工程”建议，呈请差会在云南开拓教会事业。作为这项工程的一部分，由东吴大学承担一半经费，在云南建立“天南中学”。这是云南第一所也是当时唯一的一所教会中学。校长由一位东吴大学的校友担任，其他几位校友在校任教。由东吴大学提供书籍和生物材料处制作的教学教本、物理系加工生产的仪器设备一批批地运往这所中学。



社会服务　社会服务一般都是由宗教委员会、教育系和社会学系共同组办。在上海，学生们重新开办起一所夜校，像在苏州的惠寒小学一样，学校为那些贫寒人家的子弟提供六年制免费小学教育。1940 年，入学人数已达 145 人。这些学生每晚接受 2 小时的教育。大学学生纷纷自愿在夜校任教。夜校的一切经费均是由大学学生自愿捐赠而来。（夜校学生唯一所缴的费用是预缴 20 分钱押金，若能正常上课，则最终全额退还给他们。书本只收半价，其余一半由这些“大学生老师”募捐解决。）

学生还经常发起各种各样的募捐活动。1940 年学生发起募捐了 25 000 元钱用于慈善救济事业。大批由学生募捐来的冬衣被运往内地。

廿六年秋
至
三十年冬

1937 Fall
to
1941 Winter

孤島困學記

民三五年級同學編印畢業年刊，擬將本校歷史，依環境之不同，分「八一三至太平洋戰起」，「重慶復校」及「比較法學院」三期記之。爰傳寫書八一三後四年間事，乃將當年情況，追敘一二，雖屬明日黃花，亦足資吾人惕勵自奮，其間掛一漏萬，固知所難免耳。

廿六年八一三戰事發生，母校因地處虹口，首當其衝，致未能如期開學。十月初，始假南陽路治中女校恢復上課。時學生六十餘人，辦公室一，課室二，一二年級午後一至四時上課，三四五年級四至七時上課，在炮影彈聲中，學校生命得以繼續。

南洋路在愛文義路之南，東通西摩路，西達哈同路，前爲靜安寺路，交通至爲便利。愛國培成各校，均在鄰近，不失爲一學校區，治中屋宇寬大，廣可三間，高計二層；前有花園，西對工部局兒童公園，左係貝氏三型住宅，右爲西人公寓，更右爲吳氏最新式洋房，環境堪稱優美，實爲鬧市中所罕有。

在南洋路上課時適爲滬戰最激烈之際，閘北大火，晝夜不熄，南市炮彈，於屋頂上呼嘯而過，人心極度恐慌，而吾校授課，非但不稍鬆懈，抑且增加課程，各教授循循善誘殷殷教導之精神，實堪敬佩。

廿七年春遷入慕爾堂，得北部二三層全部教室約十餘間，同學近三百人，創立校來之空前記錄。其時戰事中心已離京滬而迫武漢，上海淪爲孤島，吾校假慕爾堂作一枝之棲，雖處馬龍車水之繁市鬧區，仍不減切磋琢磨之樂。法學院本祇法律系一系，是年春復添設會計系，由周仲千先生任主任，並聘潘序倫，奚玉書，安紹芸，李文杰諸先生執教，人才之盛，可稱冠絕一時。

孤岛困学记

自1938年到1941年太平洋战争爆发，东吴大学规模有较大发展，取得了一定的成就。1941年，在中国115所高等学校中，东吴大学是12所受到国民政府特别表彰的学校之一。在这12所学校中，有5所是国立大学，4所是私立大学（包括教会和非教会大学）。在教会大学中，东吴大学是3所规模最大的学校（学生数超过1 000人）之一。东吴大学"学额最后扩充至一千三百人"①，在一项由政府主办、所有大学参加的1941—1942学年度"高校大学生学业测试"中，4名学生胜出，并获得政府颁予的1 000美元奖金，其中1名男生和1名女生分别荣获经济学第一名、第二名。另外2位学生分别荣获中文第二名、第六名。东吴大学取得总体第七的成绩。②

## 第二节　千里播迁

### 一、离沪内迁

1941年春，杨永清按监理会指示，赴美作短期进修与休养，校务由文乃史代理。1941年12月7日，日军偷袭珍珠港，太平洋战争爆发。12月8日上午，日军占领上海公共租界，敌岗遍布，日军即进占租界各重要建筑，中午占据慕尔堂。法学院院长盛振为"亟将重要印信文件取出，杂学生群中离慕尔堂而去"③。东吴师生没有了上课的地方，也失去了学术的自由。东吴大学如果继续在上海办学，就意味着与日本军事当局和傀儡政府妥协。国民政府则明确表示反对任何学校继续在上海开办。东吴大学选择离开上海，寻找新址办学。

因杨永清赴美未归，文乃史以美籍身份不能自由离沪，校董会议决选任沈体兰为副校长代理校务，后经教育部同意沈体兰代理校务无庸称副校长。校董会并议决盛振为接任法学院院长。1942年1月8日，东吴大学校

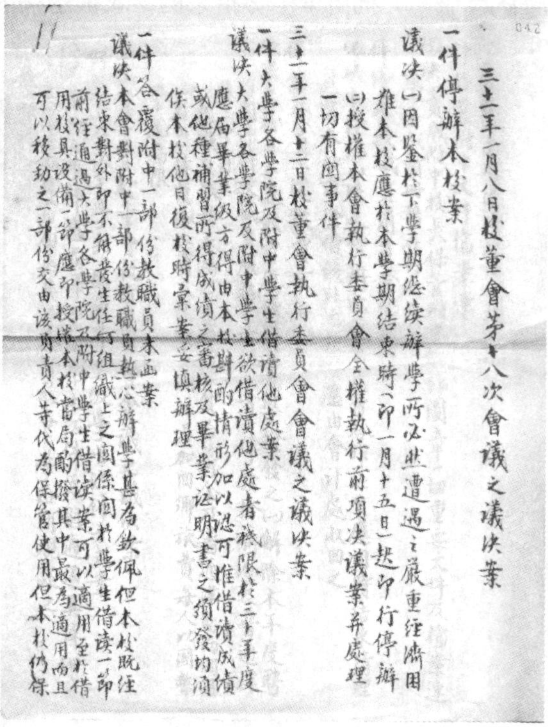
三十一年一月八日校董會第十八次會議之議決案
一件停辦本校案
議決(一)因鑒於下學期繼續辦學所必然遭遇之嚴重經濟困難本校應於本學期結束時(即一月十五日)起即行停辦
(二)授權本會執行委員會全權執行前項決議案并處理一切有關事件
三十一年一月十二日校董會執行委員會會議之議決案
一件大學各學院及附中學生借讀他處案
議決大學各學院及附中學生欲借讀他處者祗限於三十一年度應屆畢業級方得由本校斟酌情形加以認可准借讀成績或他種補習所得成績之審核及畢業證明書之頒發均須俟本校他日復校時彙案妥慎辦理
一件各處附中一部份教職員來函案
議決本會對附中一部份教職員熱心辦學甚為欽佩但本校既經結束對外即不能發生任何組織上之關係關於學生借讀一節前經通過大學各學院及附中學生借讀案可以適用至於借用校具設備一節應即授權本校當局酌撥其中最為適用而且可以移動之一部份交由該負責人等代為保管使用但本校仍保

校董会会议记录

① 潘慎明：《本校两度内迁记》，《东吴校闻》，1943年12月1日版，苏州大学档案馆藏档，3长43。
② 杨永清：《校长报告》，1942年，Archives of the UBCHE，123卷，第426页，耶鲁大学神学院图书馆藏档。
③ 《中国比较法学院时代，1942—1945》，《东吴大学法学院年刊》，第5卷，1946年。

董会一致通过“停办学校案”①。决议案称:“因鉴于下学期继续办学所必然遭遇之严重经济困难,本校应于本学期结束时(即一月十五日)起即行停办。”②决议由代理校长沈体兰、潘慎明(校务长兼理学院长)、盛振为组成东吴大学内迁委员会,沈体兰为委员会主席。内迁委员会负责部分东吴大学师生迁往内地办学的一切事务。作为一种临时办法,留沪东吴师生可以在不使用东吴大学名义的情况下,进行个别的或群体的教学活动。



## 二、邵武联大计划

1942年4月中旬,沈体兰、潘慎明、盛振为等一行抵达浙江金华。5月中旬,东吴师生经浙江金华迁至福建邵武。

沈体兰

早在1941年春,国民政府曾决定在浙江创办“东南联大”,并邀在上海的所有国立、私立大学加入。当东吴大学抵达邵武后,东吴大学、之江大学的代表与福建协和大学执行委员会的代表讨论建立邵武基督教联合大学。经过几天的商讨,达成一个大致的方案:设立联合大学行政委员会,由福建协和大学林景润校长为主席,之江大学李培恩校长为司库,东吴沈体兰代校长为秘书长。联合大学分成两大部分,一为福建协和大学,主办文学院、理学院与农学院;一为东吴大学和之江大学,共同主办法学院、商学院和理工学院。“联合大学,略见端倪。”

邵　武

① 《校董会会议记录》,第141—142页,苏州大学档案馆藏档,3永11。
② 《三十一年一月八日校董会第十八次会议之议决案》,苏州大学档案馆藏档,3永36。

至6月中旬后，联大计划终被搁置。一是因为“敌军迫近闽边，两校又先后迁往南平暂避”，离开邵武；二是因为“自始至终，协和坚主他校在邵武复课，其院系不得与协和重复”，以至东吴大学“文理两院不仅旧生必须借读，且新生亦不得招收”。这样，东吴大学“不得不作再度西迁，另觅合作与校之计”①。

**三、曲江文理学院**

为了摆脱流亡困境，7月中旬，东吴大学曾与华南女子大学商讨在南平合作的可能性。与此同时，8月底，沈体兰又到曲江与已在曲江仙人庙办学的岭南大学“洽商迁校问题，备蒙彼方之欢迎与鼓励”。

9月初，东吴“全体内迁员生暨眷属约三十人”抵达曲江，并决定留在曲江复课，受到岭南大学师生的热烈欢迎。东吴大学学生即寄宿于岭南大学东首的棚舍，教职员则暂时在曲江市郊赁屋而居。不久，东吴与岭南达成合作计划：“由岭大主办文科，东吴大学将所招收的文科新生及教师由岭大管理。理科将在下学期恢复，东吴负主要责任。岭大将从香港把他们的理科仪器设备等运到曲江供理科使用。东吴还准备将滞留上海的理科教师经汉口撤至曲江。”②10月初，文学院先行招生开学，学生40人全部寄读于岭大。沈青来和慎斐文两位教师则分担两校若干课程。③ 沈体兰在《东吴代理校长报告》中说：“总的说来，我们在岭南大学的校园里圆满完成了该秋学期工作，并与岭大建立了一种真诚的友谊关系。”④1943年春季，东吴大学恢复了理学院，招收35名新生。在曲江的文理学院学生已达70多名，一切工作皆已趋于正常发展。

文理学院在曲江安定下来后，学院原有各种学生团体、学术活动也先后得以恢复。政治学会首先恢复，接着，经济学会、学生自治会、青年会等组织都先后恢复活动。宗教活动虽“限于人才及设备，工作未能全部恢复”，但经与岭南、协和两校联合，组成了岭大村宗教事业委员会。同时，学校专设宗教委员会，以训导长谢扶雅先生为主席，每星期三校学生举行联合社拜。同时，东吴大学每周一举行宗教研究会，周三晚举行晚祷会，还计划举办夜读团、合作社、民众学校等服务工作。⑤

到曲江后，东吴大学又营建了自己的校园。校园位于曲江北约30公里粤汉铁路仙人庙站以东，入校门后循甬道东行并列三座教室，名为“林堂”、“孙堂”、“赉恩堂”。办公厅北部的实验室为全校最大之建筑物，名“抗建堂”。稍东为男生第一宿舍，曰“英盟堂”，以志谢英国援华会的捐助。再东为第二男生宿舍，曰“美盟堂”，以志谢美国援华会的捐助。再东为礼堂，也用作膳厅，名“永清堂”，以推重校长杨永清长校功绩。礼堂之北山顶为女生宿舍“桂友堂”，以志谢广西校友会的捐助。礼堂之南有广场，其间小屋数间。再东为李园，桃李盈盈。李园之北，礼堂延东为教职员住宅四座，分别命名为天赐庄、螺

① 《沈体兰呈教育部文》，中国第二历史档案馆藏档，全宗号：五，卷号：5358。
② 《沈体兰致杨永清信函》，1942年11月10日，苏州大学档案馆藏档，3永40。
③ 潘慎明：《本校两度内迁记》，《东吴校闻》，1943年12月1日版，苏州大学档案馆藏档，3长43。
④ 《东吴大学代理校长报告》，1943年3月10日，苏州大学档案馆藏档，3永39。
⑤ 《东吴校闻》，1943年12月1日版，第10页，苏州大学档案馆藏档，3长43。

丝浜、姑苏坊、葑溪坊。山前山后各有中西球场、博习球场。即将建造的校门牌坊“将巍然树立皇皇校训‘养天地正气,法古今完人’”,“使居此者每逢月明之夜不胜低头思故乡之感,然而努力文化岗位,促成抗战胜利,又莫非还我河山之终南捷径耳”。①

对于饱经一年之久的颠沛流离、历尽艰辛所取得的眼前这一来之不易的局面,代校长沈体兰和校务长潘慎明都发出了由衷的感慨。沈体兰说:“由此经过一年的逃亡和恐慌,大学再次安定下来,通过她的两个分支(曲江部分和重庆部分)继续为国家和青年作出自己的贡献。”②潘慎明也高兴地说:“本校文理法三学院十一学系大体恢复,内迁使命业已告一段落。”③

To Dr. W.B. Nance
from T.L. Shen

東吳校聞

曲江版創刊號

目錄

本校兩度內遷記
校舍素描
本校經濟概況
本校大事記
東吳大學校董一覽表
東吳大學同學會一覽表
同學會廣東分會成立
文理兩院新聘導師
文理兩院分設各項委員會
法學院近況
學生自治會動態
政治學會成立
經濟學會成立
同仁消息
抗戰期間損失統計
啓事一——借用部份校舍

潘慎明
沈體蘭

編輯者 私立東吳大學出版委員會
發行者 私立東吳大學本校部
(廣東曲江仙人廟)
中華民國三十二年十二月一日出版
(非賣品)

《东吴校闻》(曲江版)

就在教学工作渐趋恢复的同时,东吴大学又遇到了新的危机:经费严重短缺,人事矛盾,对选址曲江办学的不满。沈体兰自觉无力应付,向校董会提交辞呈。④ 在重庆校友的

① 沈体兰:《校舍素描》,《东吴校闻》,1943 年 12 月 1 日版,第 3 页,苏州大学档案馆藏档,3 长 43。

② 《东吴大学代理校长报告》,1943 年 3 月 10 日,苏州大学档案馆藏档,3 永 39。

③ 潘慎明:《本校两度内迁记》,《东吴校闻》,1943 年 12 月 1 日版,苏州大学档案馆藏档,3 长 43。

④ 《沈体兰致杨永清信函》,1942 年 11 月 10 日,苏州大学档案馆藏档,3 永 40。

强烈要求下，校董会于1944年4月中下旬着手对校行政进行改组，推选法学院主任孙晓楼代理校长。① 但战争的发展已使改组计划来不及实施。1944年春夏，日寇为打通从华北到东南亚的通道而发动了豫湘桂战役。5月底，日寇已逼进湘粤线，曲江告急。5月31日，广东政府要求广东境内所有机关学校于6月4日前紧急撤离广东。岭南大学首先撤往桂林，东吴大学不得不随之仓促撤到桂林，留下事务长和4名校工看守校园。大部分图书资料、仪器设备等存放在岭大校园。

沈体兰到桂林后，设立了东吴大学办事处，并想到贵阳继续办学。这时，学校拖欠银行贷款达75万元国币，教师的五、六两月薪金没有着落。校董会于6月16日会议决定：(1)将文理学院暂时停办。(2)帮助偿还文理学院所欠款项。(3)提供资金帮助撤离教职工。② 并决定曲江校产以150万元国币卖给岭南大学(校舍100万元，图书、仪器等50万元)。曲江原有学生可在岭南大学借读，部分转到重庆的学生插入法学院班级或到其他学校借读。③

1944年底，校董会正式接受沈体兰辞呈，改选盛振为临时代理校长职务。沈体兰不久则接受燕京大学聘请到该校担任文学院院长职务。曲江文理学院最终停办。

### 四、重庆东吴沪江法商学院

早在太平洋战争爆发前，重庆校友会就曾函恳杨永清校长转请校董会在重庆设立分校或至少设立一个分院。“一面为国家栽培法学、会计人才，一面得与政府联络，免致将来落在他校之后”。国民政府及教育部也曾表示欢迎法学院在重庆设立分校，并允诺拨给部分开办经费。④

太平洋战争爆发后，在重庆的东吴校友认为母校肯定要西迁内地，又曾召开会议讨论帮助母校西撤的计划。会议选举江一平、董承道、施季言等5人组成一个委员会负责与母校联系西撤事宜，并选派施季言为校友代表前往上海接洽。委员会并募得15万元捐款作为母校师生的西迁费用。⑤

1942年8月，邵武联大计划失败后，当沈体兰到曲江与岭南大学洽商迁校曲江之际，盛振为决定带领法学院西迁重庆。盛振为称：“留沪员生来校之东南直接交通路线已遭切断，苟欲内迁，势必绕道鄂西、陕南、广州湾，始克辗转归校……迭经慎重审度，唯有西迁陪都，最为便利。”到重庆办学有几方面的有利条件：原任课专家教授很多人已抵达重庆，“均愿效劳，无不乐从”；校舍“已蒙教会拨用”；图书设备等则由校友会指拨款项购捐供需，或承各机关暂借部分，就地使用；内迁员生“来渝之川资已有相当之准备”；等等。⑥

---

① 《卡德雷特致教职工会有关人员函》，1944年5月10日，苏州大学档案馆藏档，3永40。

② 《锐璞致沈体兰信函》，1944年6月20日，苏州大学档案馆藏档，3永44。

③ 《沈体兰致教会有关人员信函》，1944年11月14日，苏州大学档案馆藏档，3永44。

④ 《东吴大学法学院设立重庆分校缘起》，苏州大学档案馆藏档，3永36。

⑤ 一说校友会出资12万元作为建校经费。参见：《施季言致文乃史函》，1943年10月1日、《文乃史与教会有关人员来往信函》，苏州大学档案馆藏档，3长71。

⑥ 《盛振为呈教育部文》，中国第二历史档案馆藏档，全宗号：五，卷号：5358。

这时，东吴大学非常时期校董会已在重庆组成。因原校董会自“东南沦陷以后，既未能正常行使职权，亦不克全体转来后方，只得暂告解散，而在陪都另行组织战时校董会，以应需要”。非常时期校董会以孔祥熙为董事长，成员还有陈文渊、力宣德、江一平、锐璞、贝祖贻、居正、张群、罗运炎、李骏耀、陈霆锐、董承道、骆爱华、黄仁霖等。①

校董会也积极支持盛振为在重庆开办法学院的计划。卫理公会华西区以保安路 214 号社交会堂原址作为法学院开办地址。1943 年春，教育部核准东吴和沪江两校联合开办一所夜校。两校于社交会堂废墟上修建校舍数栋，于 3 月 8 日举行入学考试，3 月 15 日正式开学，东吴沪江联合法商学院正式在重庆成立，“校址设重庆磁器街特十五号”。②

东吴沪江联合法商学院校歌

遵照教育部规定及考虑到两校具体情况，经两校合作协议，联合法商学院的法学院由盛振为任院长，商学院由凌宪扬为院长，校务委员会由两校校董代表及两院院长与教务长组成，直接隶属于两校校董会。

联合法商学院开始时设有三个学系：东吴大学法学系，沪江大学工商管理系，东吴法学院会计系与沪江大学商学院会计系、银行系合并组成的会计银行系。东吴大学法学系“由卢峻、姚铁心先生等先后主持教务，陈晓博士主持总务，教授有陈霆锐、江一平、查良鉴、俞叔平、杨兆龙、倪征皞、范扬、利荣根、王化成、陈丕士、张企泰、吴祥麟、张庆桢、徐中

① 黄仁霖、伍学宗：《非常时期之两校董事会》，苏州大学档案馆藏档，3 长 51。
② 《法学院近况》，苏州大学档案馆藏档，3 长 47。

齐、黄应荣、沈青来诸先生”。不久，东吴法学院恢复了法科研究所，由前院长吴经熊担任所长，并开设了法律专门部，由杨兆龙担任主任。沪江商学院也恢复了国际贸易系。在课程设置方面，法学院继续保持传统特色，以比较法教学与科研为中心，开设中国法、英美法、大陆法、罗马法等几大体系法律课程。①

联合学院办学之初，商学院仅恢复一、二两年级，而法学院除一、二两个年级外还有高年级混合班（原随校西迁的学生），同时法商两学院还有若干毕业班学生借读于其他学校。1943 年 6 月学期结束时，举行了西迁重庆后第一届毕业典礼，法学院有 6 名学生、商学院 1 名学生被分别授予法学士和商学士学位。此外，法学院、法科研究所在 1943 年底已有了研究生 10 余人，到 1945 年第一届研究生毕业。

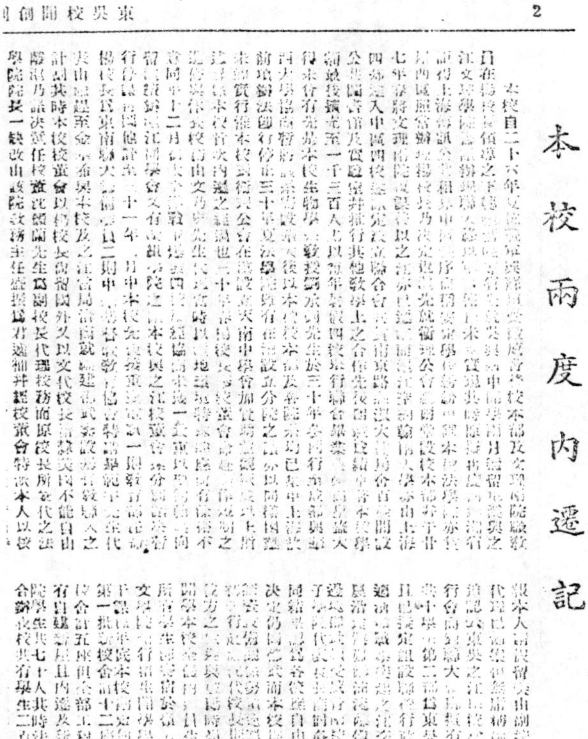
本校兩度內遷記

东吴两度内迁记

在重庆各界人士的支持下，法商学院在重庆顺利发展。1945 年 8 月开始，之江大学工学院加入法商学院联合办学，组成了东吴之江沪江联合法商工学院。②

① 参见：《东吴法学院概况》，1943 年，Archives of the UBCHE，213 卷，第 188 页，耶鲁大学神学院图书馆藏档。

② 盛振为：《法学院概况》，1945 年 10 月 20 日，Archives of the UBCHE，123 卷，第 498 页，耶鲁大学神学院图书馆藏档。

## 五、在沪师生的办学活动

1. “中国比较法学院”

日军占据慕尔堂，法学院师生仓促撤离，转入慈淑大楼继续授课。是年学期结束后，东吴大学停办，盛振为院长带领一部分师生南下福建后再入川。除一部分学生随盛院长西撤外，大部分学生不得不滞留于沪。留沪学生与未及离沪的教师暗中维持课务，自1942年春起，借华龙路中华职业教育社教室继续上课，为避免敌伪注意，不再沿用“东吴大学法学院”名义，而临时改称“董法记”，取其谐音“东法”，加“记”听起像商号名，以免特务干扰。不久又迁至重庆路新寰中学上课，直到暑假。

暑期过后，学校又濒存亡续绝之境。战事紧张，国家命运难测，学生亦身受流离失学之痛，“幸鄂吕弓（笔者注即鄂森）博士登高一呼，群山响应，热心教育者无不踊跃输将，经济之基础因固，种种困难迎刃而解”。①

南洋路爱国女子中学校舍

1942年秋，学校借用南洋路爱国女子中学校舍开学，改名称为“中国比较法学院”，此名称为原英文名称“The Comparative Law School of China”之直译，以前一直译为“东吴法律专科”。因东吴大学法学院已在国民政府注册，不能公开使用，所以直译为“中国比较法学院”，以为掩护。在“中国比较法学院”任课的教师有鄂森、吴芷芳、姚启型、刘世芳、费国南、张中楹、安绍芸、李文杰等。费青任教务长，鄂森任秘书长，周泽甫掌总务，刘哲民掌会计。东吴大学代理校长沈体兰允诺，该校学生“修完相应的课程后，在适当的时候，他委托教务长给所有合格的学生颁发相应的文凭”②。

在日伪恐怖淫威下，留沪师生抱定宗旨：“我人处此黑暗时期，适足砥砺气节，充实学问之机会；则将来海晏河清，即可出而用世。”教授竭力摆脱外界干扰，潜心教育。学生益知自奋惕励，群策群力。当时师生并约定，敌伪倘来干涉，当立即停办，以示忠贞之不渝。③ 尽管学校历经敌伪注意，但由于校方虚与委蛇，沉着应付，终免于日伪迫害。

---

① 《中国比较法学院时代，1942—1945》，《东吴大学法学院年刊》，第5卷，1946年。

② 文乃史著，王国平、杨木武译：《东吴大学》，珠海出版社1999年8月版，第110页。

③ 《东吴法学院迁校重庆记，1942年春—1946年春》，《东吴大学法学院年刊》，第5卷，1946年。

2. 华东大学

当法学院师生借用一些中学的教室恢复上课时，其他班级也如法炮制，分散在不同地点，以“补习班”的名义继续秘密上课。

1942 年 1 月，东吴大学停止在上海办学。后来部分师生在沈体兰等带领下去福建参加邵武联大的筹建，其余大批师生滞留上海。先是有十个左右社会学系四年级学生恳求他们的老师给他们上完毕业前最后一学期的课程，老师们欣然答应。于是借用一些中学的教室，各系科的学生分散在不同地点，以“补习班”的名义继续秘密地上课。上课时间一般都是利用这些中学上完课或放学后的这一段空时间来安排。当时日伪控制严密，特务遍布大街小巷。在这种险恶的环境下，师生团结合作，坚持秘密授课，实属不易。加上当时上海与外界的一切经济联系均已中断，境况异常艰难。当时在曲江的沈体兰在 1943 年 1 月 29 日给杨永清的信中写道：“我们已没有可能从上海撤离更多的教师了。在那儿，非正式的补习班仍然继续进行着。但所有传教士教师都被拘留起来了，原有的校产收入也已中断。师生被孤立在那儿，情况危急。我们（大学本部）目前也是艰难维持，不可能给他们提供任何物质帮助。”因此，他建议杨在美国争取一些资金来帮助这部分“急需帮助”的师生。①

在这种险恶的环境和经济条件下，广大留沪师生不畏艰辛，坚持上课，将补习班一直坚持到 1943 年夏。当年 6 月，经东吴大学文理学院在沪教师和之江大学在沪教师协商，决定两校留沪部分联合开办华东大学。于是，“华东大学”于 7 月在上海正式开学，从而结束了两校留沪师生分散的局面。东吴大学化学和化工系原分散在各化学研究室的教师也应召加入华东大学任教。华东大学设有五个学院：文学院、理学院、工学院、商学院和教育学院。各院院长分别是：黄式金任文学院院长，王志稼任理学院院长，徐璐（音译 Hsu Lo）任工学院院长，陆高一（音译 Loh Kao Yi）任商学院院长，林汉达任教育学院院长。大学不设校长，而由一个联合委员会具体管理日常事务。委员会下设训育委员会，由徐景韩任训育长；学生部，由林汉达任学生主任；总务处，由周泽甫任总务长；另有其他各种辅助委员会。

杨永清在战后曾就华东大学缘起与性质作过概括的说明：“抗战时期在上海设立私立华东大学，系敝校及之江文理学院留沪教职员所设，旨在救济敝校及之江留沪学生以故不能往内地者，化整为零，力谋避免敌伪干涉。先后三年，从不与敌伪方面有所来往，所授课程亦与敝校所授者完全一致。”②

① 《沈体兰致杨永清信函》，1942 年 11 月 10 日，苏州大学档案馆藏档，3 永 40。

② 《杨永清致上海市未立案专科以上毕业生甄审委员会函》，1947 年 12 月 9 日，苏州大学档案馆藏档，3 长 63。

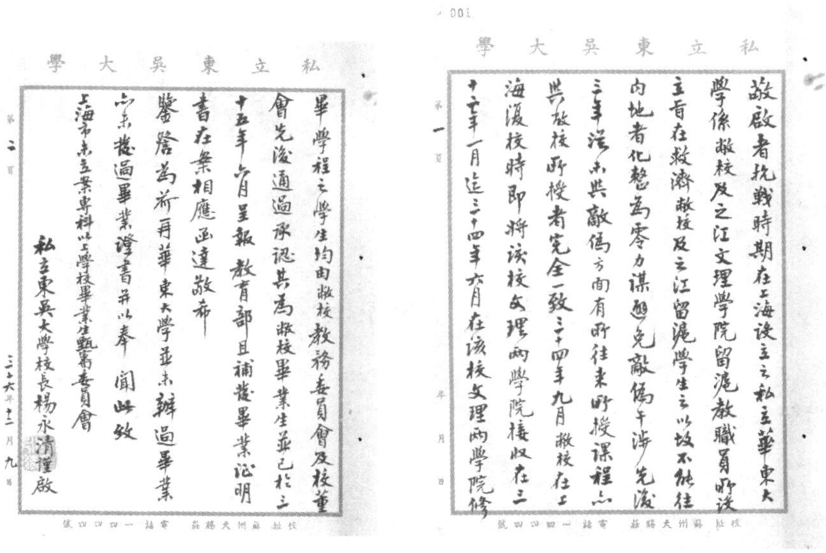

私立東吳大學

第一頁

敬啟者抗戰時期在上海設立之私立華東大學係敝校及之江文理學院留滬教職員所設立旨在救濟敝校及之江留滬學生之以故不能往內地者化整為零力謀避免敵偽干涉先後三年從未與敵偽方面有所往來所授課程亦與敝校所授者完全一致三十四年九月敝校在上海復校時即將該校文理兩學院接收在三十三年一月迄三十四年六月在該校文理兩學院修

校址蘇州天賜莊　電話一四四四號

私立東吳大學

第二頁

畢學程之學生均由敝校教務委員會及校董會先後通過承認其為敝校畢業生並已於三十五年六月呈報教育部且補發畢業證明書在案相應函達敬希

鑒詧為荷再華東大學並未辦過畢業亦未發過畢業證書并以奉 聞此致

上海市未立案專科以上學校畢業生甄審委員會

私立東吳大學校長楊永清謹啟

三十六年十二月九日

校址蘇州天賜莊　電話一四四四號

杨永清函

3．化学和化工系

这一阶段，滞留上海的化学、化工专业教师分散在20多个制药和化学实验室里，他们通过不懈的努力，取得不小的成就。例如，严志弦首次成功地用电解方式研制出治疗结核病的药物葡萄糖钙，并由汪葆睿投入生产。再如，战前，磺胺类抗菌素完全从美国进口。战争期间，国内库存迅速耗尽。国内的化学家化了大量的精力应用当地的原料人工合成，先后发明了几种配制工艺。其中最好的一种配制工艺被称为“东吴”工艺，是由东吴大学的研究人员在光明实验室完成的。在此工艺被采用以前，至少有三家工厂因采用别的工艺配制而发生严重爆炸事件，造成房屋毁环和人员伤亡。“东吴”工艺被应用后，不但确保了安全，而且可以大量生产。

# 第五章　艰难复校

## 第一节　秩序的恢复

### 一、领导层的变动

抗战结束，东吴大学纽约办事处的魏廉士、戴荪、卡德雷特当即与杨永清等紧急磋商，于9月1日致电东吴大学重庆分部，分别指定重庆和上海两处各三人为代表，接洽恢复东吴大学事宜。重庆方面代表为盛振为（代理校长，法学院院长）、沈青来（文理学院临时代理教务长）、海略（音译，R. T. Herry，美国顾问委员会成员，东吴大学校董会成员）。上海方面代表为李中道（校友，东吴大学校董会成员）、查理斯·费略（音译，Charles Ferry，东吴大学财务主管）、周泽甫（法学院事务长）。他们的任务是：共同或单独接管、恢复东吴大学校产；共同决定当前情况下校产的合理使用；共同制订教学计划。①

留在上海的校友会成员也与坚守在上海的周泽甫、徐景韩、黄式金、鄂森等原文、理、法三学院的教务长们会面，决定立即恢复东吴大学，并特设了一个委员会来执行，选任周泽甫为代理总务长，徐景韩、黄式金及鄂森分别担任文、理、法三院教务长，孙蕴璞为中学校长。②

杨永清在联合国

东吴大学复校，流亡重庆的校董会成员也回到上海。1946年1月，差会执委会增补陈霆锐和李骏耀两人为校董会成员。1月26日，重组后的校董会召开第一次会议，选举学校新的领导机构。由于杨永清校长仍滞留美国未归，法学院院长盛振为被任命为代理校长，直到杨永清校长返回为止。周泽甫、徐景韩协助行政事务。

为促进复校工作的进行，方便从教会获取修缮资金，1946年初，校董会、教授会及校友联名给文乃史发出电报，邀请他速回东吴大学，协助复校事宜。抗战期间，在华美侨奉命撤退。文乃史没有回美国，仍留在东吴

① 《执行委员会备忘录》，1945年9月12日，苏州大学档案馆藏档，3永40。
② 文乃史著，王国平、杨木武译：《东吴大学》，珠海出版社1999年8月版，第117页。

大学服务。珍珠港战事爆发,太平洋大战猝起,日美宣战,文乃史被俘,"幽禁上海集中营达二年有余,其间备受苦楚",直到 1944 年日美交换俘虏,"始得遣归美国"①。返美后,文乃史一直关注东吴大学,和东吴大学有关人员以及在纽约的杨永清校长、戴荪及教会人士等保持着密切的信函联系。当时,文乃史已退休两年多,正在檀香山访问度假。接到邀请电报后,文乃史欣然应允再次来华,于 1946 年 5 月 7 日回到东吴大学。文乃史的到来受到东吴大学全体师生及校友的热烈欢迎。由文乃史主持复校工作,在很大程度上减轻了东吴大学恢复工作的难度。



杨永清校长原计划于 1945 年 10 月与黄安素会督一起回国,但中国大使馆敦促他改变行期,等到联合国大会结束之后再回国。1947 年 3 月,杨永清回到中国时,受到全校师生、校友和校董会的热烈欢迎。

由于华东联合大学筹建工作进展异常缓慢,在积极与华东其他几所学校协调合并或合作的同时,东吴大学将工作重点转移到自身教学的恢复与发展上来,多方努力筹集资金进行校园修缮,重新配置仪器、设备及图书资料,在差会、校董会及东吴校友会的大力支持下,着手复校。

## 二、教学秩序的恢复

### 1. 文理学院及附属中学

1945 年 9 月,华东大学停办,原华东大学文、理、教育三学院的学生大部分进入东吴大学,东吴大学在上海复校后于 9 月 25 日开学。到 10 月 1 日,所有院系的班级及中学各班均已开课。文理学院有教师 43 人,注册学生 522 人;中学有教师 26 人,注册学生 534 人。

1945 年 11 月,苏州校园的一部分得到了恢复。为避免混乱,校临时委员会决定在苏州恢复办学,先开办大学和中学一年级,派许安之、钱世本、孙蕴璞等几人先行返苏经办。12 月 6 日,举行新生入学考试,计录取 126 人,选读生 40 人,12 月 12 日正式开班上课。

1946 年 5 月,教育部要求各校必须尽快返回原有之校园恢复教学活动。校政部于 5 月 20 日召开会议。鉴于苏州校园尚未完全恢复,校政部决定:自 1946 年秋季学期起,文理学院的大部分迁回苏州,三、四年级学生仍留在上海办学。不久,留沪高年级学生从慕尔堂迁到法学院校园内,但仍继续和圣约翰等共用实验室。文理学院一、二年级学生则于 1946 年秋季之前迁回苏州。

生物材料处因生物系学生仍在上海,所以在学校主体迁回苏州后也留在上海,以满足教学资料和实验标本的需要。

化学系在返回苏州之后,因为上海有更好的技术设备和更直接的商业来往,所以仍将研究室留在上海继续运行。

校政部会议曾建议校董会于 1946 年秋季学期重新开办湖州东吴附中,并在上海寻找合适地方,继续开办中学。6 月 17 日,在校政部会议上,中学委员会又决定不再在上海

① 《老少年》,民国三十七年七月。

保留中学部,有关中学生或加入苏州附中或加入湖州附中。①

“在1946年秋季,文理学院大体上恢复了战前教学计划的框架,同时着意开设更多的应用课程,并在两年时间里积聚了极大的动量向目标接近。”②1947年文理学院的学生注册数为:春季学期:文学院420人;理学院310人。秋季学期:文学院375人;理学院486人。从注册情况看:无论文理科,学生普遍倾向于选择职业技术性专业,在理科各系,医预科和化工专业注册学生最多。

2. 法学院

1945年9月,法学院恢复“东吴大学法学院”名称,迁回慕尔堂上课。这时,法学院有教师34人,注册学生300人。

东吴大学在上海复校后,重庆的东吴沪江联合法商学院亦积极做好东迁准备。10月17日,东吴大学校董会代理董事长罗运炎即致函国民政府教育部,申请学期结束后即撤销联合法商学院,各迁回原址办学,随即得到批准。③ 重庆法学院于1945年冬提早结束渝校课程,复员东下,与原上海比较法学院部分汇合。法学院原昆山路校舍在战争爆发时即遭日军严重损毁,后又一直被日、印、俄等国侨民占住。整个校园残破不堪,满目疮痍。法学院一面在慕尔堂上课,一面与日、俄、印等国侨民交涉,直至1946年夏始得修葺校舍,先后耗国币1.5亿元之巨。1946年秋初,法学院迁回昆山路旧校舍。

法学院原有的法科研究所已于当年春季恢复,刘世芳、姚启胤教授先后为研究所主任。姚启胤同时兼任法律系主任。陈来文任会计系主任。1946年,由司法行政部提请教育部核准,法学院又增设“司法组”,“以事训练司法人才,适应目前国家急切需要”。曹士彬任司法组主任。一切工作都基本上恢复到战前水平。

据1947年法学院一份调查表:(1947年秋学期)在册学生数如下:男生559人,女生173人,总数772人。

法学院所授课程主要有:(1)中国民法、刑事法、商法、诉讼法、宪法等;(2)英美合同法、民事赔偿法、财产法、作画法、遗嘱法、英美宪法、平衡法、证据法等;(3)现代大陆民法;(4)司法和立法原理;(5)国际法;(6)摩西律法等。

法学院继续保持传统,广邀社会名流和司法界著名人士到校讲学座谈,如1946年5月18日,司法院院长居正曾应邀到校演讲。④ 法学院仍坚持和国外特别是美国的著名法学院之间的长期友好合作,派遣毕业生或教师到国外深造。1947年12月,法学院院长盛振为受国民政府派遣,率领由政府特选的法律界人士代表团一行五人出使欧美,“代表中国政府对于抗战期间西方各国所给予的帮助致以真诚的感谢,同时,学习西方法典,征求西方对于中国新宪法及法律条文的意见”。代表团5人中“两人是东吴法学院的毕业生,

---

① 《校政部会议记录》,苏州大学档案馆藏档,3永44。

② 文乃史著,王国平、杨木武译:《东吴大学》,珠海出版社1999年8月版,第62页。

③ 《私立东吴、之江联合法商学院复员迁沪文件》,中国第二历史档案馆藏档,全宗号:五,卷号:5358。

④ 《东吴大学法学院年刊》,第5卷,1946年。

另三位则是法学院的教授”。①

1946 年 5 月，东京审判开庭，这是第二次世界大战结束后重大国际政治事件之一。这次审判中，中国派赴远东法庭的法官、检察官、顾问、秘书、翻译等人员中，就有来自东吴大学法学院的倪征燠、鄂森、高文彬、杨寿林等。

东京审判

倪征燠

鄂 森

① 《中国基督教大学校董联合会公报》，Achives of the VBCHEA，124 卷，第 500 页，耶鲁大学神学院图书馆藏档。

高文彬

3. 院系设置

据1947年教育部进行的教育调查，东吴大学所设院系如下：

（1）法学院：法律系（甲组）、法律系（乙组）、法律学组、行政学组、国际法组、司法组、会计系、法律研究所。

（2）文学院：本国文学系、英文学系、政治系、社会系、教育系、经济系。

（3）理学院：物理系、化学系、生物系。

东吴大学在校学生1 626人。

同一时期：圣约翰有5个学院17个系，1 865名学生，沪江大学有3个学院13个系，1 068名学生。①

根据1948年11月3日的一份中国基督教大学校董联合会的通报，在华各教会大学1948年在校学生数如下②：

| 华西协和 | 东吴大学 | 金陵 | 沪江 | 岭南 | 燕京 | 之江 | 福建 | 华中 | 齐鲁 | 金陵女子 | 华南 |
|---|---|---|---|---|---|---|---|---|---|---|---|
| 1 733 | 1 210 | 1 188 | 1 072 | 1 058 | 921 | 891 | 590 | 530 | 478 | 437 | 223 |

从上表可以看出东吴大学在战后并没有像其他多数大学一样压缩招生数，在规模上还保持着领先地位。

① 《国民政府教育部调查表》，中国第二历史档案馆藏档，全宗号：五，卷号：2047。

② 《中国基督教大学校董联合会公报》，Achives of the UBCHEA，123卷，第504页，耶鲁大学神学院图书馆藏档。

杨永清回国

## 第二节　联合办学

东吴大学的战后复校还平行穿插着与圣约翰大学、之江大学联合办学，筹建华东联合大学的过程。

### 一、联合办学的源起

教会大学联合办学的思路由来已久，其起源可追溯到20年代巴顿调查团访华及由此而产生的在华传教士教育政策的调整。

20世纪最初的20年间，中国社会经历了巨大的变动：清王朝覆灭了，民国建立了，新文化运动发生了……为应对变局，中华基督教教育会与中华续行委员会于1918年4月共同决定"尽快推动在中国安排一次基督教教育调查"，并吁请北美外国传教大会顾问委员会提供经费、指定调查人员等。1921年初，美国各教会举行的联席会议决定，由北美16个差会和洛克菲勒基金会共同提供经费，美国芝加哥大学教授、北美外国传教大会顾问委员会主席巴顿博士出任调查团团长。调查团于1921年9月正式组成，先后在中国30多个主要城镇地区进行实地考察，历时4个多月，提交了一份调查报告：《中国基督教教育事业》。报告肯定了教会学校的办学目的和性质，提出了改革中国教会教育的新政策，即"更加有效率，更加基督化，更加中国化"。

"更加有效率"是巴顿报告所首要强调的方针。报告认为，教会学校既然已失去作为中国唯一提供新式教育的机构的地位，就要靠提供最好的新式教育以与其他学校竞争。报告建议各教会联合办学，以提高教会教育整体效率。报告建议将中国划分为六区（东南西北中以及福建)，每区设立一所教会大学，避免重复投资、重复设置等。①

巴顿调查团的报告对20年代后在华教会学校的教育事业产生了重大影响。

1922年，华东各大学就有组建华东协作大学的构想。卡德雷特给当时主管中华教育会的迪芬道夫的信反映了当时尝试联合办学的情况:“东吴大学于1922年就曾答应要将法学院移交给据巴顿调查报告所建议的华东联合大学。当时协作大学于1929年开始筹组时，东吴大学又一次允诺此事。”②

抗战初期，华东几所大学避难上海，为克服战争所带来的诸多困难，圣约翰、东吴、之江、沪江、金陵、金陵女子文理学院等华东六所教会大学协作办学，先后历时四年之久。太平洋战争爆发后，东吴法学院、沪江商学院、之江工学院于重庆合办东吴之江沪江联合法商工学院，直到抗战胜利。而滞留上海的东吴、之江、圣约翰部分师生合作开办华东大学。东吴大学文理学院则于广东曲江与岭南大学合作办学。这些经历为华东各大学的联合办学提供了经验和教训。

1943年春，中国基督教大学校董联合会也专门设立了计划委员会，对在华教会学校的现状、未来等进行研究。计划委员会于1945年最终制定了一份“计划委员会报告”，确定了战后教会在华教育的总方针。报告的第二部分“合作与合并”具体阐述了教会战后的总原则、方针和政策，主要内容有如下几方面:(1)一切涉及单个学校的建议、计划必须与参照中国目前的需要和基督教运动的整体发展以及中国政府教育政策和规划而制订的教会整体计划相一致。(2)虽然各校都希望战后尽快返回各自战前的校园，继续以前的教学，但在与其他大学领导人协商之前，任何学校不得单独采取行动，而应等到达成综合性计划后才能统一行动。这种综合性计划还要随战事的变化而随时修订。简而言之，每个学校应视自身为合作事业的有机部分。(3)一切有关更大范围的合作与合并必须保持十三所大学中每所学校的传统、价值等方面的特色。(4)有必要在中国设立五个教会高等教育中心已没有疑义，即华北、华东、华南和首都(南京)等。

“计划委员会报告”还提出了“合作与合并”的五种形式:(1)完全合并。(2)学术合并:各校保持原有身份作为独立院校，但教职人员、课程、财务等并入到一个统一的大学中。(3)联合:各校保持自己的教职人员和财务，但联合组成一个大学综合体，以该综合体来授予学位，提供进一步的以及研究院教学工作，对共同的设施如图书馆、实验室等负责，同时对资金、师资等起到维护作用。(4)协作:各校维持自己的教职工人员、课程和财务，对自己的学生授予学位。协作的目的只是来协调分享一些基本的设施，如同图书馆、实验室等，相互协调课程，以免重复设置。也可将一些管理功能归并起来。(5)建立在友好协商基础上的偶尔合作。“计划委员会报告”并倾向于“每一地区按(2)、(3)、(4)几种形式促成合作，合并。”③

委员会按优先资助和发展顺序提出八点建议，按照这一建议，上海地区如欲成为“最

① 陈学恂:《中国教育史研究》，华东师范大学出版社1994年9月版，第98—100页。

② Archives of the UBCHE，123卷，第186页，耶鲁大学神学院图书馆藏档。

③ 《计划委员会报告》，1945年，苏州大学档案馆藏档，3长57。

高水平、优先对待的基督教教育中心，有待于圣约翰、东吴、之江、沪江四所大学联合或联盟才能促成。若这四所大学能形成一个强大的联合大学，则将被视为与第一点中三个教育中心并重的优先地区。如果这四所学校不能够达成一个计划来完成联合或联盟计划，委员会认为上海地区则在优先资助行列中将不会占有重要位置。”①

中国基督教大学校董联合会执行委员会肯定了《计划委员会报告》，并将此报告所建议的原则、方针、计划作为教会战后对华教会教育事业整体政策的准则。



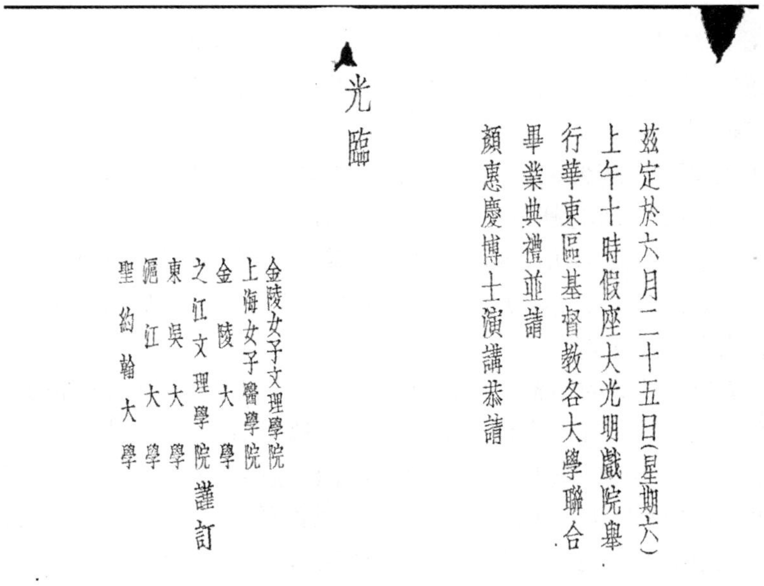
茲定於六月二十五日(星期六)
上午十時假座大光明戲院舉
行華東區基督教各大學聯合
畢業典禮並請
顏惠慶博士演講恭請
光臨
金陵女子文理學院
上海女子醫學院
金陵大學
之江文理學院
東吳大學
滬江大學
聖約翰大學
謹訂

联合毕业典礼程序单

## 二、联合办学与华东联合大学的筹建

圣约翰、东吴、之江、沪江等四所大学的创办人——各自的差会积极响应中国基督教大学校董联合会执行委员会的方针和计划。1945 年 3 月，四所大学的差会代表于纽约召开会议。会议表决通过给予四院校各自董事会完全自主，协商探讨合作、协作或联合的具体计划，并决定由四校美国差会探讨提供四校合作所需的中心地址问题。②

1945 年 6 月，卫理公会执行委员会表决通过同意校董联合会的总体规划，并通过决议：只要有两所院校愿意加入东吴大学以促进联合，差会就同意联合办学。③

当时在纽约办事处的戴荪博士在给东吴大学有关人员的信件中也充满信心地说：“即使只有三所大学愿意联合（虽然我们都希望所有四所都愿意），校董联合会（ABCCC）也将会

① 《计划委员会报告》，1945 年，苏州大学档案馆藏档，3 长 57。

② 《计划委员会报告》，1945 年，苏州大学档案馆藏档，3 长 57。

③ 1945 年戴荪关于战后计划、并校等致东吴大学有关人员信函，《东吴大学发展史，现状，计划，条例》，苏州大学档案馆藏档，3 永 54。

在以后的资助方面给予上海地区如同北平,南京,广东三地区一样头等优先的考虑的。”

当时在美国的杨永清校长也积极支持校董联合会的这种战后政策,赞同华东四校的合并计划。在1946年3月26日给文乃史的信中他写道:“从东吴大学的利益着想,不管是联合还是合并,我都支持,这是我们能得到经济资助以确保真正一流的教育工作的唯一途径。”①杨永清、戴荪等人的观点基本上代表和反映了东吴大学对于校董联合会战后计划的基本态度,清楚地表明东吴大学积极支持校董联合会整体规划,支持华东四校的合作、合并工作。

1946年6月,东吴、圣约翰和之江三校代表组成一个代表委员会,同意几个大学应该按照一个行政、一个财务、一个校址原则实行合并。沪江大学没有参加委员会,正式宣布单独办学,不参与联合。

1946年6月22日,东吴、圣约翰和之江三校联合学位授予典礼在慕尔堂举行。次日,联合毕业典礼在大光明电影院举行。三校共有425名学生毕业。

1946年12月5日,联合大学筹委会正式组建。在拟议的合并章程中,联合大学被命名为“华东联合大学”。不久,筹委会起草了联合大学校董会章程,规定校董会称为“华东联合大学校董会”,设于上海。

1947年,联合大学的的筹备工作稍有进展。据3月16日《申报》报道:“东吴、圣约翰、之江联合大学委员会,经多次商讨决定于本年秋季结业时,正式合并为一,名称将为‘华东联合大学’。”参与其事的东吴大学代理校长盛振为称:联合大学“正筹组新校董会,校董名额将为外籍创办人九人,之江、东吴、圣约翰三校原有校董九人,社会贤达五人,共廿三人,董事人数已超出教部十五人之规定,故尚在请示部方核示中。”“校长待新校董会成立,即由校董会选举。”“联大经费方面,除美国捐三百五十万美金外,即将发动之教会大学一百亿募款中,将有十分之三拨充联大经费。”“联大设文、理、法、工、商、医等六学院,除理学院将来大部分在苏州、工学院设杭州外,其余均集中上海,利用上海东吴法学院及圣约翰旧址,并购地千亩,建造新校舍,现三校学生四千余人,教授三百余人,外籍教授约占四十名。”盛振为又称:我国大学之设备、师资、图书等,过去不能与外国第一等大学相颉颃,希望联大成立后,非但能在国内认为比较完善,且必须与国外著名大学并驾齐驱。联大将举办研究所及授予学士、硕士、博士学位。大学在国内开办博士班,亦将自联大始。②

实际情况并不乐观,直到一年后,联合大学的筹备还有一些关键问题没有解决。据《申报》称:圣约翰大学日前举行校董会,“该会董事长颜惠庆因病缺席,原拟修改学校组织章程,尚未提付讨论。据悉:该校与东吴、之江三大学合并事,因‘校舍’‘经费’等问题,尚未获得初步解决,短期内难以实现,须俟杨永清校长由美返国后,始可决定”③。

杨永清回国后,对此事持积极态度。杨永清在致美国卫理公会的信函中称:“我个人

---

① 《杨永清与教会有关人士信函》,苏州大学档案馆藏档,3永93。

② 《东吴、之江、圣约翰今秋合并,成立“华东联合大学”,将开办博士班为国内大学首创》,《申报》,1947年3月16日。

③ 《合并问题俟杨永清校长返国解决》,《申报》,1948年4月15日。

有这样的意见：只要经济上没有问题，华东联大，立即可成为事实，并可另外建筑新的校舍，并请卫理公会对于以上协议给予适当的支持，我希望我们伟大的卫理公会，能全力地参与这一联合大学的工作。中国召唤我们做伟大的事情，联合大学就是其中之一。”①

此后，时局的发展更打乱了联合大学的筹备，华东联合大学也终成“一枕黄粱”。

毕业典礼 1946

毕业生签名

---

① 《杨永清致卡脱莱特函》，1947 年 7 月 30 日，苏州大学档案馆藏档。

## 第三节 困难重重

### 一、抗日战争时期东吴大学的损失

东吴大学苏州校园两度被日军占领，损失相当惨重。1937 年 11 月至 1939 年 3 月，日军第一次占领校园。在日军医院占用的这些日子里，学校大楼和住宅遭到洗劫和糟蹋，几乎没有什么东西完好地保存下来。只有两个例外：理科大楼楼梯间储藏处未被运往湖州的仪器设备以及教堂里的大量书籍。当时，因日军要将东吴校园改为医院，安置日军伤病员，魏廉士博士得到日本人的同意，去抢救图书馆里的图书。在限定的几个小时里，就像用筐运煤那样，将书搬运并储藏到教堂里，使这些书得以幸存下来。但是，后来的检查发现，所有有价值的科学书籍，所有百科全书、词典以及其他现代参考书籍、装订成册的期刊等都被日本人抢走了。

由于当时日本还没和美国宣战，虽然东吴大学已在国民政府立案注册，但文件以及校园的界牌上却明确地写着"监理会东吴大学"字样。这样，通过监理会文乃史、许安之博士以及慕雅德会督的不懈努力，日军不得不在占用了 16 个月以后，于 1939 年 3 月仍将校园归还东吴大学，但校园建筑、教学设施、图书馆书籍已遭很大的破坏。

1941 年 12 月，太平洋战争爆发后，日本向美国宣战，于是校园又一次被日本侵占。这一次的破坏程度更加严重。正是在这次占领期间，葛堂经历了许多结构上的变化，被日军医院改变为办公室、手术室、药房和急诊病房。葛堂屋面曾被炸毁一部分。水电设备均有损坏。阶梯大教室改为扶梯。许多结构上的变化无法复原。在上海，法学图书馆"旧有庋藏原逾万册，惨经秦火，散佚者亦不在少数"①。

许安之

直到 1946 年春，人们还可以看到："当年锦绣天堂似的东吴，现在除了几幢大房子的外表还依旧保存着当年一些的气象外，其余呢？校门毁了。足球场、篮球场、网球场都荒草一丘……体育馆的看台毁了，宿舍里的卫生设备毁了，连墙壁都毁了，从前二人、四人一间的小房间，现在变成了'统舱'。"②"绕过体育馆，游泳池尚未修复，花圃成了菜畦，假山改作了防空洞，网球场的砂变了乱石杂草，唯有几株老树，依然独立冷雨

① 《法学院近讯》，苏州大学档案馆藏档，3 长 43。
② 撰：《校史》，苏州大学档案馆藏档，3 永 63。

凄风之中，阅尽沧桑，看过兴衰。”①

据1943年出版的《东吴校闻》所刊《抗战初期损失统计》称：“本校自用校产，苏州天赐庄校本部、上海昆山路法学院及吴兴附中三处。又租借校址有上海南京路校本部及虞洽卿路法学院二处。二十六年抗战后，苏州校本部曾一度被敌占领，旋经美国交涉收还，但校舍、设备、图书、仪器已有相当损失。三十年冬太平洋战事，各地校产及租借校址先后被占，其损害范围与程度迄未能作详确之调查与统计。至抗战结束前有无更多之损失尤在不可知之数矣。”兹将初期损失列表如下：

| 损失类别 | 实验室仪器 | 图书馆图书（百分之二十） | 电机厂 | 校舍及校场 | 校具设备 | 家私 | 一切档案文件 |
|---|---|---|---|---|---|---|---|
| 价值 | 美金 50 000元 | 美金 10 000元 | 美金 6 500元 | 国币 120 000元 | 国币 200 000元 | 不计其数 | |

附注：美金及国币均以1941年12月币值为准。②

总而言之，“九年抗战，苏沪校舍均遭蹂躏，校具百无一存，房屋亦迭经破坏”③。

### 二、经费问题

1945年8月，日本宣布无条件投降，给饱受战争苦难的人们带来了新生的希望。但是，国民党政府的腐败统治造成了严重的恶果，社会经济急剧恶化，物价飞涨，货币贬值，民不聊生。社会经济的恶化使教会大学处于两难境地。各校财务紧张，不堪重负，教师生活水平急剧下降，招收学生越多，学校负担越重，教职工生活水平越低，学校财务赤字越大。为减轻经济压力，减少教职人员负重，很多学校不得不压缩招生规模，如“岭南和之江已准备将招生数减少200，福州协和只打算招600名而不是原准备招的1 000名学生”。

减少招生后，为弥补财务不足，各校所能做的就只能是增收学费。芳维廉报告说：“据说上海地区的四所高校（东吴、圣约翰、之江、沪江）所收学费已达天文数字，其他学校虽没收到这么高程度，但接下的秋季学期也同样会大大提高收费标准的……。”面对战后复校、学生增加、货币值下跌等种种危机，东吴大学亦是举足艰难。杨校长在1946年5月9日提交给差会特别会议的报告中写道：“1945—1946学年结束后，据现所报来的数据看，学校大约亏损赤字在20 000 000（1万美金），还不包括修缮，复校费用的短缺。”④

战争结束之前，校董联合会预见到在华教会大学将需大量资金以恢复在战争中被毁的校园建筑和教学设施，并为此准备了相当的资金。但随着战后中国社会金融动荡，物价上涨，货币急速贬值，教会大学经费情况异常严峻，教师生活水平急剧下降，迫使校董联合会改变原先的计划，将修复各校校园为重点转变为重点帮助各校度过危机。⑤ 同时向各有关教会发起募捐运动，以筹集资金，帮助在华各教会大学的校园恢复，募捐标的为

---

① 贤牧：《校庆在姑苏》，《东吴大学法学院年刊》，1946年。

② 《抗战初期损失统计》，《东吴校闻》，1943年12月1日版，苏州大学档案馆藏档，3长43。

③ 《胜利复员后本校校务之进展》，苏州大学档案馆藏档，3长43。

④ 《杨永清报告书》，苏州大学档案馆藏档，3永40。

⑤ 《校董联合会会议记录》，1946年11月，苏州大学档案馆藏档，3永54。

1 500 万美金。为此,东吴大学加入了中国基督教大学联合募捐运动,并与圣约翰、沪江、之江等一起负责组成筹备委员会。

筹备委员会第一次会议于1947年1月18日下午1时在东吴大学法学院召开,由盛振为代校长主持。会议设立了募捐运动委员会,确定了捐款目标(暂定为国币100亿元)等。其中捐款分配办法规定:(1)中央政府及国营机构所拨或所捐之款由13个单位平均分配之。(2)各校向其他方面对劝募所得者分别归各该劝募学校单独所有。

募捐运动进展非常顺利,从3月份开始到8月份为止,除从其他渠道所募以外,仅从国民政府方面就募得国币达60亿元。募捐委员会据此于8月7日召开的募捐委员会会议上将募捐目标调整为国币150亿元。①

除此之外,东吴大学还另行设立校友募捐委员会,向校友募捐。东吴大学校友会自1913年建立以后,在全国各大城市都设立了分会,对母校教育事业作出了巨大的贡献。抗战期间,原有的校友会虽多已解散,但战后不久,南京、武汉、广州等地的校友会又迅速得以恢复。各地校友纷纷尽己所能捐钱捐物,帮助母校恢复工作。"募捐工作进行得非常顺利,钱从各地汇来。"到1946年8月中旬,已收到:美金5 000元;国币:143 421 000元;利息:21 486 046元。(按国币对美金的兑换率3300∶1计,收到的国币及利息约为5.5万美金)文乃史向杨永清校长报告说:"很显然到现在为止所收到的捐款主要来自很少一部分校友,而他们也只是通过朋友或业务关系,而不是从其他校友处募来这些捐款……我们应加大努力,扩大宣传,让更多的校友知道并参与进来……"②另据《同学会复校募捐运动成绩美满》一文,校友会"原定目标二万万元",至1946年11月30日,"实收款项已逾二万六千万元"。其中捐款最多者为李骏耀,捐款4 000余万元;其次为蒋纬国,捐款3 000万元。此外,捐款1 000万元以上者尚有伍守恭、林凤苞两人。③ 在校园重建经费筹措方面,杨永清校长积极争取校董联合会拨款,并在美国举行募捐活动,发挥了重要的作用。这可从当时的来往信件中窥见一斑。

蒋纬国

杨永清1946年7月8日致文乃史紧急信函称:"我正和差会商量按排汇拨2.5万美金资金,以防夏季可能出现的紧急情况。"④

在1946年7月8日给文乃史、盛振为等人的信中,杨校长表明了自己在美国所作的努力以及自己的想法和打算:"当3月份自伦敦刚回来……回来后我所能做的第一件事

① 《中国基督教大学联合大学募捐委员会会议记录》,1947年8月7日,苏州大学档案馆藏档,3永108。
② 《文乃史致杨永清函》,1946年8月15日,苏州大学档案馆藏档,3永40。
③ 《东吴通讯》,1946年。
④ 《杨永清致文乃史等人的信函》,1946年7月8日,苏州大学档案馆藏档,3永93。

就是与校董联合会（中国基督教大学校董联合会）接触，请求帮助一些应急资金……幸运的是，芳维廉博士不久回到美国，我有机会和他探讨了这些问题，特别是尽力想探出他对联合办学的看法，以及他将提高校董联合会给我们的支助……他对我们很是同情，答应尽量修改本已成蓝本的本年度拨款计划，建议有可能今后每个季度增拨 2 百万国币给东吴……我的打算是同时从三个渠道来筹集我们所需的资金，从差会争取更多资金，从校董联合会争取更多拨款；从慕雅德会督处争取特别支助……我不久前已经和慕雅德会督作了一次 3 小时的会晤。当然他仍和往常一样非常同情我们，随时准备为我们出力，提建议……我们甚至谈到了准备一次专为东吴大学的特别募捐活动……我们想在南方教区开展这项活动。

综合起来对于我们目前的财务状况，我想强调两点：一是我相信我们的财务前景将会比以前更好，我们自己的教会尽最大努力多提供资金，同时从联合教会那儿将会寻求到新的增加渠道；二是在开办经费上，我们将更加依赖于董事会，因此我们更要在校董联合会那儿维护一种良好的声誉，并与之保持一种良好的关系。”①



1946 年 8 月 16 日黄安素会督（又称华会督）在给文乃史的信中写道：“在杨博士，卡德雷特，慕雅德会督，科恩会督（Kern，Paul），癸连恩（Quillian，F. W.）博士以及与其他东吴大学有关人员之间举行了多次会议商讨募捐事宜。经大家一致同意，卡德雷特博士、杨博士和我最近邀请慕雅德会督担任募捐委员会主席。并已征得了他的同意。我们已组织了一大批富有的平信徒和教会领袖来帮助东吴大学募集相当可观的修缮和扩大资金。我们为此初步设定的募捐金额 10 万美金，我希望大部分将在杨校长秋天回国之前准备就绪。”

黄安素

1946 年 9 月 20 日，卡德雷特写信告诉文乃史说，一笔数量可观的钱已准备好了，可以帮助东吴大学特别是修缮工程的进行。同时该笔钱还可挪出一部分作为学校开办经费。

### 三、艰难复校

文乃史在所著《东吴大学》“战后的复校”一章中说到，随着日本的投降，在杨永清校长从美国出发去伦敦参加联合国大会之前，杨永清任命文乃史参加中国基督教大学校董联合会，以便为东吴大学的复校制定购置一般的和特殊的补给物品的细节，定购物理、化学和生物的设备，包括一些重要的剩余战争物资，并准备好尽早海运至中国。在文乃史主持复校期间，在东吴师生及各方努力之下，复校工作艰难进行。

① 《杨永清致文乃史等人的信函》，1946 年 7 月 8 日，苏州大学档案馆藏档，3 永 93。

1. 修葺、恢复校园建筑

《胜利复员后本校校务之进展》(1946 年)谈到“恢复旧观之迅速”,抗战胜利复校“一年以来,虽因限于经费人力,无法大兴土木,使苏沪房屋悉复旧观,然因各方努力,课室、宿舍、体育馆、游泳池等均已可用。即已故校长孙乐文先生之纪念华表,亦已于本年校庆日重植,林堂屋顶之四面大钟,亦已由严馨垂先生之资助,予以修理。”①

日军占领期间,葛堂屋面曾被炸毁一部分,水电设备均有损坏,阶梯大讲堂改为扶梯。“经陆鸿钰博士苦心设计,尽量利用废料,加以修葺,全部电线及自来水管,均已重行装置或加修整,现已完全恢复旧观,师生称便。”②

东吴大学校门,战前系座南朝北。“抗战期间,日军驻扎校内,竟将校门移置天赐庄道上,改为座东朝西,且将校门两侧原有房屋拆毁,殊损观瞻。”1948 年 5 月间,1928 级校友聚会,议决为母校作贡献,遂“集巨款,为母校重建校门”,不久落成。③

**1928 级校友重建的校门**

2. 恢复、充实图书馆

文乃史返校前,曾在美国与十几位美国大学的学者和专家合作,编列了一份给东吴

① 《东吴通讯》,1946 年。
② 《学校概况》,苏州大学档案馆藏档,3 长 26。
③ 《老少年》,民国三十七年七月。

大学图书馆订购的1 500本书的基本清单。参与其事的有斯沃莫尔(Swarthmore)学院的图书馆主任沙本仁博士(Dr. Charles B. Shaw)。1948年11月,沙本仁来到苏州,在东吴大学停留数日,参观图书馆等处。凌敬言代馆长和戴逊负责接待。沙氏此行专为研究中国各图书馆,并代表中国基督教大学联合董事会,接洽重建公共图书馆事宜。战后,东吴大学得到美国方面大量的图书捐赠。

此外,图书馆还收到供职于江海关的罗汉槎校友捐赠大英百科全书一部,得到教育部配给最新大英百科全书一部,校友严欣淇、黄廷英诸先生捐赠图书多种,上海美国新闻处图书馆主任Miss Margaret Thompson到东吴大学参观,携来书籍百余册及图画等。另有校友余经藩捐赠国币200万元,用于图书馆购买杂志。

战后不久,图书馆藏书恢复至5万册(中西文合计)。①

3. 恢复生物材料处、物理仪器工厂

在沪期间,生物材料处继续开办,以满足生物学系教学资料和准备标本等需要。战后,生物材料处从上海全部迁回苏州,由徐荫祺任主任,并聘戴荪、陈子英、张和岑、李惠林、沈毓凤、徐祥生、杨祺柞、黄佩英等为专门技师协力整顿,充实内容,恢复生产。产品分为“植物、细菌、普通动物,比较解剖胚胎,遗传,体素,昆虫,寄来动物及应用仪器等组,标本方面又分压制、浸制、干制、指示(如骨骼、解剖标本)玻片标本等一千余种”,并已有香港、上海以及他省来函采购。除此之外,生物材料处又筹备恢复大学B. S. S. Bulletin和中学生物学刊两种杂志。②

此外,生物学系还恢复了在苏州建立淡水养殖场的计划,以纪念祁天锡教授。

另一件事为物理仪器工厂的恢复。东吴大学物理系所办之仪器工厂创始于1934年。苏州沦陷后,仪器工厂被日军搬走。东吴大学在沪办学时,曾在上海重新购置机器,一度恢复生产,制造了不少仪器。战后,将沪厂机器迁回苏州装置开工,生产自制的高档仪器。同时,又从美国增购机器,扩大规模。

4. 解决教师生活困难问题

值得一提的还有,校方花了大力气解决教师生活困难问题,除依靠校友捐资设立教师退休基金外,又建立了两项基金。1947年下半年,由于国内经济的进一步恶化,母校财务愈加紧张,校友会(同学会)向广大校友筹集资金,设立了教职工补助基金会,并制定了《东吴大学同学会补助母校专任教职员生活费暂行办法》。③ 随着物价上涨、货币贬值,校友会对教职员工的补贴也一再修改,津贴数随物价变动。据1948年3月的补助办法所规定:工龄满25年者,补助已达1 200万元。“教工合作互助基金”起源于一笔来自美国友人所捐赠的400元美金。学校以此为基础设立了教工互助合作基金,每月从教师薪金中扣除部分薪金,以帮助贫困者“购买基本生活所需”④。

---

① 《学校概况》,苏州大学档案馆藏档,3长26。

② 《学校概况》,苏州大学档案馆藏档,3长26。

③ 《东吴大学同学会补助母校专任教职员生活费暂行办法》,苏州大学档案馆藏档,3长66。

④ 《中国基督教大学校董联合会报告书》,1947年11月18日,Achives of the UBCHE,123卷,第226页,耶鲁大学神学院图书馆藏档。

上述而外，东吴大学的学生也为教师建立了一项“教工福利基金”，又称“尊师基金”。1946 年 5 月，原已长期存在的通货膨胀突然恶化，校政部被这一次危机搞得不知所措，决定增收学费。决议遭到学生普遍的反对。学生认为再交一次学费是不合理的。在 1946 年 5 月 8 日的校政部会议上，盛振为院长报告了法学院学生对增收学费决定的反应。校方认为应向学生说明，所增收学费主要用于发放教职人员的薪金，允许学生根据自身的经济能力增交 3 万、2.5 万或 2 万国币不等，实在不能增交学费的学生可向校方申请减免。校方还决定派教师代表和学生代表商谈，向学生说明困难，以求学生谅解。① 学生虽反对校方的再次收费，但也认识到问题的严重，能够理解这不是任何人的过错，但却是每个人的不幸。为了帮助解决发放薪金的困难，学生自行组织在学生中募捐，设立尊师基金。校方认为这样做与教师们的尊严不相符合，但学生们已开始行动了。② “经过学生们的努力，‘尊师运动’所募集的‘教工福利基金’已达九百零七万元国币（约折合 4 535 美金），并已经分发给每位教工，每位教工分别领到多者不超过 16 万，少者不少于 4 万国币的尊师津贴。”③

东吴大学在战后经济恶化、社会动荡中复校，校园破坏、设施不全、师资不足、经费奇绌，百废待举，困难重重。对于东吴大学来说，只要经费有着落，复校工程并不是太艰难的。主持复校工作的文乃史这样说：“战后的复校工作，几乎是千篇一律的样式，即使不作叙述也是可以想象的。回想起来，在理学院这一例子上似乎就能感到这一点。就其实物方面而言，对学校的破坏是有限的，并非不可重建：一块土地也没有丢失；大多数建筑物仍然保持着完好的结构。在教育方面，比较而言，学校似乎离散和解体了：教职员工风流云散，一部分不再归来；仪器设备减少；新书遭受劫掠；档案荡然无存；教学材料大多已不复存在。但大家都有一个恢复的愿望！瓦砾可以清除，防空壕可以填平，大楼可以重建，设备可以重新安置，可以增添新的教职员工，共同发扬传统的团队精神。战争打赢了，未来属于他们！这是给教师和学生带来新生活的精神力量，正是这种精神动力才使得学校渡过了日本投降后三年半时间里那段沉闷、迟滞、价格又扶摇直上的苦难岁月。”④

---

① 《校政部会议记录》，1946 年 5 月 8 日，苏州大学档案馆藏档，3 永 44。
② 文乃史著，王国平、杨木武译：《东吴大学》，珠海出版社 1999 年 8 月版，第 122 页。
③ 《校政部会议记录》，1946 年 6 月 17 日，苏州大学档案馆藏档，3 永 44。
④ 文乃史著，王国平、杨木武译：《东吴大学》，珠海出版社 1999 年 8 月版，第 61 页。

# 第六章　从历史走向未来



## 第一节　走进新中国

### 一、东吴大学中共地下党组织

抗战胜利后，东吴大学在上海和苏州相继复校。中共苏州地下党系统（苏州市工委）在东吴大学建立了地下党支部。1946 年秋季学期，在上海的东吴文理学院学生（三、四年级学生除外）迁回苏州，其中的地下党员于 1947 年下半年也在苏州建立党支部，朱承烈任书记。该支部仍由上海市委学委联系。至 1948 年 3 月，两个党支部合并，路尔铭任书记。1948 年 9 月后，陆亨俊任书记，黄俊明、汪家学、王瑞莲为支委。另外，1948 年春，中共茅山工委也在东吴学生中发展党员，9 月建立党支部，何福源（物理系学生）任书记，沈剑涵、章腾文为支委。1949 年 3 月，何福源、章腾文奉命去丹阳农村从事游击活动，沈延富接任书记。两个地下党支部密切配合，到 1949 年苏州解放公开合并。①

路尔铭

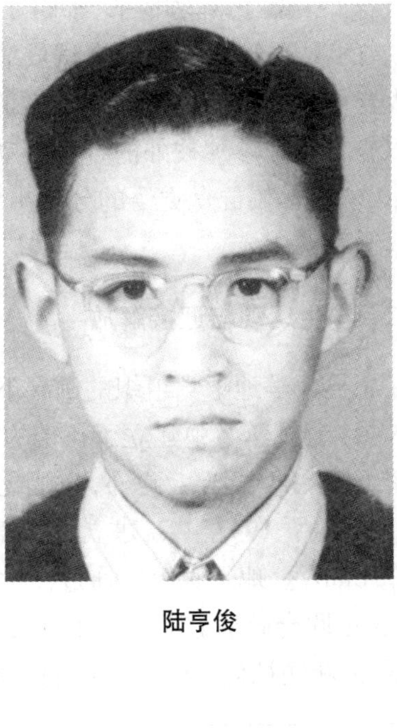

陆亨俊

① 《解放战争时期东吴大学地下党活动情况、组织简况、学运情况、座谈记录、回忆录材料汇编》，苏州大学档案馆藏档，3 永 124；黄履中：《回顾解放战争时期苏州东吴大学学生运动》，《东吴上海会讯》，2005 年第 2 期。

何福源

中共东吴大学党组织对学校政治环境作了这样的分析:“东吴大学是一所比较自由的大学。学校学习采取学分制,可以自由选修课程,可以多选,也可以少选。可以跨系、跨班级选课。教室和教师都不固定,除个别教师上课时严格实行点名制度外,大多数不严格;有的甚至不点名,只要考试成绩及格就可以得学分,所以学生比较自由。在国立和教会大学中是少有的。学校对学生的管理比较松,也没有专职的管理学生人员,所以学生可以较自由地参加校外的各种活动,只要不出名,校方也不知道。”党组织根据上级有关指示,从对学校群众觉悟的分析出发,“结合东吴大学较自由这个有利条件,开展了各种群众活动”。①

**二、学生运动与迎接解放**

在东吴大学地下党组织的领导下,学生运动局面一新。

1946 年初,学生中建立了秘密的“时事学习小组”,在上海学生迁回苏州后扩大成立了秘密组织“今天社”。此外,又建立了一些公开的外围组织,如 1946 年上半年成立的“文学研究会”、1947 年春建立的“东吴新闻社”、1947 年 10 月成立的“姐妹兄弟团契”(S. B. Club)。地下党组织通过文学研究会传阅解放区文学作品和毛泽东的《新民主主义论》、《论联合政府》等;由“姐妹兄弟团契”组织演唱解放区的革命歌曲,表演进步话剧;由东吴新闻社创办《东吴新闻》,宣传和报道社会时事和学生运动等,越来越多的同学

① 《解放战争时期东吴大学地下党活动情况、组织简况、学运情况、座谈记录、回忆录材料汇编》,苏州大学档案馆藏档,3 永 124。

团结在地下党的周围。此外,1948 年 10 月,为建立新民主主义青年团,建立了“新民主主义研究社”,对外称“新民社”。东吴大学的学生运动进一步开展。①

蒋介石撕毁“双十协定”,发动内战后,东吴大学进步师生在地下党组织领导下,积极开展反内战、争民主和平的斗争。1946 年冬,北平发生“沈崇事件”,地下党组织进步师生在拙政园与社教学院部分学生会合,组成抗暴委员会,发表宣言,抗议美军暴行。1947 年 5 月,东吴大学学生响应全国学联号召,积极投入国统区学生“反饥饿、反内战、反迫害”运动。

“反饥饿、反内战、反迫害”罢课

1947 年夏,地下党支部团结大多数学生争取成立学生自治会,校方被迫同意。“选举帷幕拉开后,进步同学以文学研究会名义提出了候选人名单,东吴新闻社全力支持,派记者采访出专号外,发表候选人的施政纲领。受反对势力影响和控制的一方则提出另外候选人名单,竞争非常激烈,民主气氛空前活跃。最后由全体同学直接投票选举,结果,路尔铭以 249 票当选为主席,刘庆曾、朱承烈为副主席。这样,苏州东吴大学战后第一届学生自治会正式成立了。”学生自治会正副主席共 3 人,其中路尔铭、朱承烈两人是地下党成员。在东吴大学学生运动中,学生自治会发挥了很好的作用。当年暑假,由于物价飞涨,学生自治会开展了助学运动,发动全校学生捐赠了一笔助学金,资助家境贫寒的学生上学。

为要求成立自治会静坐示威

① 早在 1946 年 1 月 28 日举行的一次教务会议上,校方即已担心东吴大学的学生运动。会议记录称:“最近全国各地学潮澎湃,本校学生颇受外界影响。下学期恐有增无减,故仍需各教授协助指导。”苏州大学档案馆藏档,3 永 43。

1948 年 5 月,“姐妹兄弟团契”和东吴新闻社联合其他学生社团举办“五四”晚会。“到会的有六百多同学,请了社教学院进步教授赵越作五四运动意义报告。会上演出了‘茶馆小调’、‘王大娘补缸’、‘八根火柴’、‘查户口’等,揭露国民党迫害人民的罪恶。晚会气氛热烈”,展示了进步力量的成长。

1949 年 4 月 1 日,南京学生游行示威,要求国民党当局接受中共八项和平条件,遭到当局血腥镇压。东吴学生谴责国民党当局制造“四一惨案”。一夜之间,全校张贴了声援南京学生的传单、标语。何福源、何祚永等在学校大门“养天地正气,法古今完人”的校训上贴上“一个人倒下去,千万人站起来”的巨幅标语。第二天晚上,又举办了营火追悼会。

解放前夕,东吴大学组织了“应变委员会”。当时,校方拟将学校南迁。“学生自治会参加应变委员会的诸汉文、张崇高、何祚永、徐佩芳、黄绪德,教师的代表周孝谦、徐荫祺等竭力反对迁校。结果迁校遭否决。为了保护学校安全,防止破坏盗窃,应变会决定成立护校纠察队,由学生自治会负责。张崇高为纠察队长,黄绪德为指导员,并与周围晏成、慧灵、景海、振华等成立校际联防以壮大声势。地下党支部团结师生,为保护学校迎接解放作出了贡献。”

1949 年 4 月 27 日,苏州解放。东吴大学师生纷纷上街,敲锣打鼓,迎接解放军进城。接着,在校内大草场举行军民联欢大会,高唱《我们的队伍来了》、《解放区的天是明朗的天》,一片欢腾。①

庆祝中华人民共和国成立

① 黄履中:《回顾解放战争时期苏州东吴大学学生运动》,《东吴上海会讯》,2005 年第 2 期。

# 第二节　“在维持中改造”

“苏州完全解放了，学校也在同一天内开始继续上半学期的功课。在人民自己的政府里，东吴也开始正式的新生而走向坦平的大道。”①党和人民政府对私立学校的方针是“积极维持，逐步改造，重点帮助”，允许教会学校在行政上维持现状，同时“在维持中改造”。

## 一、对局势转变的最初反应

苏州解放后，杨永清代表校方对局势转变作出了最初的反应。他在5月5日晨会上对学生作了重要讲话。首先，杨永清高度肯定了学生的护校活动：“在此次极大转变中，我们的城市、我们的学校，皆幸能保持完整，未受惊惶，未受损害，这是我们对于校内校外各方面出力人员，都应该十分感激的。”　“在此次‘应变’期中，欣闻诸同学以保卫大东吴为目标，此种爱校护校的精神，深堪嘉许。”

其次，杨永清表示了当前校方的政治态度：“现在苏州局势，已经转变；转变后，必有许多改革，将按部就班，循序推进，教育方面，想必有新的计划，新的方针，将由当局以法令颁布……故本校校务委员会方面议决：在未奉到新教育法令之前，一切现行学制，行政组织系统，暂不变更，照常进行，这似乎是最自然，最合理，最合法的态度，想诸位同学，亦必深以为然的。此种办法，同时似亦适合人民解放军总部向江南各地解放区人民所颁布的约法八章，因为其中第四章有云：‘保护一切公私立学校……凡在这些机关供职的人员，望照常供职……’”

再次，杨永清表达了对“新东吴”的期望：“希望我东吴能与日俱进，日新又新。再进一层说，我们所要建设的‘新东吴’与旧东吴相较，不是一个同与不同的问题，乃是一个好与更好的问题。我所希望的新东吴乃是可以更切实培养有才有德、可信可用的人才，有更好的校风，更好的纪律，有更浓厚的学术风气，更美满的精诚团结。”②

平心而论，杨永清的讲话在某些方面难免欠妥之处，但从总的方面看，东吴大学校方在当时的反应基本上是正面的、积极的，对新时期的新东吴寄托着新的希望。

## 二、领导机构与办事机构的调整

据1950年下半年文理学院概况调查表，解放初，东吴大学的领导体制“以校董会为主体”，“以校务委员会为校内最高行政决策机构”。

1949年秋，东吴大学校董会由陆干臣、伍克家、李中道、安迪生、董承道、江长川、项烈、罗运炎、严欣淇、梁冠榴、裴格萌、费雪珍、姚克方、钮师愈、蔡汝栋、黄安素等组成。1950年春，董事会董事长为陆干臣，副董事长为伍克家，中文书记为李中道，英文书记为

① 撰：《校史》，苏州大学档案馆藏档，3永63。
② 杨永清：《应变续谈——三十八年五月五日晨会讲词》，苏州大学档案馆藏档，3永107。

项烈，会计为董承道，董事还有洪士豪、江长川、罗运炎、严欣淇、梁冠榴、谢颂三、费雪珍、乐安伦、纽斯愈、蔡汝楝，当然校董为黄安素。

1949年9月30日，东吴大学校务委员会筹备会成立。10月，苏南行政公署下达指令，同意校方所报校委会筹备委员会名单。在校务委员会正式成立之前，筹备会代行其职权。经一年筹备，东吴大学校务委员会于1950年10月11日正式成立，由杨永清任主席，徐景韩为副主席，王应鼎为书记。委员会当然委员有校长、教务长、理学院院长、文学院院长、事务长及各系科主任。另有选任委员6人，其中工会代表4人，学生会代表2人。校长综理全校行政，教务长协助校长主理校务，文理两学院院长、事务长分别负责处理院务与事务。校委会之下分设各项委员会如教务、生辅、财务、事务、政治教学、学习、生产等。

1951年8月下旬，学校进行了一次行政改组，增设副校长两人。由校董会呈准华东教育部，聘任钟伟成为第一副校长，潘慎明为第二副校长兼文理学院教务长。

随着此后各项活动和运动的开展，东吴大学又成立了一些相关的领导或办事机构，主要有1950年3月成立的政治学习委员会、1950年12月建立的抗美援朝保家卫国工作委员会、1952年3月成立的“毛泽东思想学习委员会”、1952年8月成立的东吴大学院系调整委员会等。

### 三、华东联合大学计划的终结

1948年，华东联合大学计划的努力没有取得任何成果。全国解放后，新的形势、新的气氛、新的需求又一次激发起新的联合热情。1949年11月，在东吴大学的推动下，东吴、圣约翰和之江三校又连续召开合作会议，商讨按1948年计划继续尝试联合办学。纽约校董联合会对此表示大力支持，并给出了一个总的方针，即“在不扩大数量的前提下提高质量，促进合并”。杨永清校长建议从1950年秋季学期开始，三校实行招生和教学的完全联合，而不是像以前那样仅限于高年级教学的联合，这样，几年以后就可以成为一个完全联合的大学。① 在12月17日的三校联席会议上，杨永清校长被选为联合委员会临时主席，负责召开会议，协商联合事宜。此后，三校相继召开了多次会议，但始终没能找到一个能被各方所接受的联合方式。不久，随着抗美援朝战争的爆发，华东联合大学也成为一个破灭的梦想。

### 四、东吴大学与教会关系的变化

1950年10月2日，在朝美军不顾中国政府的严正警告，越过三八线。同日，中共中央和中国政府决定派遣中国人民志愿军赴朝作战，抗击美国侵略。中国人民响应党和政府号召，积极行动，抗美援朝。11月中旬，东吴大学88名(占全校学生总数的五分之一)学生响应政府号召，报名参军参干，其中34人获得批准。

1950年12月，东吴大学建立了抗美援朝保家卫国工作委员会，推动和组织各项行动。12月8日，举行了反美控诉会，除师生工友代表外，校长杨永清也在大会上讲话，表

---

① 《杨永清致之江、圣约翰有关人员信函》，1949年12月10日，苏州大学档案馆藏档，3永64。

示要与美帝斗争，直到世界得到永久和平。12 月 20 日，东吴大学教职员全体大会召开，会上产生了“教职员反美爱国行动委员会”。24 日，全体教职工参加了苏州市文教局反美示威大游行和工会大游行。

1950 年 12 月 29 日，政务院第 65 次政务会议通过《关于处理接受美帝津贴的文化教育救济机关及宗教团体的方针的决定》。1951 年 1 月 14 日，中央人民政府教育部召开了全国接受外资津贴的高等学校代表会议。东吴大学杨永清校长、王涵清教授、何福源同学代表东吴大学赴京出席会议。同日，政务院文化教育委员会公布《接受外国津贴及外资经营之文化教育救济机关及宗教团体登记实施办法》。1951 年 3 月，东吴大学在华东军政委员会教育部专门设立的登记处登记，与教会割断联系。从 1951 年春季学期起，东吴大学不再接受美国教会津贴。

参军参干，抗美援朝

抗美援朝代表会议

1951 年 4 月底，东吴大学举行全校性的抗美援朝代表会议。这次会议由何福源同学作抗美援朝运动的工作报告，凌敬言教授作会议小结，杨永清校长致闭幕词。“大会决定并立即执行，把校场上美国传教士孙乐文的纪念石柱与石基全部拆毁，把校门上的英文‘校训’‘成一完人’涂去，而代之以‘全心全意为人民服务’几个字。此外，还

涂去英文校训

把‘林堂’、‘葛堂’、‘孙堂’等房屋的名称全部更改。”①

**五、政治学习与思想改造**

政治学习

1950 年 1 月，苏南行署召开了第一次教代会。1950 年 2 月底，苏南区教代大会闭幕。1950 年 3 月 11 日，举行第一次师生代表政治教育座谈会，当即决定成立政治学习委员筹备会，由师生代表 15 人组成。校务委员会通过政治学习委员会组织办法，并依此普遍建立学习小组。从 1950 年春季学期开始，学校开设了“社会发展史”、“政治经济学”、“中国革命问题”等马列主义政治理论课程。

1952 年 3 月 7 日，以宫维桢、吴天石为首的思想改造工作队进驻东吴大学。3 月 17 日，“毛泽东思想学习委员会”成立，由宫维桢、吴天石、徐行等组成。委员名单如下：宫维桢、吴天石、徐行、陆亨俊、杨永清、潘慎明、钟伟成、凌景埏、沈青来、何福源、黄文绍、徐荫祺、华宜生、孙蕴璞、黄元福、董庆藩、周振奎、朱为统、黄绪德等。宫维桢为主任委员、吴天石为副主任委员。学习委员会的任务就是领导和组织东吴大学师生“学习马克思列宁主义和毛泽东思想，开展思想改造运动，以树立工人阶级的思想领导”。

宫维桢

时任法律系主任并兼法学院教务长的倪征日奥在回忆这次思想改造时说：“思想改造是在党的集中领导下进行的。东吴法学院的专任教师较少，大多数是在各校或各处兼课或兼职的。思想改造期间，大家集中起来，住在校内。兼课、兼职的人则参加其主要工作所在地的思想改造运动。首先是听党领导的报告，然后分组讨论。东吴法学院比较年老的教师分为两组，每组十余人。此外，每组有一二位党员干部参加。分组讨论中，组员先后发言，先是自我介绍详细履历，然后倾谈解放后自己思想活动或转变过程。在此阶段，别的组员可以交叉发言，或者进行帮助，借此大家可以提高认识。有时可以临时休

① 《东吴大学文理学院政治课讨论会书面汇报》，1951 年 12 月，《政治学习与参干材料》，苏州市档案馆藏档，J1－1，121 卷。

会,以便休息或整理思想。似此逐一轮流发言,不作结论。”①

这次学习和思想改造运动为时5个月,于1952年8月告一段落。思想改造运动同时也为院系调整打好了基础。

吴天石

## 第三节 院系调整:从历史走向未来

### 一、院系调整

1. 调整前的情况

1949年8月,东吴大学曾向苏南行政公署申请增设药学专修科、社会教育专修科等4个专修科。苏南行政公署同意东吴大学增设除社会教育专修科以外的3个专修科。最后,因准备不足,东吴大学只增设了药学专修科。创办药学专修科的“目的不仅是培养药剂师,还使搞化学的人获得药品制造的基本知识”。药学专修科由化学系、生物系老师和博习医院的医生授课。化工系和药学专修科成为东吴大学第一大系。化工系还曾于1949年建立了一个油脂工场,主要产品是月光牌肥皂。

据1950年统计,东吴大学文理学院所设院系以及在校师生情况如下:

东吴大学各院系师资情况(1950年):

| | 教师 | | | 教授 | | | 副教授 | | | 讲师 | | | 助教 | |
|---|---|---|---|---|---|---|---|---|---|---|---|---|---|---|
| | 小计 | 专任 | 兼任 | 小计 | 专任 | 兼任 | 小计 | 专任 | 兼任 | 小计 | 专任 | 兼任 | 小计 | 专任 |
| 总　计 | 61 | 46 | 15 | 30 | 24 | 6 | 10 | 7 | 3 | 16 | 10 | 6 | 5 | 5 |
| 文学院 | 19 | 16 | 3 | 13 | 12 | 1 | 4 | 3 | 1 | 2 | 1 | 1 | | |
| 语文系 | 4 | 3 | 1 | 3 | 3 | 0 | 1 | 0 | 1 | | | | | |
| 经济系 | 4 | 4 | 0 | 4 | 4 | 0 | | 0 | | | | | | |
| 社会系 | 4 | 4 | 0 | 3 | 3 | 0 | 1 | 1 | | | | | | |
| 政治系 | 1 | 1 | 0 | 1 | 1 | 0 | | | | | | | | |

① 倪征日奥:《淡泊从容莅海牙》,法律出版社2003年5月版,第134页。

续表

| | 教师 | | | 教授 | | | 副教授 | | | 讲师 | | | 助教 | |
|---|---|---|---|---|---|---|---|---|---|---|---|---|---|---|
| | 小计 | 专任 | 兼任 | 小计 | 专任 | 兼任 | 小计 | 专任 | 兼任 | 小计 | 专任 | 兼任 | 小计 | 专任 |
| 英文系 | 4 | 3 | 1 | 1 | 0 | 1 | 2 | 2 | | 1 | 1 | | | |
| 历史 | 2 | 1 | 1 | 1 | 1 | 0 | | | | 1 | | 1 | | |
| 理学院 | 39 | 28 | 11 | 17 | 12 | 5 | 4 | 3 | 1 | 13 | 8 | 5 | 5 | 5 |
| 物理系 | 10 | 8 | 2 | 3 | 3 | 0 | 2 | 1 | 1 | 4 | 3 | 1 | 1 | 1 |
| 化学系 | 11 | 9 | 2 | 5 | 3 | 2 | 1 | 1 | | 3 | 3 | | 2 | 2 |
| 化工系 | 5 | 2 | 3 | 4 | 2 | 2 | | | | 3 | 2 | 1 | | |
| 生物系 | 7 | 6 | 1 | 3 | 3 | 0 | | | | 1 | | 1 | 1 | 1 |
| 医预组 | | | | | | | | | | | | | | |
| 护预组 | | | | | | | | | | | | | | |
| 药学专修科 | 6 | 3 | 3 | 2 | 1 | 1 | 1 | 1 | | 2 | | 2 | 1 | 1 |
| 院系科共同 | 3 | 1 | 1 | | | | 2 | 1 | 1 | 1 | 1 | | | |
| 体育 | 2 | 1 | 0 | | | | 1 | 1 | 0 | 1 | 1 | | | |
| 政治 | 1 | 0 | 1 | | | | 1 | | 1 | | | | | |

东吴大学各院系学生情况(1950 年)①:

| 文学院 | 学生人数 | | | 理学院 | 学生人数 | | |
|---|---|---|---|---|---|---|---|
| | 总计 | 男 | 女 | | 总计 | 男 | 女 |
| | 218 | 155 | 63 | | 481 | 295 | 186 |
| 语文系 | 29 | 21 | 8 | 物理系 | 63 | 55 | 8 |
| 经济系 | 145 | 107 | 38 | 化学系 | 99 | 57 | 42 |
| 社会系 | 37 | 21 | 16 | 化工系 | 132 | 110 | 22 |
| 政治系 | 6 | 5 | 1 | 生物系 | 78 | 33 | 45 |
| 英文系 | 1 | 1 | 0 | 医预组 | 26 | 17 | 9 |
| | | | | 护预组 | 11 | 0 | 11 |
| | | | | 药学专修科 | 72 | 23 | 49 |

全国院系调整,从正规的意义上说,是从 1952 年 8 月开始的。从实际情况看,东吴大学的院系调整早在一年前就已进行。1951 年 9 月,东吴大学"为了贯彻华东教育部调整科系的基本精神起见,特呈准教育部将社会系各级学生 20 人及教师 3 人并入国立复旦大学社会系;医预组学生 24 人转入国立上海医学院"②。

① 从 1950 年度秋季学期起,将文学院文史系改为中国语文学系,停办英文、政治两系。

② 《私立东吴大学文理两学院 1951 年 8、9 两月份工作综合报告》,苏州大学档案馆藏档,3 永 85。

2. 苏南师范学院筹建委员会

1952 年 8 月，在华东军政委员会教育部和苏南行署教育处领导下，院系调整开始。

8 月 13 日，苏南人民行政公署行文通知成立“苏南师范学院筹建委员会”。通知称：“为了贯彻中央政务院与华东军政委员会改革和调整高等教育的指示精神，兹根据华东高等学校院系调整委员会规定，以苏南文化教育学院、私立东吴大学文理系科及私立江南大学数理系合并组成苏南师范学院。”通知并规定：“为有计划地实现建院工作，特成立苏南师范学院筹建委员会，以吴天石为主任委员，潘慎明、童润之为副主任委员，徐行、秦和鸣、沈青来、徐荫祺、李庆贤、汪葆璿、周孝谦、黄元福、何福源、朱正元、张震旦、张焕庭、刘雪庵、蒋仁、陶次如、汝龙、吴奔星、朱彤、刘百川、徐嗣山、孙纯一、沈叔良、陈陵等二十三人为委员。”①苏南师范学院筹建委员会负责学院的建院工作，并代表华东区高等学校院系调整委员会苏南分会“监交”和“接受”东吴大学向苏南师范学院的校产移交等。

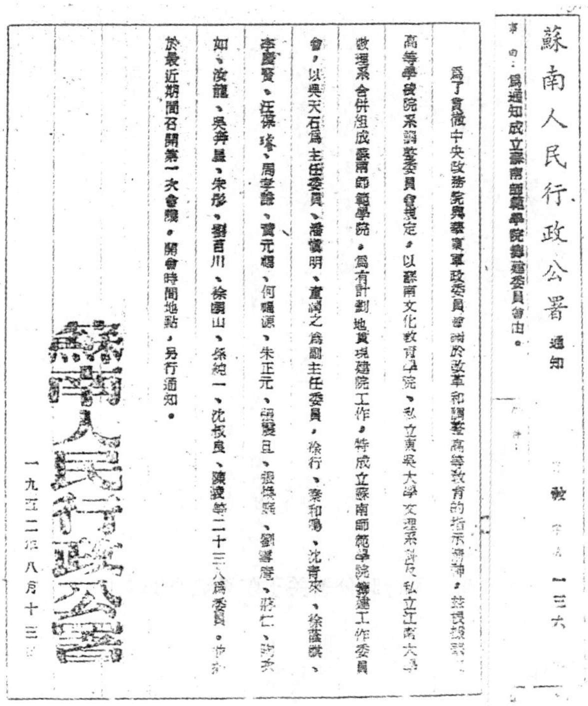

蘇南人民行政公署 通知

事由：為通知成立蘇南師範學院籌建委員會由。

教字 一三六

為了貫徹中央政務院與華東軍政委員會關於改革和調整高等教育的指示精神，茲根據華東高等學校院系調整委員會規定，以蘇南文化教育學院、私立東吳大學文理系科及私立江南大學數理系合併組成蘇南師範學院。為有計劃地實現建院工作，特成立蘇南師範學院籌建工作委員會，以吳天石為主任委員，潘慎明、童潤之為副主任委員，徐行、秦和鳴、沈青來、徐蔭祺、李慶賢、汪葆璿、周孝謙、黃元福、何福源、朱正元、張震旦、張煥庭、劉雪庵、蔣仁、陶次如、汝龍、吳奔星、朱彤、劉百川、徐嗣山、孫純一、沈叔良、陳陵等二十三人為委員。並於最近期間召開第一次會議。開會時間地點，另行通知。

蘇南人民行政公署

一九五二年八月十三日

成立苏南师范学院筹建委员会通知

3. 东吴大学院系调整委员会

8 月 24 日东吴大学院系调整委员会召开第一次会议。

东吴大学院系调整委员会则由原东吴大学的学习委员会扩大并改组而成，以吴天石、徐行、杨永清、钱伟成、潘慎明等 21 人为委员，吴天石任主任委员。调整委员会下设物理、生物、化学、化工、药专、经济、语文、图书、体育、事务（包括医务）、教务、秘书（包括

① 《苏南人民行政公署通知·为通知成立苏南师范学院筹建委员会由》，苏州市档案馆藏档。

会计)等12个领导小组。各组设组长或正副组长,并有学生代表参加。调整委员会设办公室,由钟伟成担任主任。院系调整委员会的工作范围为:(1)东吴大学各部门的结束工作;(2)调出系科的调整计划工作。

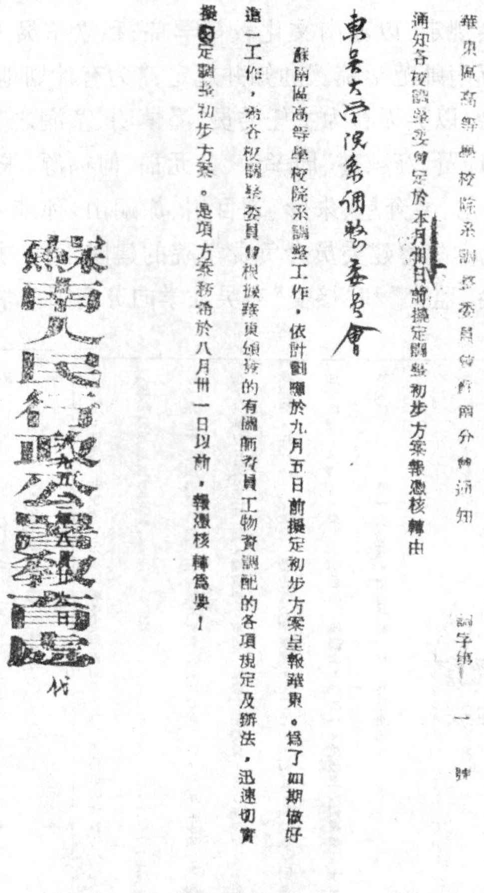
華東區高等學校院系調整委員會蘇南分會通知

調字第一號

通知各校調整委會定於本月卅日前擬定調整初步方案報滬核轉由

東吳大學院系調整委員會

蘇南區高等學校院系調整工作，依計劃應於九月五日前擬定初步方案呈報華東。爲了如期做好這一工作，希各校調整委員會根據華東頒發的有關師生員工物資調配的各項規定及辦法，迅速切實擬定調整初步方案。是項方案務希於八月卅一日以前，報滬核轉爲要！

苏南人民行政公署关于院系调整的文件

## 二、调整方案与工作

按调整方案,东吴大学法学院大部并入华东政法学院,法学院的会计系并入上海财经学院。东吴大学文理学院的三个系科调出:化工系调往华东化工学院(上海),经济系调往上海财经学院,药学专修科调往华东药学院(南京)。东吴大学文理学院的其他四个系科包括语文系、化学系、生物系、物理系就地移交苏南师范学院。

上海方面,全市包括东吴法学院、圣约翰大学、沪江大学在内的17所高等院校停办,这些院校的联合办事处设在东吴法学院,原沪江大学校长余日宣被指定为总负责人,倪征日奥被指定为常驻代表,负责有关停办的日常协调工作及与华东高教局的联系。①

① 倪征日奥:《淡泊从容莅海牙》,法律出版社2003年5月版,第135页。

停办结束工作规定："除校产各在原校处理或归并外，关于教务方面的未了事务，包括发给本届毕业生文凭，移交在学学生的学业成绩，保管已毕业学生学业成绩和签发学历证明，涉及原校教师、学生的咨询工作等等一切有关事务，各院留一定人员负责办理。"东吴法学院法律系未毕业学生转入新设的华东政法学院，教师则等待分配。法学院的有关档案与文件，均由华东高教局接受保管。1953 年冬，东吴法学院的原址让给新建的上海财经学院。

苏州方面，1952 年 9 月 15 日，调整工作进入具体行动阶段。9 月 24 日，调整委员会举行了一次扩大会议，邀集全体调整委员、各调整小组长、三系科全体教师和学生代表作临别赠言。留校的师生还为他们举行了热烈的欢送会。调出之三系科开始将已装箱完竣之物资（包括图书、仪器、药品等）正式起运，各系科师生亦集体起程。

调整至苏南师范学院的四系（语文系、化学系、生物系、物理系）和各行政部门的移交工作自 10 月 3 日开始。事前举行了一次接收移交会议，东吴大学调整委员会各调整小组的负责人和苏南师范学院筹建委员会各接受小组的负责人出席了这次会议。会议讨论了移交的具体步骤与手续。

接收移交会议于图书馆举行。王应鼎等二十余人出席，会议主席为钟伟成。按规定，"关于东吴大学校董会房地产、家具、仓库、物资、专用器具、水电设备、油脂工场、医务室之设备药品等，均一并移交苏南师范学院"，"东吴大学校董会即行办理结束，将全部资财造具清册，一式四份，向苏南调整分会移交，再转报华东调委会"。①

据统计，东吴大学教职工共 192 人，调整至苏南师范学院 125 人，占总人数的 65%。

东吴大学教职工调整至华东各校情况如下：

| 调整学院（去向） | 校长 | 教员 | 职员 | 工友 | 合计 |
|---|---|---|---|---|---|
| 苏南师范学院 | 1 | 32 | 29 | 63 | 125 |
| 上海财经学院 | | 7 | | | 7 |
| 华东化工学院 | | 7 | | 1 | 8 |
| 华东药学院 | | 5 | 1 | 1 | 7 |
| 上海药学院 | | 2 | | | 2 |
| 上海水产学院 | | 1 | | | 1 |
| 山东工学院 | | 1 | | | 1 |
| 复旦大学 | 1 | 1 | | | 2 |
| 江苏医学院 | | | 3 | | 3 |
| 苏南中等学校 | | 2 | 2 | | 4 |
| 苏南工专 | | | | 15 | 15 |
| 苏南技术学校 | | | | 9 | 9 |
| 回乡生产 | | | | 2 | 2 |
| 原已离校 | | | 1 | 1 | 2 |
| 未定 | 1 | 1 | | 2 | 4 |
| 总计 | 3 | 59 | 36 | 94 | 192 |

① 《接受移交会议记录》，1952 年 10 月 3 日，苏州大学档案馆藏档。

### 三、从历史走向未来

#### 1. 历史的定格

1952 年 10 月 14 日，移交工作基本完成，举行联席接收移交会议。会上，各部门负责人汇报了交接的实际情况和存在的问题。会议决定总清册的移交人为东吴大学的 3 位校长，接收人为苏南师范学院的 3 位主任。监交人为徐行。各项清册均为一式四份，呈报华东高等学校调整委员会及苏南分会各一份，东吴大学调整委员会和苏南师范学院各一份，会议最后，由吴天石主委宣告东吴大学正式结束。

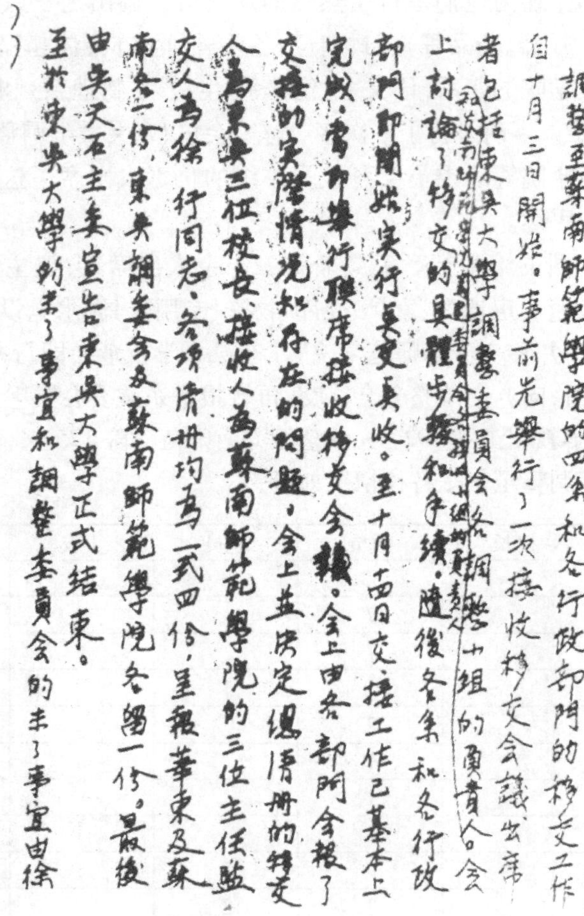
調整至蘇南師範學院的四系和各行政部門的移交工作自十月三日開始。事前先舉行了一次接收移交會議，出席者已經東吳大學調整委員會各調整小組的負責人，會上討論了移交的具體步驟和手續。隨後各系和各行政部門即開始實行移交接收。至十月十四日交接工作已基本上完成。當即舉行聯席接收移交會議。會上由各部門會報了交接的實際情況和存在的問題。會上並決定總清册的移交人為東吳三位校長，接收人為蘇南師範學院的三位主任，監交人為徐行同志。各項清册均為一式四份，呈報華東及蘇南各一份，東吳調委會及蘇南師範學院各留一份。最後由吳天石主委宣告東吳大學正式結束。

至於東吳大學的未了事宜和調整委員會的未了事宜由徐

东吴大学院系调整工作总结

斗转星移，万象更新。走过半个世纪的风雨历程，东吴大学接受了新时代的洗礼。历史在现实中延续，东吴大学古老美丽的校园，诞生了一所新的大学。

古老美丽的东吴校园，阅尽大学春秋，积淀东吴历史文化。

这里①，曾经有百余位美籍人士任职授课，其中有东吴大学及其前身学校的创办人林乐知、惠会督、盖会督、蓝华德、孙乐文、潘慎文以及由美国归来的曹子实；有柏乐文、文乃史、祁天锡、孙明甫、孙令仪、罗格思、白约瑟、司马德、韩明德、戈璧、葛赉恩、葛赉恩夫人、龚士、龚士夫人、戴荪、卜明慧、薛伯赉、苏迈尔、史密德、齐唯夫、达思格、唐墨林、唐墨林夫人、开蔼、许安之、兰金、刘伯穆、萨赉德、鲍乃德、平客楼、韩复生、项烈、庞女士、林夫人、骆克烈、劳莱、劳莱夫人、罗心权、孟琪英、马丁、墨亚、米切尔、万特克、安妮、慕亚、聂显、诺是、葛海伦、富德生、伊莎贝尔、华蔼德、葛维廉、葛伦、魏廉士、魏廉士夫人、费德乐、德丽霞、华克蒙，步惠廉、衡特立、刘乐义，等等，这里留下了他们不会磨灭的足迹，留下了让后人评说的是非功过。

这里，曾经有数百位教师任职授课。其中有黄慕庵、徐允修、张秉生、嵇健鹤、方佩纲、章炳麟、林语堂、潘序伦、严景耀、雷洁琼、俞庆棠、吴大琨、许民辉等。其中毕业于东吴体系又在东吴大学任教的东吴学子，如李伯莲、李仲覃、奚伯绶、谢洪赉、杨永清、江长川、赵紫宸、赵朴初、徐景韩、陈调甫、胡经甫、徐荫祺、吴献书、吴经熊、陈霆锐、高践四、顾翼东、凌景埏、沈体兰、沈青来、盛振为、倪征𣋉、徐荫祺、李惠林、李庆贤、李琮池、陆鸿钰、吴芷芳、姚铁心、孙蕴璞、孙闻远等，这里有他们令人景仰的身影，使后人不能忘怀。

这里，曾经有数千名学生肄业与毕业，人才辈出，如费孝通、谈家桢、孙起孟、冯梯云、赵朴初、董寅初、马寅初、顾维钧、奚伯绶、谢洪赉、宋汉章、贝祖贻、杨豹灵、徐景韩、陈调甫、吴献书、江长川、赵紫宸、吴经熊、陈霆锐、张信孚、倪征𣋉、端木恺、王绍堉、杨公素、高践四、李浩培、高尚荫、吴于廑、许国璋、杨绛、浦山、徐迟、舒适、吴锡军、程金冠、蒋纬国等。其中，毕业于或曾经就学于东吴大学体系各校、后来成为院士或学部委员的就有董申保、冯新德、高尚荫、顾翼东、胡经甫、黄淑培、李正名、李政道、刘建康、陆宝麟、陆琰、陆志韦、钦俊德、时钧、宋鸿钊、苏元复、苏肇冰、刘承钊、谈家桢、汪菊渊、王守觉、吴培亨、谢少文、谢毓元、郁铭芳、周维善等。这里流传着他们的故事，催后人深思和奋发。

桃李不言，下自成蹊。

评价一个学校，最重要的参数之一无疑是她所培养的人才及其对社会的贡献。就此而言，东吴大学肯定会赢得她所应有的历史地位。

2. *历史的延伸*

按照调整方案："苏南文化教育学院、东吴大学文理系科及江南大学数理系合并组成苏南师范学院。"1952 年 10 月 22 日，苏南师范学院在东吴大学原址举行开学典礼和学校成立大会。1952 年 11 月 1 日，苏南师范学院正式开始上课。

1952 年 11 月，苏南、苏北两行政区与南京市合并建立江苏省。1952 年 12 月 1 日，经中央人民政府教育部批准，苏南师范学院改名为江苏师范学院。

---

① "这里"，自然还泛指东吴大学前身及东吴系统的所有大学校园。

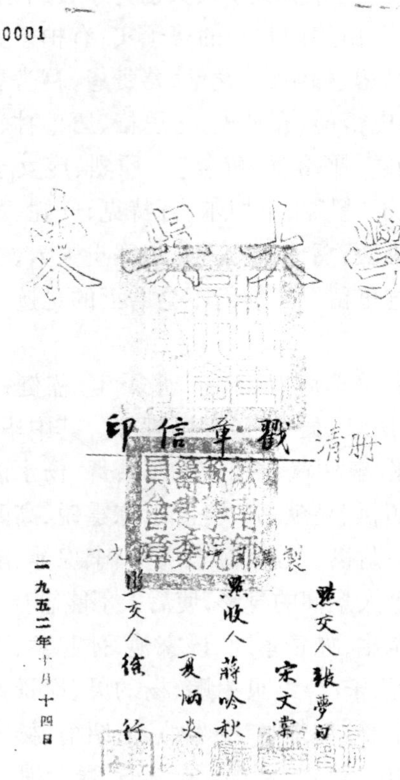
0001
東吳大學
印信章戳清册
點交人 張夢白 宋文棠
點收人 薛吟秋 夏炳炎
監交人 徐行
一九五二年十月十四日

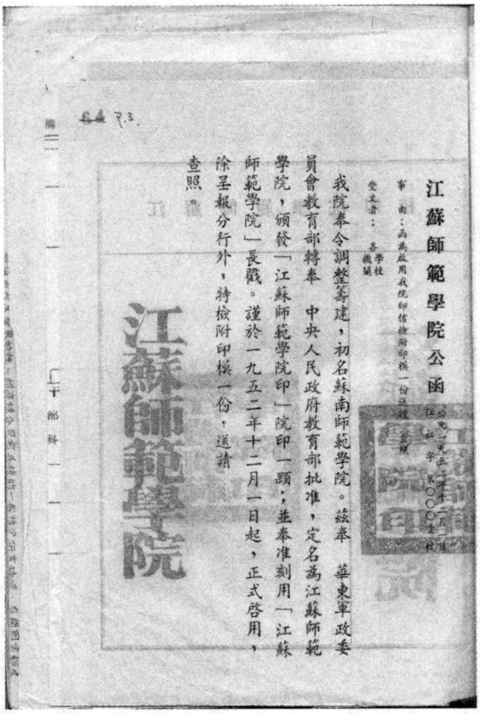
江蘇師範學院公函
事由：為啟用我院印信檢附印模一份送請查照
受文者：各學校機關
我院奉令調整籌建，初名蘇南師範學院。茲奉華東軍政委員會教育部轉奉中央人民政府教育部批准，定名為江蘇師範學院，頒發「江蘇師範學院印」院印一顆；並奉准刻用「江蘇師範學院」長戳。謹於一九五二年十二月一日起，正式啓用，除呈報分行外，特檢附印模一份，送請查照。
江蘇師範學院

1952年10月14日，东吴大学移交印章、物资的部分清单　　苏南师范学院定名江苏师范学院

江苏师范学院校门

几乎与此同时，“东吴大学旅台同学会”（后改称东吴大学校友会）决定在台湾继续东吴大学的办学。1951 年 8 月，校董会成立。“经与同学会数次会商，决定先恢复法学院”，并在核准以前先设补习学校。“即于同年十月招生，十一月正式上课，分法政、商业、

会计、英文四科。另设比较法律一科,限大学肄业二年者报考。”

1954 年 7 月,因东吴补习学校“办理颇著成绩”,获准先行恢复法学院,准设法律、政治、经济、会计四系及附设外国语文学系共五系。同年 8 月校董会再改组,定名为东吴大学董事会。

1968 年秋,获准增设商学及商用数学两系,并同时成立文、商两学院,“恢复大学名义(正式奉准恢复完全大学建制为 1969 年 12 月)”,石超庸被推为复校后第一任校长。

半个世纪的坎坷,又成就了半个世纪的荣耀。①

今日之东吴大学与今日之苏州大学,相映于海峡两岸。

苏州大学、东吴大学校领导互访

百年校庆

① 杨其铣:《坎坷的复校路程》,《坎坷与荣耀》,书林出版有限公司 2000 年 2 月版,第 7 页。

1982 年，江苏师范学院改办为苏州大学。苏州蚕桑专科学校、苏州丝绸工学院、苏州医学院又先后于 1995 年、1997 年、2000 年并入苏州大学。

星移物换，万象更新，今日之苏州大学正跨越世纪，攀上历史的高峰，前面是更为辉煌的未来。

苏州大学校门

# 东吴大学大事记



## 1844 年

中美《望厦条约》订立,外国传教士可以在上海等五个通商口岸传教。

## 1848 年

监理会传教士戴乐、秦右到中国传教。

## 1860 年

6 月,太平军占领苏州,建立以苏州为省垣的苏福省。
7 月,林乐知从美国到上海。

## 1862 年

8 月,同文馆创办。
从 19 世纪 60 年代起,清政府开始创办新式学堂。

## 1863 年

12 月,淮军攻克苏州,苏州仍为清江苏巡抚驻节地。

## 1870 年

蓝柏携曹子实同至苏州,租借十全街殷勤山的房屋,设立布道所等。监理会开始在苏州传教。

## 1871 年

曹子实在苏州十全街开办"主日学校"。
曾国藩、李鸿章率先奏请清政府选派幼童去美国留学。

## 1872 年

本年起,清政府选派幼童四批共 120 人赴美。

## 1875 年

潘慎文来华到上海。

## 1876 年

潘慎文来苏州协助曹子实。

## 1878 年

美国肯塔基州科文郡的 Buffington 先生捐款资助办学。

## 1879 年

曹子实调往上海,十全街主日学校迁入天赐庄,命名存养书院(亦名存养书塾),潘慎文主持。

## 1881 年

冬,林乐知建立"中西学堂第一分院"。

## 1882 年

林乐知建立中西学堂第二分院。
孙乐文来华到上海传教。
柏乐文来华传教。

## 1883 年

孙乐文至苏州。
博习医院建成,11 月 8 日正式开张。

## 1884 年

存养书院改名为博习书院(英文名 Buffington College),以纪念捐款办校的 Buffington 先生。

## 1886 年

11 月,美国监理会总会惠会督在沪出席并主持第一届年议会,阐述了"母会对中国传教区的浓厚兴趣,及这片工场对传教事业的重要意义"。

## 1887 年

监理会的斐医生(Phillips, Mildred M.)在博习医院以东建立了妇孺医院。该院在医务和医护教育方面均与博习医院协作。

## 1891 年

监理会传教士韩明德、项烈与华人牧师陈楹卿在宫巷创立了乐群社会堂。

## 1895 年

中国被日本打败,被迫与日本议订《马关条约》。甲午战争的奇耻大辱激起朝野上下的义愤。

5 月,维新志士康有为等在北京发动了著名的"公车上书",力主拒绝和议,要求变法图强。

署理两江总督的张之洞上疏力阻和议,要求变通陈法,除弊图强,洗雪耻辱。

苏州一些爱国青年学子受张之洞言论鼓舞,要求孙乐文教英文。11 月 18 日,孙乐文着手"开办了一所试验性学校",招生人数控制在 25 人。

## 1896 年

春节,宫巷书院正式开办。

潘慎文调往上海,韩明德继任博习书院监院。

3 月,文乃史到达苏州,至博习书院襄理校政。

## 1897 年

葛赉恩来华。

## 1898 年

"百日新政"期间,按照维新派的建议,光绪皇帝下诏废除八股,"改试策论"。决定创办京师大学堂。

光绪皇帝命总理衙门参用西方学制制定大学堂章程。京师以外,各省各地所有书院"一律改为兼习中学西学之学校"。省会之大书院改为高等学,郡城之书院改为中等学,州县之书院改为小学。由于慈禧太后发动政变,维新新政如昙花一现,宣告失败。

11 月,宫巷书院注册学生超过了 100 人。传教会议同意,其规模应顺其自然。

文乃史主持博习书院校政。

春,美国监理会惠会督到苏州。在这一年的年议会上,监理会决定将博习书院归并中西书院,由院方设法购买天赐庄土地以图发展。

## 1899 年

2 月,博习书院并入中西书院。

10 月 19 日至 24 日,监理会在苏州第一教堂举行了第十四届年议会。年议会提议调整现有学校,并与其他学校发展为由苏州的一所大学牵头的一个体系。(宫巷书院注册学生已逾 100 人)

白约瑟来华。

## 1900 年

4 月末,孙乐文回美国,宫巷书院由薛伯赉主持。

5 月 13 日,美国监理会在田纳西州首府纳什维尔集会,决定创办 Central University of China (即东吴大学)。

"义和团运动"导致宫巷书院内部的停顿。

"东南互保"。苏沪一带没有发生严重的仇教排外事件。

8 月 18 日,孙乐文从美国回到上海。

9 月,宫巷书院秋季学期没有开学,筹建东吴大学仍在进行。

12 月 15 日,在惠会督的指导下,监理会年议会制定了《东吴大学校董会章程》,选举孙乐文为第一任校长。

## 1901 年

3 月 8 日,星期五,宫巷书院迁入天赐庄博习书院旧址,东吴大学开办。监理会"苏州的教育工作进入了一个新纪元"。

4 月,监理会"二十世纪运动"在新奥尔良举行盛大的传教大会,一个晚上就为东吴大学募集到 5 万多美元的捐款。

5 月,在监理会在美国举行的年会上,又为东吴大学筹集到 10 万美元。

6 月 13 日,监理会以惠会督等五人的名义,向田纳西州政府申请注册立案。注册英文校名为 Central University of China ("在华之中央大学堂")。

6 月 24 日,注册文件由田纳西州州务卿最后签署生效。

12 月,"主楼"破土动工。

祁天锡从美国南卡罗莱纳州到东吴大学教生物学。

## 1903 年

柏乐文博士建立东吴大学医学院。入学的学生都是东吴大学的预科生。

《雁来红》出版。

## 1904 年

由张百熙、张之洞等人拟定的《奏定学堂章程》奏准颁行。该章程是中国近代第一个实际推行的系统学制。章程规定,初等教育含初等小学 5 年、高等小学 4 年;中等教育即中学 5 年;高等教育含高等学堂或大学预备科 3 年、分科大学堂 3 至 4 年。由于癸卯学制的施行,旧式教育改革为新式教育,科举制度已无存在之基础。

“主楼”竣工。

学校开设大学课程。



## 1905 年

9 月,袁世凯、张之洞奏请停止科举制度获准。清政府谕令从 1906 年起,所有乡试及各省岁考一律停止,废除了延续 1 300 年之久的科举制度。

潘慎文辞职,葛赉恩继任中西书院院长。

## 1906 年

创办《东吴月报》,这是我国最早的大学学报。创刊号及以后几期题名为《学桴》,两三年后更名为《东吴月报》。后来又几易名称,用《东吴》和《新东吴》等名。

东吴大学在学校建立了两个互不统属的辩论团体:“竞志会”与“丽泽会”。

## 1907 年

林乐知去世,“主楼”命名为林堂。

10 月 5 日,东吴大学校董会又以孙乐文、惠会督等 11 人的名义,仍在田纳西州纳什维尔申请将 Central University of China 校名变更为 Soochow University。

米切尔到东吴大学,分担了物理和化学两门课程的教学。

## 1908 年

2 月,东吴大学的第一个毕业生沈伯甫获得了文学士学位证书,大群官员和士绅出席了这次学位授予活动。

6 月 28 日,变更校名的申请由田纳西州州务卿最后签署生效。

孙乐文校长访问美国,以期激起平信徒宗教运动对在苏州的教育工作的兴趣。

## 1909 年

江长川从中西书院毕业。

2 月,又有 3 名学生修完大学课程毕业,被授予文学士学位。美国驻沪总领事田贝出席毕业典礼并发表了演讲。

5 月 26 日,医学院举行毕业典礼。3 名学生毕业,获得医学学士学位。在毕业典礼上,前美国驻沪总领事佑尼干发表演说。

## 1910 年

夏,孙乐文校长从美国返回苏州。

本年秋季学期招收了 149 名学生。

## 1911 年

3 月 16 日,孙乐文校长因肺炎去世。文乃史代理校务。

3 月 16 日后来被命名为“校节”(University Day),以纪念所有在东吴大学的教育事业中作出突出贡献的人们。在某种程度上,这一天又成了“返校日”。

5 月,葛赉恩接任校长,文乃史为副校长。

董事会决定停办上海中西书院,并入在苏州的东吴大学。

10 月 10 日,武昌起义爆发。

由基督教青年会出面,东吴大学学生在望星桥边觅得小屋一间,开办“惠寒小学”,招收贫寒子弟免费入学。

东吴大学的预科发展成为第一中学。

## 1912 年

江长川毕业于神学专业,被授予东吴大学唯一的神学学士学位。

在本年召开的年议会上,监理公会决定开办一所隶属于东吴大学的圣经学校来取代已停办的神学。

几个教会系统在南京合办了一所医学院,监理会是发起人之一,东吴大学就此停止开设医学本科课程,转而开设医学预科课程。

11 月 16 日,孙堂(Anderson Hall)举行献堂仪式。该堂由弗吉尼亚州林企堡考特街区教堂捐建。同日,孙乐文校长纪念碑于东吴校园揭幕,由中国学生和朋友捐建。

本年师资情况: 美国教师 6 人,中国教师 12 人。秋季学期学生人数超过 220 人。

## 1913 年

夏,校园内通上了电,各幢建筑上都排上了电线。所有的教室、图书馆、食堂、办公室、接待室、宿舍等都用上了电灯。

7 月至 9 月,“二次革命”。在此期间,全国绝大多数学校均关闭一段时间。

秋季入学人数为 215 人。

11 月,组织校友会,会员资格对东吴大学毕业生和所有并入东吴大学的各个书院以前的学生同等开放。

龚士博士到达。

## 1914 年

春，在松江筹建圣经学校，步惠廉任校长。

7 月，校友会举行会议，决定创办一份杂志，为学校和校友服务。

圣约翰大学校长卜舫济博士来校参加东吴大学学位授予典礼，安排了一年一度的辩论，轮流在东吴大学和圣约翰大学举行。

夏，图书馆从林堂搬到孙堂。

财务报告：东吴大学自身收入 14 557.17 元，来自上海捐款 15 254 墨西哥元。

## 1915 年

美国长老会在南京开办了一所神学院（南京金陵神学院）。监理公会是主要的合作者。东吴大学不再开设神学本科课程，转而开设两年制神学预科课程。

5 月，在东吴大学举行第一次与圣约翰大学的学生辩论赛，东吴大学获胜。

师资：中国教师 15 位。美国教师 8 位（葛赉恩、文乃史、祁天锡、白约瑟、司马德、龚士、史密德、平客楼、兰金）。白约瑟回国度假。

中西书院与东吴大学合并后所留下的低年级学生组成中西中学校，潘慎文先生任名誉校长。校董会决议将该校直属东吴大学，派兰金到上海综理校务，始正名东吴第二中学。

浙江湖州海岛中学隶属东吴大学，成为第三附中。

9 月 3 日，“中华比较法律学院”（东吴大学法学院）正式成立。

在天赐庄建圣约翰教堂。

以 2 900 墨西哥元购置校园东南角一片土地。

童子军组成，注册人数大约 40 人。

## 1916 年

惠寒小学招收了 92 名学生。

## 1917 年

龚士博士指导的研究生徐景韩、陈调甫获得化学硕士学位。这不仅是东吴大学的第一个硕士学位，也是“迄今为止能够确定的全中国第一个化学硕士”。

松江圣经学校开始正式招生。

## 1918 年

6 月，东吴法科第一届 7 名学生毕业，获法学士学位，“开创了现代中国之先声”。

## 1919 年

两名学生获得生物学硕士学位。施季言不仅是东吴大学的第一个生物学研究生，也是全国第一个生物学硕士。他对一系列当地的粮食作物作了集中的研究，并于 1919 年在美国的《美国水稻杂志》上发表了他的研究成果，在当时曾引起包括美国科学家、农业部专家在内的广泛关注。胡经甫关于昆虫方面的研究对中国昆虫学作出了杰出的贡献。后来他一直是中国昆虫学研究的著名专家。

美国卫斯理宗教会（美以美会和监理会）传教一百周年庆祝活动。

5 月 4 日，五四运动爆发。8 日，东吴学生召开"五九"国耻纪念会。9 日，"五九"环城游行，这是五四运动在苏州最早的有组织的群众性反帝反封建活动。18 日，各校代表开会，正式成立学联，推举会长、副会长，东吴大学尤敦信被推为学联书记。下旬，各级选举代表组成章程起草委员会，正式通过东吴大学学生会章程，选举王志稼为会长，东吴大学学生会诞生。

## 1920 年

1 月，吴语科开办。首批入学者约 20 人。文乃史被任命为吴语科校长。

刘伯穆接替兰金任法学院教务长。

本年至 1921 年，司马德筹建无锡实业中学（东吴大学第四附中）。

年初，聂显来到中国，成为东吴大学体育教育主任。

6 月 27 日，丽泽社和竞智社进行辩论大赛，辩题为"今日东吴大学能否实行男女同校制"，结果反方丽泽队获胜。舆论界当即据此评论："照这样看来，东吴男女同校制还不到实行的时期哩。"

## 1921 年

司马德病逝。

秋，因教员殴打学生事件发生，学生会与校方发生严重对立，最后学生会被迫解散。

## 1922 年

葛赉恩校长辞职，文乃史接任校长。

龚士离开东吴大学。

祁天锡编纂的《江苏植物名录》于本年出版。

以中英文两种文字印刷的法学刊物《法学季刊》开始发行。

东吴大学将惠寒小学的财产转给景海女师，作为她百年校庆期间的扩充。

北京协和医学院开办，东吴大学是发起人之一。学生进入东吴大学医预科就是为进北京协和医学院作准备。

本年至 1926 年间，中国文化教育界连续发动了三次大规模的非基运动和收回教育权运动。要求收回对教会学校的主权，加强对教会学校的管理，取缔教会学校的宗教教育。

赵紫宸成为学校的第一任教务长、教授会主席。

建立执行委员会以与校长共同制定政策和规定。

葛堂奠基。经费由阿肯色州小石城的第一监理会教堂提供，命名为“葛堂”，以纪念葛赉恩校长的父亲 J. M. 葛赉恩牧师。

墨塔—钟楼附近获得一块相当的地皮给“惠寒小学”建筑教学楼和操场。

## 1923 年

夏，科学馆（葛堂）竣工。

“大法官”（“WOOLSAKE”）命名的年报由学生出版发行。

祁天锡离开东吴大学，担任洛克菲勒中华医学基金会中国代表，积极帮助东吴大学筹建生物供应处。

## 1924 年

9 月，无锡实业中学遭到战乱破坏。

东吴大学和中华基督教教育青年会全国协会合作创办了东吴大学二年制体育专修科。许民辉任体育专修科主任。

葛赉恩恢复了健康，返回中国并代表国外差会作为教会财产管理人。

动物学家约翰生来到东吴大学创办了中国第一家生物材料处。生物材料处不仅在国内，而且在国外供应点和专家中生意兴隆。特别是在美国，无论是批发还是零售，对寄生物学材料都有大量的需求。

东吴大学校董会实现初步改组。江长川、胡贻谷等进入校董会，成为东吴校史上第一批中国校董。

## 1925 年

上海“五卅”惨案发生。6 月 1 日，东吴大学全体学生致电上海学联及各报社，“望各界同胞群起为上海学生后援，为我国国民雪耻”。

法科向北洋政府教育部呈请立案，本年得到正式批准。

## 1926 年

国民革命军由广东出发，挥师北上，开始了轰轰烈烈的北伐战争。

9 月，宗教课成为选修课程。

首批体育专业学生毕业。

12 月，校庆二十五周年到达高潮。正式的庆典在 12 月底召开，许多老校长和其他来访者出席，“来赞赏这个鲜丽无比，五光十色，华灯异彩的校园”。校庆进行了两天。

作为二十五周年校庆的计划之一,《回渊》出版。

开设法学硕士班。

## 1927 年

2 月,赵紫宸离开东吴大学去燕京大学。徐景韩继任教务长。

3 月 1 日,文乃史校长辞职,并要求赶快选举中国人继任校长。

春,文、理科改称文、理学院。文学院设中文、政治、经济、社会、历史等系。理学院设物理、化学、化工、生物、体育等系以及体育专修科。

3 月 24 日,北伐军进据南京城。南京事件发生。

3 月 30 日,应领事之催促美国人撤至上海,这是东吴自开办以来,美国教师第一次全体离校。潘慎明被任命为代理校长。

4 月上旬,为因应局势的急剧变化,东吴大学董事会拟邀请钮永建为校长,

4 月,刘伯穆辞职,吴经熊当选为法学院院长,盛振为当选为法学院教务长。

6 月 24 日前,美国教职员中除了有 7 人回国外,其余都陆续返回苏州。

7 月前,校董会的改组方案基本确定,新的校董会章程制定。

10 月,杨永清当选校长。

12 月,举行杨永清校长上任典礼。

校董会推选文乃史为"西顾问",照管教工中美国人的福利,并在与差会的事务中充当中间人。在校长不在期间协助代理校长或教务长管理校务。

12 月 20 日,国民政府颁布《私立大学及专门学校立案条例》。

## 1928 年

新的东吴大学校董会组成,江长川任会长、葛赉恩任副会长。书记沈体兰、鲍乃德;会计胡贻谷;董事钮惕生、蒋保厘、李登辉、安迪生、江贵云、徐可升、尤敦信、巴克蒙、麦玲雪、步惠廉。

根据杨永清的提议,东吴开始公开招收女生,实行男女同校制。当年限定招生 15 至 20 名。结果有 30 名女生入学。

## 1929 年

1 月,杨永清出席在田纳西州孟斐斯城(Memphis)召开的世界基督教大会,并在会上发表演说。

3 月 31 日,校政部会议通过第六十议案,议决接受杨校长奉献本校之中文校训"养天地正气,法古今完人"。

4 月 5 日,举行石严花园奉献礼。

8 月,东吴大学在南京国民政府注册立案。

## 1930 年

夏，体育系首届本科生王守方毕业，获体育学士学位。

法学硕士班改为研究院。

## 1932 年

10 月 4 日，举行维格堂揭幕典礼。

## 1934 年

11 月 17 日，学校在募得部分资金后动工兴建司马德体育馆，至 1937 年 4 月启用。

## 1935 年

10 月，《中华监理公会年议会五十周年纪念刊》出版。

正式成立法科研究所。

## 1936 年

四层楼新女生宿舍落成。

抗日战争爆发前，东吴大学有 3 个学院 12 个系科：文学院：文学系、经济学系、政治学系、社会学系、教育系、历史地理系。理学院：生物系（包括：医预科和护理预科）、化学系、物理系、数学系。法学院：法律系、会计系。

## 1937 年

4 月，科学展览开幕。

8 月 13 日，“八一三事变”，日军进攻上海。不久，法学院吴经熊院长去香港。杨校长亲自担任法学院的院长，后由盛振为博士当选院长接替吴博士的工作，鄂森博士任教务长，陈晓任副教务长。

8 月中旬　杨永清校长召集校政部会议，决定将大学部迁到湖州，中学部避难南浔，并在征得校董事会同意后立即开始撤离。

11 月，日军第一次占领校园。学校大楼和住宅遭到洗劫和糟蹋。

## 1938 年

2 月，校方决定在上海复校，已有百分之九十的教员回到上海。

东吴大学与圣约翰大学、沪江大学、之江大学均在租界避难。4 所学校在 6 月共同组织了联合毕业考试。之后，设在纽约的中国基督教大学校董联合会促使这四所大学在大陆商场联合起来。每所学校的学生都能选修其他学校的任何课程。四校的领导每周举行例行午餐会，协调各校之间的合作。

杨永清校长考察昆明，与江长川一起向差会提交了“西南工程”建议。作为这项工程的一部分，由东吴大学承担一半经费，在云南建立了“天南中学”。

## 1939 年

3 月，日军在占领 16 个月以后，将校园归还东吴大学。

本年，东吴附中初中部开始招收女生。

本年，美国美以美会、监理会及美普会合并为一个教会。1941 年，原三会在华差会亦合并为中华基督教卫理公会，简称卫理公会。

## 1941 年

2 月，杨校长带着妻子和已到上大学年龄的儿子前往美国。文乃史代理校长。

12 月 7 日，日本偷袭珍珠港，“太平洋战争”爆发。12 月 8 日，日本军队开进上海租界。

日军第二次占领校园。理科大楼被日军医院改变为办公室、手术室、药房和急诊病房。

## 1942 年

1 月，东吴大学停止在上海办学。

校董会决议推选原校董沈体兰先生为东吴大学副校长，代理校务。盛振为任法学院院长。以潘慎明（校务长兼理学院长）、沈体兰、盛振为组成东吴大学内迁委员会，沈体兰为委员会主席负责一切具体事务。

春，校董联合会〈纽约〉表示愿意给华东几所大学提供资金，以帮助它们迁入内地，和那里原有的教会学校合作。

8 月初，应重庆校友的要求及师资设备和其他方面的原因，法学院在盛振为的带领下先行离开南平前往重庆办学。

9 月初，东吴师生抵达曲江。10 月初，文学院先行招生开学。

秋，法学院留沪师生所办学校借用南洋路爱国女子中学校舍开学，后改名称为“中国比较法学院”。

## 1943 年

春，（曲江）东吴大学理学院招生开学。

2 月，文乃史被日本人拘捕监禁 6 个月后被遣返回国，在纽约登岸。

3 月 15 日，东吴沪江联合法商学院正式在重庆成立。

6 月，经东吴文、理学院留沪教师和之江留沪教师协商，决定两校留沪部分联合办学，“华东大学”于 7 月在上海正式开学。

## 1944 年

6 月 16 日，校董会决定暂时停办（曲江）文理学院。

年底，校董会鉴于文理学院已暂停，正式接受沈体兰辞呈，改选盛振为临时担任代理校长职务。

## 1945 年

8 月，日本宣布无条件投降。

之江大学工学院加入东吴沪江联合法商学院，组成东吴之江沪江联合法商工学院。

9 月，华东大学停办，原华东大学文、理、教育三学院的学生大部分进入东吴大学，法学院亦恢复"东吴大学法学院"名称，迁回慕尔堂上课。

11 月，苏州校园部分恢复，校临时委员会决定在苏州恢复办学，先开办大学和中学一年级。12 月 6 日，举行新生入学考试，12 月 12 日正式开班上课。

抗日战争胜利后，中国共产党苏州市工委在东吴大学的地下组织——中共东吴大学支部委员会建立。

冬，在重庆的法学院提早结束课程，复员东下，与原上海比较法学院部分汇合。

## 1946 年

1 月 26 日，重组后的校董会召开第一次会议，选举学校新的领导机构。法学院院长盛振为被任命为代理校长，直到杨永清校长返回为止。周泽甫、徐景韩协助行政事务。

年初，在东吴大学地下党组织的领导下，学生中建立了秘密的"时事学习小组"，在上海学生迁回苏州后扩大成立了秘密组织"今天社"。

5 月 7 日，文乃史回到东吴大学，主持复校工作。

6 月，在纽约校董联合会的建议下，东吴、圣约翰和之江三校各派 5 名校董会代表组成一个代表委员会。12 日，委员会召开第一次会议，最终同意几个大学实行合并，筹建华东联合大学。

6 月 22 日，三校联合学位授予典礼在慕尔堂举行。秋季学期，按原订合作原则，三校举行了统一入学考试。

秋季学期，在上海的东吴文理学院学生（三四年级学生除外）迁回苏州。其中的地下党员于 1947 年下半年也在苏州建立党支部，仍由上海市委学委联系。

## 1947 年

3 月，杨永清从美国回到东吴大学。

5 月，东吴大学学生响应全国学联号召，投入"反饥饿、反内战、反迫害"运动。

由于在短期内完成联合办学不现实，需要另行制订一个在目前环境下长期合作计划。根据这个长期计划，校长会议重新修改和制订了 1948—1949 年度合作计划。

3 月，中共苏州市工委领导的东吴大学党支部与上海市委学委领导的党支部统一合并。

## 1948 年

9 月，中共茅山工委在东吴学生中建立党支部。

10 月，为建立新民主主义青年团，东吴地下党组织在学生中建立了“新民主主义研究社”，对外称“新民社”。

## 1949 年

解放前夕，东吴大学地下党支部团结师生护校迎解放。

4 月 27 日，中国人民解放军进城，苏州解放。

10 月，苏南行政公署同意东吴大学所报校务委员会筹备委员会名单，准予备案。

本年东吴大学校董会成员：陆干臣、伍克家、李中道、安迪生、董承道、江长川、项烈、罗运炎、严欣淇、梁冠榴、裴格萌、费雪珍、姚克方、钮师愈、蔡汝楝、黄安素。

创办药学专修科。

化工系建立油脂工场，生产和出售月光牌肥皂。

## 1950 年

本年春东吴大学校董会成员：董事长：陆干臣；副董事长：伍克家；中文书记：李中道；英文书记：项烈；会计：董承道；董事：洪士豪、江长川、罗运炎、严欣淇、梁冠榴、谢颂三、费雪珍、乐安伦、纽斯愈、蔡汝楝；当然校董：黄安素。

3 月，成立政治学习委员会。

从春季学期开始，开设“社会发展史”、“政治经济学”、“中国革命问题”等马列主义政治理论课程。

下半年，本校以校董会为主体，以校务委员会为校内最高行政决策机构，校长综理全校行政，教务长协助校长主理校务，文理两学院院长、事务长分别负责处理院务与事务。校委会之下分设各项委员会如教务、生辅、财务、事务、政治教学、学习、生产等。

从秋季学期起，文学院文史系改为中国语文学系，停办英文、政治两系。

10 月 2 日，在朝美军不顾中国政府的严正警告，越过三八线。同日，中共中央和中国政府决定派遣中国人民志愿军赴朝作战，抗击美国侵略。

10 月 11 日，东吴大学校务委员会正式成立。

12 月，建立抗美援朝保家卫国工作委员会。

## 1951 年

1 月 14 日，政务院文化教育委员会公布《接受外国津贴及外资经营之文化教育救济机关及宗教团体登记实施办法》。教育部召开处理全国接受外资津贴的高等学校代表会议。杨永清校长、王涵清教授、学生何福源代表东吴大学出席会议。

3月，东吴大学在华东军政委员会教育部专门设立的登记处登记，与教会割断联系。从1951年春季学期起，东吴大学不再接受美国教会津贴。

8月下旬，学校行政改组，由校董会呈准华东教育部，聘任钟伟成为第一副校长，潘慎明为第二副校长兼文理学院教务长。

9月12日，华东军政委员会教育部通知东吴大学，社会系三、四年级学生及有关教师并入复旦大学社会系。

医预组学生转入国立上海医学院。



## 1952年

3月7日，以宫维桢、吴天石为首的思想改造工作队进驻东吴大学。

3月17日，“毛泽东思想学习委员会”成立。由宫维桢、吴天石等21人组成。

8月，在教育部和苏南行署教育处领导下，实施院系调整，筹建苏南师范学院，院址为东吴大学文理学院原址。

8月24日，东吴大学院系调整委员会召开第一次会议。以吴天石、徐行、杨永清、钱伟成、潘慎明等21人为委员。

8月29日，东吴大学院系调整委员会第一次工作报告。

9月13日，东吴大学院系调整委员会第二次工作报告。

9月15日，调整工作进入具体行动阶段。

10月3日，接收移交会议于图书馆举行。王应鼎等20余人出席，会议主席为钟伟成。调整至苏南师范学院的四系（语文系、化学系、生物系、物理系）和各行政部门的移交工作自今日开始。

10月14日，移交工作基本完成。举行联席接收移交会议。会议决定总清册的移交人为东吴大学的3位校长，接收人为苏南师范学院的3位主任。监交人为徐行。各项清册均为一式四份，呈报华东高等学校调整委员会及苏南分会各一份。东吴大学调整委员会和苏南师范学院各一份。会议最后由吴天石主委宣告东吴大学正式结束。

10月22日，苏南师范学院举行开学典礼和学校成立大会。苏南行政公署派汪海粟等领导出席大会。吴天石主任报告苏南师范学院筹备经过，阐述学院办学方针和任务。

11月1日，苏南师范学院正式开始上课。

11月，苏南、苏北两行政区与南京市合并建立江苏省。

12月1日，经中央人民政府教育部批准，苏南师范学院改名为江苏师范学院。

# 附　　录

## 附录一　东吴大学在美国田纳西州的注册文件

(一)

**STATE OF TENNESSEE**

***CHARTER OF INCORPORATION***

**Be it Known, THAT** in pursuance of the action of the Board of Missions of The Methodist Episcopal Church, South, assembled in Annual Session in Nashville, Tennessee, on May 13,1900. J. D. Hammond, James Atkins, J. H. Kirkland, W. R. Lambuth, citizens of Nashville, A. W. Wilson, citizen of the state of Maryland, and C. B. Galloway, citizen of the State of Mississippi, and their associates and successors, All bring of full age and members of the Methodist Episcopal Church, South, are hereby constituted a body politic and corporate by the name and style of

**Central University of China**

for the purpose of procuring, accepting, holding, investing and applying money, and funds and properties both real and personal, for the founding and establishing, and perpetually maintaining in the Province of Kiangsu, Empire of China, a university with associated schools and colleges, to be conducted under the auspices and in agreement with the approved and recognized evangelical standards of the Methodist Episcopal Church, South.

Said corporation is as follows: The support of any library or scientific undertaking-as a college or university with powers to confer degrees au academy, a debating society, lycemu-the establishment of a library, the support of a historical society, the organization and support of battlefield associations the promotion of painting, music, all the other fine, the support of Boards of Trade or Chambers of Commerce or other objects of like nature. The incorporators aforesaid, their associates and successors, who shall possess the qualifications hereinbefore required shall constitute a Board of Trustees.

The general powers of said corporation shall be, to sue and be sued by the corporate name, to have and use a common seal, then the signature of the name of the corporation by any duly authorized officer shall be legal and binding; to purchase and hold or receive by gift, bequest or devise, in addition to the personal property owned by said corporation, real estate necessary for the transaction of the corporate business, and also to purchase or accept any real estate in payment or in part payment of any debt due to the corporation, and sell the same, to establish by-laws, and make all rules and regulations not inconsistent with the laws and constitution deemed expedient for the management of corporate affairs, and to appoint such subordinate officers and agents in addition to a President and Secretary or Treasurer, as the business of the corporation may require, designate the name of the office and fix the compensation of the officer.

The board of trustees may have the power by and with the consent of the Board of Missions, of Methodist Episcopal Church, South to increase the number of Trustees to thirty three, if they deem the interest of the corporation requires such increase. And first of any subsequent Board of Directors may have the power to elect other members, who, on acceptance of membership, shall become corporators equally with the original corporators. ……The term of all officers may be fixed by the by-laws, the said term not, however, to exceed three years. All officers hold over until their successors are duly elected and qualified.

A violation of any of provisions of this charter, shall subject the corporation to dissolution at the instance of the State.

We, the undersigned, apply to the State of Tennessee, by virtue of the laws of the land, for a Charter of Incorporation for the purposes and with the powers, etc., declared in the foregoing instrument.

**This** 13$^{th}$ **day of** **June** 1901

W. Wilson
J. D. Hammond
James Atkins
W. R. Lambuth
J. H. Kirkland

State of Tennessee )
Davidson County ) Registers Office June 14 1901

I, Jas K Govdlor, Register for said county, do certify that the foregoing instrument and certificate are registered in said office, in Book No 238 page 30, that they were received June 13, 1901 at 2.30 o'clock P. M. and were entered in Note Book 17 page 248.

Jas K Govdlor, Register of Davidson Co.
By-T. S. Lusty, D. R.

State of Tennessee )

Davidson County )

Personally appeared before me, P. A. Shelton Clerk of the county court of said, the with named A. W. Wilson, J. D. Hammond, James Atkins, W. R. Lambuth, J. H. Kirkland the bargainors and incorporators with whom I am personally acquainted and who acknowledged that they executed the annexed instrument for the purpose therein contained.

Witness my hand at office this 13th, day of June 1901.

P. A. Shelton Clerk

I, Jno W. Morton, Secretary of State, do certify that this charter which certificate attached the forgoing of which are three copies, were received and certified by me, this 24th of June 1901.

John W. Morton

(二)

## AMENDMENT TO CHARTER OF INCORPORATION

We, the undersigned, comprising the Board of the "Central University of China" apply to the State of Tennessee, by virtue of the general laws of the land, for an amendment to said charter of incorporation for the purpose of investing said corporation with the power to change the name of said corporation from "Central University of China" to Soochow University.

Witness our hands **This** 5th **day of** Oct. 1907

D. L. Anderson

A. W. Wilson

W. B. Burke

A. P. Parker

W. B. Nance

H. T. Reed

W. H. Park

Jno. W. Cline

Thos. A. Hearn

J. D. Hammond

W. R. Lambuth

Witness to Signatures

W. R. Lambuth

Witness to Signatures

W. R. Lambuth

STATE OF TENNESSEE )

DAVIDSON COUNTY ) Personally appeared before me, P. A. Shelton Clerk of the county court of said County, the within named W. R. Lambuth, one of the bargainors, with whom I am personally acquainted and who acknowledged that executed the within instrument for the purposes therein contained.

Witness my hand at office this 26th day of June 1908.

(Seal) P. A. Shelton Clerk

STATE OF TENNESSEE )

DAVIDSON COUNTY ) Personally appeared before me, P. A. Shelton Clerk of the county court of said County, W. R. Lambuth, one of the subscribing witness to the attached instrument of writing who, being first duly sworn, deposes and says that he is personally acquainted with the within named D. L. Anderson, A. W. Wilson, W. B. Burke, A. P. Parker, W. B. Nance, H. T. Reed, W. H. Park, Jno. W. Cline, Thos. A. Hearn, J. D. Hammond, the bargainors, and that they acknowledged the same in his presence to be their act and deed, for the purposes therein contained.

Witness my hand at office this 26th day of June 1908.

(Seal) P. A. Shelton Clerk

STATE OF TENNESSEE )

DAVIDSON COUNTY ) Received for record the 29 of June 1908 at 12.55 o'clock P. M. and recorded in Book No. 310, page 241, Noted in notebook 22 page 255.

West H. Morton, Register

By – Bob Williams, D. R.

I, John W. Morton, Secretary of State, do hereby certify that the foregoing instrument with certificates hereto attached the same which was this day registered and certified to by me.

This 28th day of July 1908.

John W. Morton,

Secretary of State

## 附录二　东吴大学历届校董会

| | |
|---|---|
| 1900 | 惠会督、林乐知、孙乐文、潘慎文、柏乐文、步惠廉、文乃史、葛赉恩、盖会督、哈蒙德、埃特金、柯克兰 |
| 1903 | 在华董事:林乐知、孙乐文、潘慎文、柏乐文、步惠廉、文乃史、葛赉恩 |
| 1906 | 在华董事:林乐知、孙乐文、潘慎文、柏乐文、步惠廉、文乃史、葛赉恩、韩明德、李多马 |
| 1907 | 惠会督、哈蒙德、孙乐文、潘慎文、柏乐文、步惠廉、文乃史、葛赉恩、韩明德、李多马、蓝华德 |
| 1911 | 潘慎文、柏乐文、步惠廉、文乃史、葛赉恩、韩明德、F. S. Brockman、祁天锡、薛伯赉 |
| 1918 | 潘慎文、柏乐文、步惠廉、文乃史、葛赉恩、韩明德、祁天锡、薛伯赉、 |
| 1919 | 潘慎文、柏乐文、步惠廉、文乃史、葛赉恩、韩明德、祁天锡、薛伯赉、斐尧仁、麦克来(在华者) |
| 1920 | 潘慎文、柏乐文、步惠廉、文乃史、葛赉恩、韩明德、祁天锡、霍约翰 |
| 1921 | 潘慎文、柏乐文、步惠廉、文乃史、葛赉恩、韩明德、祁天锡、霍约翰 |
| 1922 | 潘慎文、柏乐文、步惠廉、文乃史、葛赉恩、韩明德、祁天锡、霍约翰 |
| 1923 | 潘慎文、柏乐文、步惠廉、文乃史、葛赉恩、韩明德、祁天锡、霍约翰 |
| 1924 | 葛赉恩、H. A. Boaz、W. W. Brockman、G. W. Luh、斐尧臣、韩明德、C. C. Nieh、安迪生、柏乐文、江长川、薛伯赉、步惠廉、胡贻谷、祁天锡、鲍乃德、S. K. Tsao |
| 1927 | 江长川、葛赉恩、沈体兰、鲍乃德、胡贻谷、钮惕生、蒋保厘、李登辉、安迪生、江贵云、徐可升、尤敦信、巴克蒙、麦玲雪、步惠廉 |
| 1929 | 江长川、葛赉恩、沈体兰、鲍乃德、胡贻谷、钮锡生、李登辉、安迪生、尤符赤、霍约翰、周承恩、黄仁霖、贝淞荪、殷罗德 |
| 1932 | 江长川、葛赉恩、沈体兰、安迪生、贝祖贻、孔祥熙、卫渤、殷罗德、曹云祥、胡贻谷、李中道、周承恩、黄仁霖、鲍乃德、霍约翰 |
| 1933 | 江长川、葛赉恩、沈体兰、安迪生、贝祖贻、孔祥熙、卫渤、殷罗德、高阳、胡贻谷、李中道、徐可升、鲍乃德、霍约翰 |
| 1934 | 江长川、葛赉恩、鲍乃德、沈体兰、贝祖贻、甘保罗、安迪生、高阳、孔祥熙、霍约翰、李中道、殷罗德、曹云祥、卫渤、胡贻谷、徐可升 |
| 1935 | 江长川、葛赉恩、沈体兰、安迪生、贝祖贻、孔祥熙、卫渤、殷罗德、高阳、胡贻谷、李中道、徐可升、鲍乃德、霍约翰、曹云祥 |
| 1937 | 江长川、葛赉恩、沈体兰、安迪生、贝祖贻、孔祥熙、霍约翰、胡贻谷、鲍乃德、高 阳、殷罗德 、李中道、徐可升 |
| 1938 | 江长川、葛赉恩、沈体兰、安迪生、贝祖贻、孔祥熙、卫勃、殷罗德、高阳、胡贻谷、李中道、徐可升、鲍乃德、霍约翰 |
| 1939 | 江长川、葛赉恩、沈体兰、安迪生、贝祖贻、孔祥熙、卫勃、殷罗德、高阳、胡贻谷、李中道、徐可升、鲍乃德、霍约翰、陆干臣、慕尔会督(当然董事) |
| 1942 | 孔祥熙、陈文渊、力宣德、江一平、锐璞、贝祖贻、居正、张群、罗运炎、李骏耀、陈霆锐、董承道、骆爱华、黄仁霖(非常时期校董会) |
| 1943 | 孔祥熙、江一平、锐璞、贝祖贻、居正、张群、罗运炎、高阳、陈霆锐、董承道、黄仁霖、伍学宗、骆爱华 |
| 1949 | 陆干臣、伍克家、李中道、安迪生、董承道、江长川、项烈、罗运炎、严欣淇、梁冠榴、裴格萌、费雪珍、姚克方、钮师愈、蔡汝栋、黄安素 |
| 1950 | 陆干臣、伍克家、李中道、项烈、董承道、洪士豪、江长川、罗运炎、严欣淇、梁冠榴、谢颂三、费雪珍、乐安伦、纽斯愈、蔡汝楝、黄安素 |

(据所能查阅到的资料统计,年份不全,人物不全,供参考)

## 附录三　东吴大学外籍人士名录(中英对照)

| 中文名 | 英文名 | 任职简况 |
|---|---|---|
| 林美丽 | | 中西书院教师 |
| 林乐知 | Allen, Young J. | 东吴大学创办人之一,早期校董会董事 |
| 孙乐文 | Anderson, D. L. | 东吴大学创办人之一,校长;历史学;政治学 |
| 孙令仪 | Anderson, Ida. | 宫巷书院教师 |
| 孙明甫 | Anderson, R. S. | 在第一附中教英语 |
| 梅文纤 | Anna J. Muse | 中西书院教师 |
| 埃特金 | Atkins, J. | 早期校董会董事 |
| 鲍乃德 | Barnett, Henry | 英国文学 |
| 贝克 | Beck, Lilian A. | 中学英语 |
| 刘伯穆 | Blume, W. W. | 法律;法学院教务长 |
| 赵增慧 | Bradshaw, A. E. | 教育;经济 |
| 平客楼 | Brinkley, S. G. | 教育学;英语;1918—1919 年任第二附中校长 |
| 巴克蒙 | Brockman, W. | 在第一附中教英语 |
| 勃朗 | Brown, Myra Lee | 英国语言和文学 |
| 裴先生 | Brown, O. E. | 博习书院教师 |
| 戈璧 | Campbell, C. K. | N·T·希腊语;N·T·神学、圣经 |
| 葛海伦 | Clark, Helen | 历史学;社会学;女生主任 |
| 葛赉恩 | Cline, J. W. | 1905—1911 年任中西书院监院;1911—1922 年任东吴大学校长;历史学;政治学 |
| 葛赉恩夫人 | Cline, J. W., Mrs. | 德语 |
| 戴克 | Decker, M. E. | 中学英语和历史 |
| 海伦 | Dryer, Helen | 英语 |
| 戴荪 | Dyson, Joseph W. | 文学院副教务长;生物材料处主任,植物学;合唱音乐 |
| 艾伯哈得 | Eberhard, Mlle | 法语;德语 |
| 魏斯德 | Estes, W. A. | 在第三附中教英语;1908—1928 年任校长 |
| 魏斯德夫人 | Estes,W. A., Mrs. | 在第三附中教英语 |
| 富德生 | Ferguson, F. C. | 英国语言和文学 |
| 华霭德 | Frank, Marion | 化学 |
| 盖会督 | Galloway, C. B. | 早期校董会董事 |
| 祁天锡 | Gee, N. Gist | 生物学 |
| 葛维廉 | Gilkey, William E. | 音乐 |

续表

| 中文名 | 英文名 | 任职简况 |
|---|---|---|
| 葛伦 | Glenn, C. L. | 物理学 |
| 盖韩伯 | Gray, H. L. | 博习书院教师 |
| 葛里姆斯 | Grimes, E. J. | 在第三附中教英语 |
| 格芬·艾丽斯 | Guffin, Alice | 在第一附中教英语 |
| 哈蒙德 | Hammond, J. D. | 早期校董会董事 |
| 罗伯特 | Havighurst, Robert | 在第一附中教英语 |
| 韩明德 | Hearn, A. G. | 医学博士,医学院外科 |
| 韩复生 | Hearn, W. A. | 宗教;宗教活动负责人 |
| 汉密克 | Helmick | 英美衡平法 |
| 衡特立 | Hendry, J. L. | 博习书院教师 |
| 项烈 | Hendry, R. S. | 经济学;历史学 |
| 伊万诺夫夫人 | Ivanoff, O. , Mrs. | 法语;德语 |
| 雅各孙 | Jacobson, A. C. | 会计学 |
| 约翰生 | Johnson, H. H. | 生物供应处组织者 |
| 龚士 | Jones, E. V. | 化学;物理学 |
| 龚士夫人 | Jones, E. V. , Mrs. | 英语 |
| 开霭 | Keye, W. F. | 物理学;数学 |
| 柯克兰 | Kirkland, J. H. | 早期校董会董事 |
| 蓝华德 | Lambuth, Walter R. | 东吴大学创办人之一 |
| 良知道 | Leitch, L. | 博习书院教师 |
| 林夫人 | Ling, T. G. , Mrs. | 英语 |
| 陆克来 | Lockley, Arthur | 体育学院 |
| 刘乐义 | Loehr, G. R. | 中西书院教师 |
| 露丝 | Longden, Ruth | 图书管理员;在第一附中教英语 |
| 劳莱 | Lowrie, S. H. | 社会学;副注册员,招生办主任 |
| 劳莱夫人 | Lowrie, S. H. , Mrs. | 英语 |
| 罗格思 | Lucas, B. D. | 药理学;军事操练 |
| 罗心权 | Lusinger, Angle | 英语 |
| 孟琪英 | Manget, Jeanne | 物理学;女子体育 |
| 马丁 | Martin, Elna | 英语 |
| 麦伊尔 | Mayer, Herman | 德语;法语 |

续表

| 中文名 | 英文名 | 任职简况 |
| --- | --- | --- |
| 苏 | Medloek, Sue | 校长秘书 |
| 明乐信 | Mingledorff C. G. | 中西书院教师 |
| 米切尔 | Mitchell, W. A. | 物理学;化学 |
| 慕亚 | Moore, R. G. | 地质学 |
| 慕亚夫人 | Moore, R. G. , Mrs. | 在第一附中教英语 |
| 莫斯利 | Moseley, E. F. | 在第一附中教英语、历史 |
| 文乃史 | Nance, W. B. | 哲学;神学;文学;1914—1922 年任副校长; |
| 聂显 | Nash, W. L. | 体育;体育学院教务长 |
| 诺爱思 | Noyes, Bessie | 生物学 |
| 柏乐文 | Park, W. H. | 医学博士,医学院教务长;大学医生;医学 |
| 潘慎文 | Parker, A. P. | 中西书院监院 |
| 彼得 | Peters, E. C. | 中学英语;任第二附中校长 |
| 卜明慧 | Polk, M. | 医学 |
| 伊莎贝尔 | Powell, Isabel | 英语 |
| 兰金 | Rankin, C. W. | 政治学;法学;法学院教务长;1915—1920 |
| 贝蒂 | Ridgeway, Bettie | 英语 |
| 罗文耀 | Royall W. W. | 中西书院教师 |
| 艾里克 | Schmidt, Eric J. | 英语 |
| 萨赉德 | Sellett, George B. | 法学;1924—1925 年代理教务长;(美国律师) |
| 许安之 | Sherertz, D. L. | 教育学;在第一附中和无锡实验中学 |
| 薛伯赉 | Shipley, Lester | 物理学;数学 |
| 史密德 | Smith, Wesley M. | 宗教 |
| 苏迈尔 | Snell, J. A. , M. D. | 医学博士,大学医生 |
| 林满德 | Stallings, Nina | 家政学 |
| 齐唯夫 | Steele, W. T. | 社会学;伦理学 |
| 达思格夫人 | Tasker, R. C. , Mrs. | 注册员;校长秘书 |
| 达思格 | Tasker, Roy C. | 生物学 |
| 格雷士 | Templeton, Grace | 在第一附中教英语 |
| 汤姆林 | Tomlin, F. E. | 心理学;儿科 |
| 汤姆林夫人 | Tomlin, F. E. , Mrs. | 音乐;格丽女子俱乐部的伴奏者 |
| 卡利 | Touchstone, Cary | 会计;校长秘书 |

续表

| 中文名 | 英文名 | 任职简况 |
|---|---|---|
| 德丽霞 | Tuttle, Lelia J. | 历史学;女生主任 |
| 安妮 | Valentine, Anne E. | 英语 |
| 万特克 | Vanderbeek. H. A. | 无锡实验中学校长 |
| 万特克夫人 | Vanderbeek. H. A. , Mrs. | 无锡实验中学教师,Abbey,Katherine |
| 花蔼德夫人 | White, J. F. , Mrs. | 校长秘书 |
| 花蔼德 | White. James F. | 化学 |
| 白约瑟 | Whiteside, Joseph | 英语语言和文学;会计 |
| 费德乐 | Whitlow, Rolfe | 英语 |
| 威廉姆斯 | Williams, F. S. | 在第一附中教英语;军事操练 |
| 魏廉士 | Williams, M. 0. | 宗教;宗教教育;社会学 |
| 魏廉士夫人 | Williams, M. 0. , Mrs. | 英语;儿童心理学 |
| 惠会督 | Wilson, A. W. | 早期校董会董事 |
| 华格蒙 | Workman, Geo. B. | 宗教;英语(在法学院) |

(据 W. B. Nace, Soochow University 附录4 及其他相关资料翻译并整理,中文名部分为音译。表中外籍人士含东吴大学及其前身学校的教职员和校董会成员)

## 附录四　东吴大学及其前身学校毕业、肄业生名录(1887－1935)

### 博习书院毕业生

| | |
|---|---|
| 1887 | 史拜言、李伯莲 |
| 1892 | 谢洪赉、李仲覃、蔡式之、史秉衡 |
| 1893 | 成颂文 |
| 1894 | 沈觉初、李月峰、沈子阳 |
| 1896 | 孔仲宪、施亦临 |
| 1897 | 俞止斋、陶仰京 |

### 博习书院肄业生

| | |
|---|---|
| | 凌子言、姚尔调、方渊甫、史玉冈、李达夫、洪介生、焦子芳、沈慎卿 |

### 博习书院并入中西书院毕业生

| | |
|---|---|
| 1901 | 唐舜臣、奚伯绶、江梦九、陆泳笙、鄷福庭、周承恩、徐可升、史悠澜、孙闻远、陈继善、赵荫庭、周楚申、方叔康、许宗尧、毛复初、毛芝轩、金志仁、钱贻璋 |

## 中西书院正科毕业生

| | |
|---|---|
| 1905 | 罗季芳、胡贻谷 |
| 1908 | 沈冶生、华子才、金岳生 |
| 1909 | 史久润、宓士达、谢武衡、胡宝荣、姚雪岑 |
| 1910 | 罗曜枢 |
| 1911 | 唐桐侯、吴廉逊、俞逢春 |

## 中西书院预科毕业生

| | |
|---|---|
| 1901 | 姚敬实 |
| 1902 | 金幼卿、丁榕 |
| 1904 | 周宗华、马尹初、蔡仲悦 |
| 1905 | 王乃栋、王乃基、金振卿、何日琰、范秉毅、叶灿琛 |
| 1906 | 应尚德、万松源、魏熙光、周庆兆 |
| 1907 | 江长川、沈廷翰、罗耀枢、邓定焕、孙鉴蓉 |
| 1908 | 李启藩、沈磬玲、吴廉逊、孙缤璇、赵味糠 |
| 1909 | 郑辅华、俞逢春、蒋士焘、丁昆、钱蔚、施成志、高瞻、朱鸿勋、凌锡荣、吴元枚、唐桐侯、吴元棫、屠祖康、徐青照 |
| 1910 | 吴大同、叶涌、鄞辅维、叶时杰、史悠洪、应尚才、俞英、马润卿 |
| 1911 | 吴雅修、赵桂芬 |

## 中西书院肄业生

| | |
|---|---|
| 1913 | 尹致昊、王霓仙、李一琴、强国珍、钱子平、郑锦峰、江鹤汀、郁锡明、郑伯照、袁蓉生、金粟人、梁庭润、曹培益、黄锦垣、瞿子良、鲍咸亨、邬挺生、徐叔仁、吴文叔、方文道、杨敦甫、翁小印、倪子祥、孙海环、刘福永、朱慰如、朱少云、梅文熊、黄瑞生、孙铁珊、李秀泉、马学余、姚增祥、柯樊仕、邬静伯、夏之楷、鲍茂坚、鲍茂基、方守六、冯子才、夏廷献、杨紫麟、黄和谨、孙鹤鸣、程大赓、邓俊生、萧楚臣、梁桂三、文子祥、余萼岫、邓咏雩、张文蔚、徐文焕、周勉斋、金轶轮、陈俊生、王显华、陈明恩、郑　培、郑崧生、汪培林、周文炯、周文道、杨连寿、周椎藩、钱帙群、汤迪人、方青箱、蔡伯华、汪辅臣、鲍咸卿、张鸿诰、石运珍、王文奎、邵叔嘉、沈慎乃、马驭称、余显恩、江长林 |

## 东吴大学毕业生

| | |
|---|---|
| 1907 | 文学士：沈伯甫 |
| 1908 | 文学士：陶甸夏、陈海澄、裘昌运 |
| 1909 | 文学士：吴献书、杨惠卿、奚伯绶 |
| 1910 | 文学士：赵紫宸 |
| 1911 | 文学士：郁荣光、吴颐伯<br>神学士：江长川 |
| 1911 | 文学士：唐桐侯、李骏惠、胡笃平 |

续表

| | |
|---|---|
| 1912 | 文学士：程人俊、程人杰、陆志韦、俞恩嗣、钱保和、马润卿、王正德、江长川 |
| 1914 暑假 | 文学士：彭英然、史襄哉、王锡蕃、赵桂芳、杨景诗、贺雄生、潘润民、潘襄成、林凤歧、孙蕴璞、叶时杰 |
| 1915 暑假 | 文学士：王佩诤、高践四、朱电如、盛谷人<br>理学士：杨景诗、贺雄生、林凤歧、朱电如、潘润民、赵桂芬、孙蕴璞、潘襄成、叶时杰、徐景韩 |
| 1916 暑假 | 文学士：林凤苞、姚铁心、王怀仁、陆季清<br>理学士：史云叔、陈调夫 |
| 1917 暑假 | 文学士：张维新、谢颂羔、潘善余、董承道、蒋锡蕃、郑觉民、沈惠元<br>理学士：胡经甫、凌锡耀、施季言、薛毓津<br>理学硕士：徐景韩、陈调甫 |
| 1918 暑假 | 文学士：沈文恩、赵之惠、沈天生、计俊才<br>理学士：李骏德、吴守余、顾洪照、邱孟麟、姜宝璜、徐汝梅、李昌期、刘湛恩、陈纳逊、沈惠元、李非生<br>法科：张籲云、陈洪、陈邦亮、杜学文、陆聪祖、马润卿、王凤瀛 |

（据苏州大学档案馆藏档《东吴大学实录》附录整理）

| | |
|---|---|
| 1919 | 文学士：陆鼎莹、梁官榴、徐芝英、林士广、应汉光<br>理学士：潘履洁、李克明、陆干臣、戴恩锡<br>法学士：王傅璧、陈三立 |
| 1920 | 文学士：刘建一、刘屋桴、钟屺云、蒋绵恩<br>理学士：王强松、潘澄侯、金尧山、老见春、潘铭紫、吴翰香、陈舜名、朱元鼎、尤敦信、王志稼<br>法学士：吴经熊、陈霆锐、陆鼎揆、张濯尘、笪耀先、杨绍彭、钟震、马景行 |
| 1921 | 文学士：唐绍武、盛振为、吴芷芳、张原絜、冯剑张、谢仲文、应业存、周仲千、赵昌铭、刘龄孙、胡贻谷<br>理学士：俞锡九、杨安麟、程克让、邹巽以、陈子英、顾培庸、叶承忻、裘家奎、殷玟源、吕棣村、慎斐文、潘天民、田浩来、鲍庆明、伍克家、钱积臣、陈宝珊<br>法学士：何世枚、何世桢、狄侃、卢衍明 |
| 1922 | 文学士：杨信芳、吴树藩、黄扆言、谢颂义、周毅<br>理学士：沈体兰、郭大文、庞文模、张和岑、秦俪范、沈青来、潘蕴玉、富纲侯、凌庆云、张天抡、苏行三、许明三<br>法学士：张元枚、蒋保厘、郦星章 |
| 1923 | 文学士：李天心、陆绶玉、赵颂鲁、刘允承、俞起亚、张天康<br>理学士：张师竹、张尔馨、凌颂美、顾大荣、荣达坊、陈恩贤、缪钟彦、朱仲玉、殷新甫、祝海如、陈新国<br>法学博士：罗炳吉<br>法学士：丁正钧、石颖、江一平、沈铁千、顾庚伟 |
| 1923 寒假 | 文学士：濮炳文、马大椿、杨葆仁、赵观宸、徐宗一、吴柏森、梁官松、胡雄岳、李国宁<br>理学士：张浩、陶锦藻、史醴伯、林嗣放、林光庭、冯敩棠、史执如、李骏耀、张鸿年 |
| 1924 | 文学士：岳锡光、朱约庵、杨炽、张镜和、惠树敏、杨盘西<br>理学士：彭绍贤、夏馥菁、陆鼎传、沈济川、刘宗琦、蔡绍祥、袁成、吴传谦<br>法学博士：董康、王宠惠<br>法学士：李中道、祝匡明、高君湘、姚希琛、奚士昌、陈文柏、盛振为、张金润、程颖侯、赵传鼎、蒋国芳、蔡德诒、谢颂三、严荫武、杨逢春 |

续表

| | |
|---|---|
| 1924 寒假 | 文学士：王昌谟、张雄翰、鲍金祺<br>理学士：陆钟英 |
| 1925 | 文学士：王元禄、俞普庆、沈寅寿、李兢渊、顾祖常、程抱信、余经藩、王继禄、林绍放、李荫昌、徐雉、邬德钧、彭曾煜、张安德、邱培浤<br>理学士：李庆贤、毛宗英、汪家鳞、凌锡安、李缵文、范珍、陈景瑛、夏惠民、黄绍榜、陈文杰、袁忠宝、蓝之器、邹硕、桑世杰、李恕先、孙增裕、邓宗培<br>法学士：汝葆彝、李庚祥、李庆升、金兰荪、姚扔叔、徐国伟、韦伯祥、陶悟志、汤宗威、张文伟、张天荫、张辅国、陈秋宝、冯宝仁、富刚侯、蔡汝栋、邓添冠、苏松茂、顾宪章、朱有源、钱江春 |
| 1925 寒假 | 文学士：刘澡、苏德宏、吴本艺、萧冠韩、慎焕林 |
| 1926 | 文学士：叶芳珪、刘长茀、庞执中、盛振华、万倜人、王慕侠、叶鹏年、赖斌、严祖龄、茅善昌、姚璧臣、钱秉良、谢佐禹、过福康、何耀辉<br>理学士：张廷赓、戎志浩、徐荫祺、施锡康、陆近仁、徐有成、邱调梅、陈作新、冯奂、叶治镳、严志弦、范长朴<br>法学士：王政劭、王耀堂、江觉东、冷光忻、吴少山、忻礼庠、姚绍宣、胡汉瑞、梁鋆立、凌光谦、孙祖基、孙祖宏、唐鸣时、张骥、黄秩庸、黄扆言、曹廉恩、端木恺、蔡汝津、邓子骏、蒋保廉、谢知劲、缪钟秀、王启周、李公励 |
| 1926 | 二十五周年荣誉典礼：张仲仁（荣誉博士）、张菊生（荣誉博士）、马寅初（荣誉博士）、赵紫宸（荣誉博士）、周克家（补给文学士） |
| 1926 年寒假 | 文学士：张鹤群、赵石萍<br>理学士：盖其新 |
| 1927 | 文学士：宋遂初、戴冕伦、张旭民、潘永梃、李骏保、王同纶、胡中甫、超端源、蒋起鸿、刘浩、季良孙、毛宗雄、唐锡良、史崧培、杨枝荣、吴兆新<br>理学士：王绶基、沈安石、徐健、王家屿、吴琼瑞、章载一、黄仁辅、毛康三、李俊麟、俞杰、吴光、陈冽、叶风池、张恩锡、刘贻谋、郭尔憼<br>法学士：王咸谷、丘汉平、田鹤鸣、林振镛、桂裕、祝修爵、胡久銮、孟长泳、高维廉、孙晓楼、马君硕、赫志翔、陶天南、张宗载、张季忻、陈文藻、黄应荣、裘章、梁森章、杨汝骧、杨兆龙、傅文楷、钱保和、乐俊芬、刘鸿熏、卢辉孙、贺圣鼐、孙方镇 |
| 1927 寒假 | 文学士：夏宪译、汪葆铭、魏梦尘、卢宗培<br>理学士：董承康<br>体育学：刘金奎 |
| 1928 | 文学士：施邦瑞、沈敏政、凌景埏、马时飏、戎更生、薛文雄、陈退思、石平道<br>理学：俞恩亮、宋煩章、杨行芳、夏乃赓、徐荫群、叶夏焜、郑法五、陈世昌、钱振<br>体育学：杨光庭、赵景纲 |
| 1928 寒假 | 文学士：缪廷辅、施鼎莹、刘荔生<br>理学士：罗迟慧、严家书、龚祖绳<br>法学硕士：金兰荪<br>法学士：艾国藩、李浩培、李剑虹、胡家宝、徐宁、徐正大、姚启型、倪征隩、郭启明、陈维东、章寿昌、黄观效、鄂森、厉志山 |
| 1929 | 文学士：周宗仁、江振德、李思壬、蒋传纶、陈定飞、钱永恒、黄廷英、沈殿懋、陈洪畴、马俊忠、王善业、吴贻猷、顾兆新<br>理学士：谢覃文、张克欧、蒋绍祖、郁国城、汪葆浚、吴诗铭、陈世騠、田浩泉、叶凤年、张在瀛、陆汉荣、虞秉钧、林泽人、马兆椿<br>法学硕士：张天荫、徐国伟<br>法学士：丁祥烈、王亢侯、方嘉禾、朱祥佑、朱家龙、何任清、何秉伦、何炳梁、何襄明、沈增宽、周志伊、金曾铿、查良鉴、宣震东、俞从道、徐百齐、徐福基、翁时杰、袁仰安、袁景唐、郭豫瑶、黄修伯、陈炳星、张庆桢、张立时、华允琦、费青、蔡晓白、邹玉、蒋畸士、蒋延恩、罗汉槎、顾永泉、谢景山、屠广钧、都乃毅、顾文韵 |

续表

| | |
|---|---|
| 1929 寒假 | 文学士：秦鉴源、孙其敏、蒋鹭涛、怀宝汝、孙芝祥<br>理学士：李惠林、高尚英、冯锡庚、汤雪畦 |
| 1930 | 文学士：袁泽民、张梦白、梅光庾、蒋豪士、钱慕云、张玉荪<br>理学士：罗志枚、俞朝英、曾景臣、沙炯劭、许嘉群、汪绍庭、吴正心、朱孔容、徐家枢、包鉴中、许家鼎、赵纮章、汪毓焜、谈家桢、何伟发、蒋宪清、林世良、戴恩荣<br>体育学：王守方<br>法学硕士：陈文藻、贺圣鼐<br>法学士：王仲桓、王建航、王显湘、伍官熹、朱子芬、宋夡、沈镛、何百谦、柱季美、李仲文、车炳荣、林铎、周炳扬、施复动、徐益、徐镜清、夏永桢、盛圣休、许华润、张祉杰、陈子芸、陈恩成、陈福愉、冯仕砻、冯树华、童郁文、项隆动、经长庚、乐俊英、骆士雄、郑竞毅、卢俊、钱恂九、谢仿林、严克永、顾祖宽、顾苍生、王建绩、顾立动 |
| 1930 寒假 | 文学士：张祖尧、周远<br>理学士：钱楷元、邹世德、丁遂栋 |
| 1931 | 文学士：严文元、赵志麟、潘仁希、蒋翔声、朱培玉、徐荪源、鲍锐良、胡毓德、戴平之、章定勋、李韵静、张雅焜、姚志英、袁留莘、姚莘农、杜其尧、张恭温、汪锡鹏、李伟年、彭望雍、业德衡、冯家瀚、彭绍纲、黄仲康、王伯琦<br>理学士：殷绥和、曹松年、宋杰、余新恩、孙慰庭、王季午、李洪迥、朱梦华、汪建才、彭望钺、陈礼在、姚剑初、黄月华、朱崇恩、吴兆基、贝豫、戴晨、黄天麟、潘志遐、张振达、关熙和、陆鸿钰、史久乐<br>法学硕士：王亢侯、艾国藩<br>法学士：丁广平、王华恩、王瞻韩、王养善、丘瑞曲、江德明、朱启超、朱宝贤、何麟褒、何章瑊、汪少怀、汪祎成、李彩霞、李宗培、沈宗豫、吕树滋、林钦辰、林佑训、周壬林、胡文铨、郁挺、姚启铭、梁鸿年、梁耀炳、梁思成、徐同宪、徐永耀、徐润泉、徐家齐、徐焕藜、孙亮、倪光祖、马以钟、华均、盛森璇、刁广熔、曹元悌、陈大勋、陈大器、陈令庄、陈承荫、陈其德、陈其祥、陈楷思、陈德明、陈尊道、陈艺先、黄焕成、张鸣熙、张弟明、张鑫长、巢纪梅、陶桐君、冯志、陆琦臣、麦伯建、戚维新、曾毓钊、杨祖培、邬鹏、蒋持平、刘世时、刘斌、刘学裴、刘孟靖、刘季涵、刘承汉、刘椿、邓嘉炳、郑保华、钱中道、钱清廉、蔡文达、薛铨曾、罗从厚、戴凝瑞、何溢鋆、陈廷淦 |
| 1931 寒假 | 文学士：陈国庠、温耀新、沙同寿 |
| 1932 | 文学士：朱雯、沈钟、汝明德、陈直初、朱吉民、陈志信、梅占球、刘燮唐、毛容华、庞龙、梅平章、史纪人、孙方镇、陈泽华、陈应春、华学珩、宋炜、杨季康、沈颐、顾树勋、陈景耀、李少庭、何伟福、蔡振寰<br>理学士：陆钦轼、季福庆、张玑、王洪生、周芬、徐北溟、钱荣、许龙章、沈福彭、王勉孙、徐献瑜、刘祖乔、郭凤翔、孙令衔、赵善继<br>法学硕士：何秉伦<br>法学士：王永钟、王寿安、仇子同、尤文炳、方嘉稔、毛德溥、田龙、田浩征、史乃修、吴沛然、吴丽东、朱仁、朱德馨、朱汇律、江鸿治、阮兆年、何庆荣、沈崇癸、沈竹君、余铭、佘明祥、沙同寿、汪道章、李之屏、李浩涵、李宝森、季福生、周叔娴、周沛霖、周潮刚、金忠圻、金惠霖、胡民铎、胡志刚、施泽民、洪法祖、俞恩良、马嘉振、唐士箴、孙弼伍、袁文澄、袁宪辉、夏藩、华懋生、徐杰、徐孝田、黄长简、陈鼎文、陈慕德、张国维、张师竹、张舍我、张恭温、彭学海、闵刚侯、冯森、冯泽昌、杨瑞年、虞家桢、潘立之、荣桢隆、刘莹、刘纬纶、刘荔生、刘重荫、刘永懿、郑保滋、钱慰高、钱永恒、蒋豪士、蒋威霆、谢德风、严绂葳、宝朴、苏景麒、王浩 |
| 1932 寒假 | 文学士：李凤德、赵汝聘、沈时可、殷同薇、翁振捷、蒋有略<br>理学士：周大渭、杨士劳、钱大赍、华恩熙、俞桢 |

续表

| | |
|---|---|
| 1933 | 文学士：汪庆璜、杨霈、郭惠任、许世融、许国富、李荣祖、蒋荷珍、张德渥、詹擎栋、吴生、张启明、吴清、王复民、孙廷璧、邵澄清、李述、薛选衡、蒋焜华、沈维宁、方思抚、裘劭恒、朱志伦、赵颐年、曾梦雄<br>理学士：江德昌、金立藩、应广钧、陈尚球、万世永、张令仪、蒋世昌、张宜纶、陈名燮、周有年、钟采盘、张承宏、陈肄三、凌康源、庞鼎勋、庞铭勋、杨子成、李琮池、陶恩瑞、沈志新、何观清、王鸿文、陈景云<br>法学硕士：经长庚、郑保华<br>法学士：丁瑞勋、王介元、王光焜、王其培、王紫霜、王震生、任翔千、任会新、朱正山、朱世范、朱志奋、余茂功、李清穆、李叔芬、李世杰、李清辅、李伟年、汪铁山、沈淑、沈伯雄、沈宗泳、沙恩溥、吴荣碧、吴华樾、周慎修、来承祚、金通明、邵晏清、邱梁、邱褚联、姚志曾、姚福园、姜屏藩、胡可源、计鹤鸣、郁鸿生、徐绪昌、夏楚韦、夏声扬、马志高、梁荫佳、梁就明、梁敬钊、陈粹、陈海秋、陈泰宸、张士伯、张克斌、张克文、张以藩、张德泽、盛焕文、程杰、麦文康、陆志冲、彭望雍、彭望栋、彭绍纲、黄培文、黄兆鸿、黄仲康、黄瑶、黄传泉、曾明群、曾梦雄、稽训煊、嵇震寰、冯家瀚、冯锡庚、业德衡、叶夏熛、董端始、蔡晋、郑涛、郑国楠、刘荃仲、刘煦芬、薛光前、薛庆衡、钟行素、谢文登、谢承烈、韩昌明、戴文奎、魏德裕、方曼伏 |
| 1933 寒假 | 文学士：张国藻、殷士文、胡乃儒、胡允文、沈雯贵、李璐嬑、陈斐然、汪永年、张为资、李诏杰、张仲恩、王式成<br>理学士：张效曾、包鼎成、顾廷鹏、路钟麟、钱履仁 |
| 1934 | 文学士：殷恭昌、史立熙、屈锡熊、刘令鉴、汪葆熙、林传沧、孙曾运、柳承泰、王守正<br>理学士：吴乃昌、殷传焕、蒋宪淞、施锡光、倪桢年、徐仁溥、庄秉贞、沈均康、沈彬康、潘元熙、吴振镛、伍正谊、梁绍造、宋汉英<br>法学硕士：王永钟<br>法学士：王波、王大和、王文模、王华浩、戈剑农、丘卓屏、朱文明、朱声绪、朱懋镛、何伟福、狄润君、汪汝松、吴定振、沈复、沈荣桂、武孟达、林汉腾、林鹤年、周孝达、茅伯笙、胡毓杰、俞炳文、徐廷扬、桂中枢、马振宗、孙仲贤、孙岳如、凌兆麟、奚景高、陈昌腾、陈昌蔚、陈绍烈、陈镛声、梁岳年、张杰、张庚麟、郭文汉、郭调梅、陆同增、陆庭芝、许之森、华哲谋、崔惠卿、程以德、程有璋、程书乾、程修龄、程泽恒、黄式正、黄德行、童绥贞、宁华庭、叶仪、杨德恩、杨葆澄、杨寿林、经恭伯、郑际宣、陈国飏、赵子蟠、乐俊伟、刘涧乐、刘选萃、刘体元、蒋士熊、蔡鉴文、潘序祖、卢绳祖、应维德、魏文达、苏东升、顾凌霄、严隽圻 |
| 1934 寒假 | 文学士：刘绍勋、孙瑞荃、顾春杰、李龙晋、李和卿、朱宗甫、崔鸿欢、陕伍阳、李静芝<br>理学士：王寅生、钱念曾、殷尚恩、陈务民、周百嘉、徐鸣庚、刘丽琳、潘涵青、钱辉唐 |
| 1935 | 文学士：王祖芬、江德茂、吴保安、张华琏、沈起炜<br>理学士：陆国宽、沈廷华、沈怀德、张鎏、许葆钧、余显亮、陈浣华、龚芹生、吕高辉、马贤成、邓光武、尤大寿、俞树德、繇玄街、夏馥萁、陆招、胡文安、李乃征<br>法学士：徐乘黄、余贻泽、张树声、吴增悲<br>教育学：闵绍樾<br>法学士：丁剑峰、孔容照、王涤、王式成、王世熊、王饴祖、王季铨、王学文、王学浚、方思忯、任显群、朱世珪、朱长春、朱志伦、朱啸苍、贝鸿昌、沙曾炤、汪永年、汪宗朴、汪葆楫、吕丙峰、李文杰、李永锡、李诏杰、沈大鲑、吴秀生、吴迪贤、吴清葵、杜宏修、林肖兰、周荣、周维桢、胡三葆、洪绍曾、姜祝三、冒景琯、夏晋惠、高祁孙、徐云、徐芝荫、徐律佳、徐闺玉、徐亚辉、秦鸿、袁鼎新、姚律佳、徐闺玉、徐亚辉、秦鸿、袁鼎新、姚淑钦、黄懋信、黄季玉、许桂庭、陈行健、陈傅钢、陈振暘、张为资、张仲恩、张清治、张之龙、曹永熹、崔宝锷、陆承泰、陆鼎雄、杨耀章、裘劭恒、童勉旃、赵寿昌、赵颐年、万凯光、郑麟同、刘因生、刘次壁、刘延辉、刘亮畴、蔡文韶、楼兆模、欧阳百华、颜振宪、聂绍黻、饶定基、庞珊珊、顾叔威 |
| 1935 寒假 | 理学士：钟兆璧、陆垓、赵善达、余尔毅、宋志仁<br>法学士：周绍达、钱寿珍、陈本立、曹曼琳、褚思玉、陆增祜、陈仁庆 |

（据苏州大学档案馆藏档《东吴大学实录》、《文理学院一览 · 附录》民国二十五年、《东吴大学法学院历届教职员暨毕业同学名录 1947 年》等整理）。

## 附录五　东吴大学校歌歌词

### 东吴大学校歌

（一）

葑溪之西，胥江之东，广厦万间崇。凭栏四望，虎畷金鸡，一例眼球笼。

（二）

皇皇母校，共被光荣，羡我羽毛丰。同门兄弟，暮云春树，记取古吴东。

（三）

天涯昆弟，一旦相逢，话旧故乡同。相期努力，敬教劝学，分校遍西东。

副歌：东吴东吴，人中鸾凤，世界同推重。山负海涵，春华秋实，声教暨寰中。

（嵇健鹤先生著）

### 《东吴校歌》歌词

（一）

天开图画，地秀山河，佳胜蔚东吴。人杰地灵，云兴霞起，黉序创宏图。

副歌：中西文艺，并蓄兼输，国运待昭苏。古今完人，天地正气，更勉以同符。

（二）

资筹中美，经始规模，堂厦峙姑苏。道契大同，教无畛域，一体冶洪炉。

副歌：致知格物，学应时需，中外早驰誉。古今完人，天地正气，更勉以同符。

（三）

茫茫禹域，整顿匡扶，责任在吾徒。法治兴邦，培材沪上，几辈已前驱。

副歌：经纶政法，理国嘉膜，群治最相须。古今完人，天地正气，更勉以同符。

（四）

春风感被，化雨沾濡，永念系东吴。天涯一室，气求声应，同乐共艰虞。

副歌：辅国维材，广才维学，众望注东吴。古今完人，天地正气，更勉以同符。

（载《东吴通讯》第三期，1938 年 10 月）

（又载《东吴大学法学院年刊》，1946 年）

# 参考文献

1.《1929 年 3 月 31 日下午 4 时会议记录》,苏州市档案馆藏档,J1－1,21 卷。

2.《东吴大学代理校长报告》,1943 年 3 月 10 日,苏州大学档案馆藏档,3 永 39。

3.《东吴大学法学院历届教职员暨毕业同学名录(1947 年)》,苏州大学档案馆藏档,3 永 48。

4.《东吴大学法学院设立重庆分校缘起》,苏州大学档案馆藏档,3 永 36。

5.《东吴大学实录》,苏州大学档案馆藏档,3 永 150。

6.《东吴大学同学会补助母校专任教职员生活费暂行办法》,苏州大学档案馆藏档,3 长 66。

7.《东吴大学文理学院政治课讨论会书面汇报》,1951 年 12 月,《政治学习与参干材料》,苏州市档案馆藏档,J1－1,121 卷。

8.《东吴大学缘起》,《东吴大学实录》,苏州大学档案馆藏档,3 永 150。

9.《东吴会计年鉴》,苏州大学档案馆藏档,3 永 159。

10.《东吴通讯》,第 8 期,苏州大学档案馆藏档,3 永 57。

11.《东吴校刊》,民国二十三年,苏州大学档案馆藏档,3 永 21。

12.《东吴校闻》,1943 年 12 月 1 日版,苏州大学档案馆藏档,3 长 43。

13.《法学院近况》,苏州大学档案馆藏档,3 长 47。

14.《法学院近讯》,苏州大学档案馆藏档,3 长 43。

15.《国民政府教育部调查表》,中国第二历史档案馆藏档,全宗号:五,卷号:2047。

16.《计划委员会报告》,1945 年,苏州大学档案馆藏档,3 长 57。

17.《教育部训令第九八〇号(私立东吴大学立案由)十八年七月二十六日》,上海市档案馆藏档。

18.《接受移交会议记录》,1952 年 10 月 3 日,苏州大学档案馆藏档。

19.《解放战争时期东吴大学地下党活动情况、组织简况、学运情况、座谈记录、回忆录材料汇编》,苏州大学档案馆藏档,3 永 124。

20.《卡德雷特致教职工会有关人员函》,1944 年 5 月 10 日,苏州大学档案馆藏档,3 永 40。

21.《抗战初期损失统计》,《东吴校闻》,1943 年 12 月 1 日版,苏州大学档案馆藏档,3 长 43。

22.《潘慎文日记》,耶鲁大学神学院图书馆藏档。

23.《锐璞致沈体兰信函》,1944 年 6 月 20 日,苏州大学档案馆藏档,3 永 44。

24.《三十一年一月八日校董会第十八次会议之议决案》,苏州大学档案馆藏档,3永36。

25.《设备述略》,《东吴校刊》,民国二十四年七月,苏州大学档案馆藏档,3永23。

26.《沈体兰呈教育部文》,中国第二历史档案馆藏档,全宗号:五,卷号:5358。

27.《沈体兰致教会有关人员信函》,1944年11月14日,苏州大学档案馆藏档,3永44。

28.《沈体兰致杨永清信函》,1942年11月10日,苏州大学档案馆藏档,3永40。

29.《生物材料处说略》,《文理学院一览》,民国二十五年,苏州大学档案馆藏档,3永30。

30.《胜利复员后本校校务之进展》,苏州大学档案馆藏档,3长43。

31.《盛振为呈教育部文》,中国第二历史档案馆藏档,全宗号:五,卷号:5358。

32.《私立东吴大学文理两学院1951年8、9两月份工作综合报告》,苏州大学档案馆藏档,3永85。

33.《私立东吴大学校董会第四次临时会记录》、《私立东吴大学校董会执行委员会临时会议记录》,苏州大学档案馆藏档,3永10。

34.《私立东吴大学校董会纪录(第一册)》,苏州大学档案馆藏档,3永10。

35.《私立东吴大学新建体育馆捐款人征信录》,苏州大学档案馆藏档,3永24。

36.《苏南人民行政公署通知·为通知成立苏南师范学院筹建委员会由》,苏州市档案馆藏档。

37.《苏州校本部抄送1929年教育部核准立案的训令》,上海市档案馆藏档。

38.《文乃史与教会有关人员来往信函》,苏州大学档案馆藏档,3长71。

39.《校董会会议记录》,苏州大学档案馆藏档,3永11。

40.《校董联合会会议记录》,1946年11月,苏州大学档案馆藏档,3永54。

41.《校历》,《东吴校刊》,中华民国二十三年,苏州大学档案馆藏档,3永21。

42.《校史概略》,《东吴大学实录》,苏州大学档案馆藏档,3永150。

43.《校政部会议记录》,1946年5月8日,苏州大学档案馆藏档,3永44。

44.《校政部会议记录》,1946年6月17日,苏州大学档案馆藏档,3永44。

45.《学校概况》,苏州大学档案馆藏档,3长26。

46.《杨永清报告书》,苏州大学档案馆藏档,3永40。

47.《杨永清与教会有关人士信函》,苏州大学档案馆藏档,3永93。

48.《杨永清致卡脱莱特函》,1947年7月30日,苏州大学档案馆藏档。

49.《杨永清致上海市未立案专科以上毕业生甄审委员会函》,1947年12月9日,苏州大学档案馆藏档,3长63。

50.《杨永清致文乃史等人的信函》,1946年7月8日,苏州大学档案馆藏档,3永93。

51.《杨永清致之江、圣约翰有关人员信函》,1949年12月10日,苏州大学档案馆藏档,3永64。

52.《执行委员会备忘录》,1945 年 9 月 12 日,苏州大学档案馆藏档,3 永 40。

53.《中国基督教大学联合大学募捐委员会会议记录》,1947 年 8 月 7 日,苏州大学档案馆藏档,3 永 108。

54.《中国基督教大学校董联合会报告书》,1947 年 11 月 18 日, Achives of the UBCHE,123 卷,耶鲁大学神学院图书馆藏档。

55.《中国基督教大学校董联合会公报》,Achives of the UBCHEA,123 卷,耶鲁大学神学院图书馆藏档。

56.《中国基督教大学校董联合会公报》,Achives of the UBCHEA,124 卷,耶鲁大学神学院图书馆藏档。

57.《东吴大学发展史,现状,计划,条例》,苏州大学档案馆藏档,3 永 54。

58.《东吴法学院概况》,1943 年,Archives of UBCHE,213 卷,耶鲁大学神学院图书馆藏档。

59. 胡笃平:《十周纪念之回顾》,《松江东吴圣经大学校十周纪念册》,苏州大学档案馆藏档,3 永 149。

60. 黄仁霖、伍学宗:《非常时期之两校董事会》,苏州大学档案馆藏档,3 长 51。

61. 黎德培:《柏乐文太太小传》,《中华基督教卫理公会华东年议会记录》,中国第二历史档案馆藏档。

62. 潘慎明:《本校两度内迁记》,《东吴校闻》,1943 年 12 月 1 日版,苏州大学档案馆藏档,3 长 43。

63. 沈体兰:《校舍素描》,《东吴校闻》,1943 年 12 月 1 日版,苏州大学档案馆藏档,3 长 43。

64. 盛振为:《法学院概况》,1945 年 10 月 20 日,Archives of the UBCHE,123 卷,耶鲁大学神学院图书馆藏档。

65. 魏廉士:《东吴大学社会学系教学备忘录》,Archives of the UBCHE, 123 卷,耶鲁大学神学院图书馆藏档。

66. 杨永清:《校长报告》,1939 年,Archives of the UBCHE, 123 卷,耶鲁大学神学院图书馆藏档。

67. 杨永清:《校长报告》,1940 年,Archives of the UBCHE, 123 卷,耶鲁大学神学院图书馆藏档。

68. 杨永清:《校长报告》,1942 年,Archives of the UBCHE, 123 卷,耶鲁大学神学院图书馆藏档。

69. 杨永清:《应变续谈——三十八年五月五日晨会讲词》,苏州大学档案馆藏档,3 永 107。

70. 撰:《校史》,苏州大学档案馆藏档,3 永 63。

71. Memorandum on Co-education in Soochow University,耶鲁大学神学院图书馆藏档。

72.《康南海自编年谱》,《晚清名儒年谱》,第 17 册,北京图书馆出版社 2006 年影印本。

73.《刘忠诚公(坤一)遗集·书牍》,宣统元年己酉九月本。

74.《中华基督教卫理公会年议会简史》,上海中华基督教卫理公会,1937 年。

75.《中华监理公会年议会五十周年纪念刊》,民国二十四年十月。

76. 安宇、周棉主编:《留学生与中外文化交流》,南京大学出版社 2000 年 12 月版。

77. 宝鋆等编:《筹办夷务始末》(同治朝),民国十九年故宫博物院影印本。

78. 陈学恂:《中国教育史研究》,华东师范大学出版社 1994 年 9 月版。

79. 冯桂芬:《校邠庐抗议》,光绪丁酉聚丰坊校刻本。

80. 顾长声:《传教士与近代中国》,上海人民出版社 1981 年版。

81. 国民政府教育部编:《第一次中国教育年鉴·丙编·教育概况》,开明书店 1934 年版。

82. 黄光域:《近代来华新教差会综录》,《近代史资料》总 82 号。

83. 黄恽:《蠹痕散辑》,上海远东出版社 2008 年 2 月版。

84. 姜涛、卞修跃著:《中国近代通史》(第二卷),江苏人民出版社 2007 年 1 月版。

85. 李瀚章编:《曾文正公全集·奏稿》,光绪丙子传忠书局版。

86. 李鸿章:《筹议海防折》,《李文忠公奏稿》,光绪乙巳金陵刻本。

87. 李侃等编:《中国近代史》,中华书局 1994 年版。

88. 刘善龄:《西洋风——西洋发明在中国》,上海古籍出版社 1999 年版。

89. 陆允昌编:《苏州洋关史料》,南京大学出版社 1991 年版。

90. 马士著,张汇文等译:《中华帝国对外关系史》,上海书店出版社 2000 年 9 月版。

91. 倪征 :《淡泊从容莅海牙》,法律出版社 2003 年 5 月版。

92. 阮仁泽、高振农主编:《上海宗教史》,上海人民出版社 1992 年 7 月版。

93. 王铁崖编:《中外旧约章汇编》,三联书店 1957 年版。

94. 文乃史著,王国平、杨木武译:《东吴大学》,珠海出版社 1999 年 8 月版。

95. 徐允修:《东吴六志》。

96. 杨公素:《沧桑九十年——一个外交特使的回忆》,海南出版社 1999 年 1 月版。

97. 杨其铣:《坎坷的复校路程》,《坎坷与荣耀》,书林出版有限公司 2000 年 2 月版。

98. 中共江苏省委党史工作委员会、中国第二历史档案馆编:《五四运动在江苏》,江苏古籍出版社 1992 年 1 月版。

99. 中国社会科学院近代史研究所、中国第二历史档案馆史料编辑部编:《五四爱国运动档案资料》,中国社会科学出版社 1980 年 2 月版。

100.《东吴、之江、圣约翰今秋合并,成立"华东联合大学",将开办博士班为国内大学首创》,《申报》,1947 年 3 月 16 日。

101.《东吴大学法学院概况及大事记》,《东吴年刊》,1930 年。

102.《东吴大学恢复体育专修科》,《申报》,1940 年 7 月 1 日。

103.《东吴大学让地于中大》,《申报》,1928 年 11 月 28 日。

104.《东吴大学堂记》,《雁来红》。

105.《东吴大学吴语科略史》,《回渊》。

106.《东吴大学之革新情形》,《申报》,1927 年 4 月 9 日。

107.《东吴大学之进行状况》,《申报》,1926 年 1 月 25 日。

108.《东吴法科改为东吴法学院》,《申报》,1927 年 3 月 26 日。

109.《东吴法学院迁校重庆记,1942 年春—1946 年春》,《东吴大学法学院年刊》,第 5 卷,1946 年。

110.《东吴添聘国学教授》,《学灯》,1925 年 1 月 12 日。

111.《东吴学生会沿革》,《回渊》。

112.《二十五年来之东吴》,《回渊》。

113.《合并问题俟杨永清校长返国解决》,《申报》,1948 年 4 月 15 日。

114.《监理公会之校系》,《东吴年刊》,1921 年。

115.《李公伯莲传略》,《老少年》,民国二十一年十月。

116.《募捐成绩》,《老少年》,民国二十四年六月。

117.《钮永建当选东吴大学校长》,《申报》,1927 年 3 月 29 日。

118.《同学会沿革》,《回渊》。

119.《中国比较法学院时代,1942—1945》,《东吴大学法学院年刊》,第 5 卷,1946 年。

120. 艾莉森 · W. 康纳著,王健译:《培养中国的近代法律家:东吴大学法学院》,《比较法研究》,1996 年第 2 期。

121. 宝珊:《惠寒小学小史》,《东吴年刊》,1929 年。

122. 毕乃德:《同文馆考》,《中华教育界》,第 23 卷,第 2 期(1935)。

123. 葛赉恩:《东吴大学校说略》,《东吴季报》,第 1 卷,第 3 期,民国七年七月一日出版。

124. 郭怀曾:《惠寒小学》,《东吴年刊》,1920 年。

125. 黄履中:《回顾解放战争时期苏州东吴大学学生运动》,《东吴上海会讯》,2005 年第 2 期。

126. 嵇长康:《东吴大学校监校孙公传》,《东方杂志》,民国二年四月一日发行,第 9 卷,第 10 号。

127. 林乐知:《监理会创立大学堂之历史》,《万国公报》,1907 年 4 月,第 19 卷,第 3 号。

128. 潘慎明:《物质建设中的精神建设》,《老少年》,民国二十四年六月。

129. 彭文余:《东吴体育纪略》,《东吴年刊》,1929 年。

130. 钱仲联:《东吴之人文学术传统》,《苏州大学学报》,1999 年第 1 期。

131. 沈体兰:《吴江同乡会》,《东吴年刊》,1920 年。

132. 盛振为:《法学院概况及本年大事记》,《东吴年刊》,1930 年。

133. 孙伟:《中国最早的大学法学期刊——东吴大学之〈法学季刊〉》,《出版发行研究》,2008 年第 3 期。

134. 孙伟、王国平:《中国最早的法学研究生教育——东吴大学法学研究生教育》,

《苏州大学学报》,2008 年第 2 期。

135. 万特克:《无锡实业学校报告书》,《中华基督教监理公会第 39 次年议会记录》,华东神学院图书馆藏档。

136. 万特克:《无锡实业中学及第四中学》,《东吴年刊》,1922 年。

137. 王国平、熊月之:《最早的中国大学学报——东吴学报创刊号〈学桴〉解读》,《苏州大学学报》,2006 年第 3 期。

138. 王国平:《从苏州博习医院看教会医院的作用与影响》,《史林》,2004 年第 3 期。

139. 王国平:《东吴大学在美国田纳西州的注册文件》,《苏州大学学报》,1999 年第 2 期。

140. 王国平:《基督教在苏州的开教与初传》,《苏州大学学报》,1996 年第 4 期。

141. 王国平:《中国最早的研究生教育——东吴大学早期研究生教育》,《江海学刊》,2007 年第 1 期。

142. 吴竞:《五卅运动在东吴大学》,《苏州大学学报》,1990 年第 2 期。

143. 吴竞:《五四运动在苏州东吴大学》,《苏州大学学报》,1984 年第 2 期。

144. 贤牧:《校庆在姑苏》,《东吴大学法学院年刊》,1946 年。

145. 小青:《本校华校长就职记》,《东吴年刊》,1929 年。

146. 徐斯年:《黄摩西的〈中国文学史〉》,《鲁迅研究月刊》,2005 年第 2 期。

147. 雪林:《安徽同乡会述略》,《回渊》。

148. 杨大春:《东吴大学向中国私立学校转变过程述论》,《档案史料与研究》,2003 年第 3 期。

149. 杨镜秋:《卫理公会传教士占据天赐庄八十年史话》(未刊稿)。

150. 张原絜:《布尔萨维克之研究》,《东吴学报》,第 1 卷,第 3 期。

151. 振德:《东吴大学音乐团小史》,《东吴年刊》,1929 年。

152. 周承恩:《本公会之医药事业》,《中华监理公会年议会五十周年纪念刊》,民国二十四年十月。

153. A. P. Parker, Buffington Seminary, Soochow. Chinese Recorder, Vol. 17, 1886.

154. A. W. Wilson, Missions of the Methodist Episcopal Church, South, Nashville, Tenn. 1884.

155. Golden Jubilee, China Conference Methodist Episcopal Mission, South, 1886 – 1936.

156. In Memoriam, Minutes of the China Mission of Annual Conference of M. E. Church, South. 1911.

157. Lacy, W. N., A Hundred Years of China Methodism, New York, 1948.

158. Minutes of the China Mission Annual Conference of the M. E. Church, South. 1886 – 1939.

159. Missionary Issues of the Minutes of the Twentieth Century. Papers and Address of the Central Missionary Conference of the Methodist Episcopal Church, South. Nashville,

Tenn. 1901.

160. Missionary Issues of the Twentith Century, Published by Order of the Executive Committee. Nashville, Tenn.

161. Mrs. A. W. Wilson, Letters From the Orient to Her Daughters at Home, Publishing House of the Methodist Episcopal Church, South. Nashville, Tenn. 1890.

162. Soochow University, Soochow, China, Catalogue, 1909, Methodist Publishing House, Shanghai, China.

163. The Soochow University Opened in 1901, Nashville,Tenn. Board of Missions of the Methodist Episcopal Church, South, 1906.

164. W. G. Cram, Methodist and Kingdom Extension, Nashville, Tenn. 1930.

165. W. H. Park , Memoirs of Dr. W. H. Park of Soochow.

166. W. H. Park , Soochow Medical School, The China Medical Journal, Vol. 18, 1909, No. 5.

167. W. R. Lambuth, The History, Policy, and Outlook of the Foreign Missionary Works of the M. E. Church, South, Missionary Issues of the Twentieth Century, Nashville, Tenn.

168. Warren Candler, Y. J. Allen,The Man Who seeded China.

169. Xiaoguang Xu,A Southern Methodist Mission to China: Soochow University, 1901 – 1939.

# 后　记

1997年,国家教育部全国历史学科教学指导委员会年会在广州中山大学举行。会议期间,马敏向我征询是否愿意承担文乃史著《东吴大学》的中译工作,我欣然允诺,由此而涉足东吴大学校史的研究,至今竟逾十年。

东吴大学是教会大学,教会大学是教会事业,外国教会在中国传教的目的就是"中华归主",这些都无庸讳言。但是,传教的另一种积极成果则超越了教会的初衷,教会大学也最终成为中国近代教育的一个特殊组成部分。章开沅这样说:"教会大学曾引起众多中国人士的反感,自20世纪20年代非基督教运动以后,它长期被人们看作是帝国主义侵略中国的文化堡垒。但是以现在的眼光来看,这种尖锐的批评虽然不无依据,但却失之笼统与有所偏颇,因为它没有将教会大学作为主体的教育功能与日益疏离的宗教功能乃至政治功能区别开来,也没有将学校正常的教育工作与西方殖民主义的侵华政策区别开来。这种偏颇的评价,对于那些勤恳的毕生奉献教育事业的中外教职员,很难说是公正的评判。今天,我们已有可能并且应该排除民族情绪与历史成见中的某些偏颇因素,更为客观地、全面地、科学地从事中国教会大学史的研究。"

在研读东吴大学史料、神交东吴历史人物、再现东吴大学历史场景的过程中,我对章先生的上述评论有深刻的感悟,并由衷服膺。我也坚信,随着历史时空的不断转换,这样的评论会成为更多人的共识。青山难遮,毕竟东流,历史长河永远荡泱前行。

在本书相关的前期研究与写作过程中,得到杨大春、杨木武、陈珍棣、刘鹏飞、李凯、王振明、顾雪芬、邓庆平、孙伟、张燕、张菊兰、钱万里、吴培华、施放、何桂林以及 Chaddra A. Moore、Duffy Joan R. 等各方面的帮助,谨此致以衷心的谢忱。

王国平

2009年3月16日